全国高等院校旅游专业规划教材

旅游企业战略管理
(第3版)

陈继祥　王家宝　主编

北京·旅游教育出版社

责任编辑：陈 霁

图书在版编目(CIP)数据

旅游企业战略管理／陈继祥，王家宝主编． —— 北京：旅游教育出版社，2006.4（2024.1重印）
全国高等院校旅游专业规划教材
ISBN 978 - 7 - 5637 - 1175 - 8

Ⅰ．旅… Ⅱ．①陈… ②王… Ⅲ．旅游业 - 企业管理 - 高等学校 - 教材 Ⅳ．F590.6

中国版本图书馆 CIP 数据核字(2006)第 015206 号

全国高等院校旅游专业规划教材

旅游企业战略管理
（第3版）

陈继祥　王家宝　主编

出版单位	旅游教育出版社
地　址	北京市朝阳区定福庄南里1号
邮　编	100024
发行电话	(010)65778403 65728372 65767462(传真)
本社网址	www.tepcb.com
E - mail	tepfx@163.com
印刷单位	唐山玺诚印务有限公司
经销单位	新华书店
开　本	787 毫米×960 毫米　1/16
印　张	16.5
字　数	265 千字
版　次	2013 年 6 月第 3 版
印　次	2024 年 1 月第 9 次印刷
定　价	29.00 元

（图书如有装订差错请与发行部联系）

出版说明

为适应旅游业的发展要求，满足旅游高等教育的需要，我们根据高等院校旅游专业的课程设置、教学目标，在国家旅游局人事劳动教育司的主持下，集合国内旅游高等院校的众多专家学者，自20世纪90年代起，先后出版了系列旅游高等院校教材。该套教材出版以来，得到了广大院校师生和业界的普遍好评，至今仍是众多院校的首选教材，一版再版。迄今为止，该套教材不仅为众多院校广泛使用，而且是规模最大、品种最多的一套高等院校旅游专业教材。

但是我们深知，教材出版本身是一个不断完善的动态过程，需要产业的推动、研究的深化、时间的积淀，更需要广大师生的参与。本着这一目的，根据21世纪旅游业的发展要求与广大师生的殷切希望，我们根据教育部与国家旅游局对旅游学科的规划与行业要求，对本套教材进行了必要的增补与修订，以确保该系列教材的科学性、权威性。

与原教材相比，本版教材注意了课程设置与教材编写的科学性、针对性、规范性，使整套教材更适合学科教学和行业发展要求。在此基础上，本版教材强调了教材的研究含量，旨在倡导教材编写的严肃性、高等教育的研究性，避免教材编写中存在的简单雷同现象，体现了国家骨干教材应有的规范性与原创性。可以说，本版教材更加贴近了我国高等院校旅游专业教学实际，严格按照课程设置和教学目标设计安排教材内容，使高等教育教材的先进性与研究性得到充分保证。

在此次增补与修订中，我们始终强调教材编写应有的学术规范，从框架的确定、内容的取舍，乃至思考复习题的设计、注释引文的处理，每一个细节都力求体现教材编写应有的学术规范。为了实现这样的目标，我们先后在全国广泛遴选作者，聘请在学科研究与教学领域有所建树的专家学者担任教材的编写工作。不少作者都有相关领域的专著成果作为教材写作的支撑，为本套教材的研究含量提供了必要保障。

作为国内唯一一家旅游教育专业出版社，我们始终得到广大旅游院校师生的关心与帮助，在新世纪，我们更期待着大家一如既往的呵护。我们希望将我们的教材建设成为一个开放式的园地，能始终站在学科研究与行业发展的前沿，随时反映旅游教育最新发展的动态。我们期待着教材使用者的意见和建议，更期待着潜在作者的新思路、新理念、新观点、新教学方式——我们定会"从善如流"，不断调整、完善现有教材，不断吸纳新的作者、新的观点。

旅游教育出版社

目 录

第一篇　旅游企业战略概述

第一章　旅游企业战略概述 … 3
　开篇案例　迅速发展中的雅高集团 … 3
　第一节　旅游企业概述 … 7
　　一、旅游企业的类型与发展趋势 … 7
　　二、旅游企业产品和服务的特性 … 16
　　三、旅游企业的行业特性 … 23
　第二节　旅游企业战略概述 … 25
　　一、旅游企业战略的概念 … 25
　　二、旅游企业战略的类型 … 29
　　三、旅游企业的战略管理 … 31

第二篇　旅游企业战略分析

第二章　旅游企业的使命与目标 … 37
　开篇案例　假日的战略定位 … 37
　第一节　旅游企业使命的形成与表述 … 39
　　一、旅游企业愿景的制定和陈述 … 39
　　二、旅游企业使命的制定与陈述 … 41
　　三、旅游企业使命的作用 … 46
　第二节　旅游企业战略目标体系与制定 … 47
　　一、旅游企业战略目标概述 … 47
　　二、旅游企业战略目标的确定 … 49
　　三、旅游企业战略目标体系的构成 … 51

第三章　旅游企业外部环境分析 … 53
　开篇案例　欧洲旅行社业的 STEEP 分析 … 53
　第一节　旅游企业外部环境分析概述 … 56
　　一、旅游企业外部环境分析的必要性和重要性 … 56

二、旅游企业外部环境的构成 ………………………………………… 58
三、SWOT 分析方法 …………………………………………………… 59
四、旅游企业外部环境分析的过程 …………………………………… 59
第二节　旅游企业宏观环境分析 …………………………………………… 62
一、社会环境 …………………………………………………………… 63
二、文化环境的变化 …………………………………………………… 64
三、经济环境 …………………………………………………………… 65
四、自然/物质环境 ……………………………………………………… 66
五、技术环境 …………………………………………………………… 67
六、国际环境 …………………………………………………………… 68
七、交通和基础设施环境 ……………………………………………… 69
八、管理与制度环境 …………………………………………………… 69
九、政治环境 …………………………………………………………… 70
第三节　旅游企业微观环境分析 …………………………………………… 71
一、产业生命周期 ……………………………………………………… 71
二、产业结构分析 ……………………………………………………… 72
三、战略群体分析 ……………………………………………………… 77

第四章　旅游企业内部实力评估 ……………………………………………… 80
开篇案例　地中海俱乐部 …………………………………………………… 80
第一节　旅游企业的资源与核心能力 ……………………………………… 83
一、旅游企业的资源、能力、核心竞争力与竞争优势 …………… 83
二、旅游企业价值链 …………………………………………………… 87
第二节　旅游企业内部分析的内容与方法 ………………………………… 91
一、旅游企业内部分析的内容与方法 ………………………………… 92
二、旅游企业内部因素分析（IFE）矩阵 …………………………… 96
三、资源分析与竞争优势（资源基础学派的观点） ………………… 98

第五章　旅游企业战略管理三维关联分析 …………………………………… 101
开篇案例　巴黎迪斯尼乐园 ………………………………………………… 101
第一节　旅游企业战略管理三维关联分析概述 …………………………… 103
一、旅游企业三维关联分析 …………………………………………… 103
二、三维关联的战略定位功能 ………………………………………… 104
第二节　旅游企业战略危机预警与管理 …………………………………… 105
一、旅游危机与旅游企业战略危机 …………………………………… 105
二、三维关联的旅游企业战略危机预警 ……………………………… 107
三、三维关联的旅游企业战略危机管理 ……………………………… 110

第三篇　旅游企业战略选择

第六章　旅游企业发展战略 ································· 115
　开篇案例　金陵饭店——中国民族饭店品牌 ················· 115
　第一节　旅游企业一体化战略 ······························ 119
　　一、纵向一体化战略 ··································· 119
　　二、横向一体化战略 ··································· 124
　第二节　旅游企业多元化战略 ······························ 126
　　一、多元化战略概述 ··································· 126
　　二、集中多元化战略 ··································· 127
　　三、横向多元化战略 ··································· 128
　　四、混合式多元化战略 ································· 129
　第三节　旅游企业国际化战略 ······························ 133
　　一、国际化与全球化 ··································· 133
　　二、旅游企业的国际化动因分析 ························· 133
　　三、旅游企业国际化经营的战略路径 ····················· 134
　　四、旅游企业国际化经营的优劣势分析 ··················· 136
　第四节　旅游企业虚拟经营战略 ···························· 138
　　一、虚拟企业与虚拟经营 ······························· 138
　　二、虚拟经营竞争优势 ································· 139
　　三、虚拟经营的动因 ··································· 140
　　四、虚拟经营运作形式 ································· 141
　　五、虚拟经营的要旨 ··································· 142

第七章　旅游企业竞争与合作战略 ························· 145
　开篇案例　Airtours 公司的收购成长之路 ··················· 145
　第一节　旅游企业的竞争战略 ······························ 147
　　一、旅游企业低成本战略 ······························· 149
　　二、旅游企业的差异化战略 ····························· 153
　　三、旅游企业的集聚战略 ······························· 156
　第二节　旅游企业的合作战略 ······························ 160
　　一、旅游企业的并购战略 ······························· 160
　　二、旅游企业间的战略联盟 ····························· 164

第八章　旅游企业职能战略 ······························· 170
　开篇案例　美国嘉年华航运公司的市场细分 ················· 170
　第一节　旅游企业职能战略概述 ···························· 172

一、旅游企业职能战略的概念 ………………………………………… 172
　　二、旅游企业职能战略的特点 ………………………………………… 172
　　三、基于价值链的职能战略 …………………………………………… 173
第二节　旅游企业营销战略 ………………………………………………… 174
　　一、旅游企业营销战略概述 …………………………………………… 174
　　二、旅游营销战略决策工具 …………………………………………… 176
　　三、旅游企业营销战略的新发展 ……………………………………… 181
第三节　旅游企业品牌战略 ………………………………………………… 184
　　一、品牌的概念与作用 ………………………………………………… 184
　　二、影响旅游企业品牌战略的因素 …………………………………… 186
　　三、旅游企业品牌战略的制定与实施 ………………………………… 187
第四节　旅游企业人力资源战略 …………………………………………… 190
　　一、影响人力资源开发管理战略制定的因素 ………………………… 190
　　二、旅游企业人力资源战略的实施 …………………………………… 191
　　三、激励制度设计 ……………………………………………………… 193
　　四、员工教育培训及开发 ……………………………………………… 195
　　五、员工关系整合调控 ………………………………………………… 195
第五节　旅游企业财务战略 ………………………………………………… 197
　　一、财务战略的定义 …………………………………………………… 197
　　二、企业财务战略的类型与影响因素 ………………………………… 198
　　三、旅游企业财务战略实施与控制 …………………………………… 199

第四篇　旅游企业战略实施与控制

第九章　旅游企业战略实施 ……………………………………………… 205
　开篇案例　美国西南航空公司的发展战略及企业文化建设 …………… 205
　第一节　旅游企业战略实施的内涵与主要因素 ………………………… 210
　　一、旅游企业战略制定与战略实施 …………………………………… 210
　　二、旅游企业战略实施的基本原则 …………………………………… 211
　　三、旅游企业战略实施的模式 ………………………………………… 213
　　四、旅游企业战略实施的主要因素 …………………………………… 214
　第二节　组织结构与旅游企业战略实施 ………………………………… 215
　　一、旅游企业组织结构 ………………………………………………… 216
　　二、旅游企业组织结构和战略实施的关系 …………………………… 221
　　三、旅游企业实施战略的组织结构匹配 ……………………………… 221
　　四、结论 ………………………………………………………………… 223

  第三节 旅游企业文化与旅游企业战略实施 …………………… 224
   一、旅游企业文化 ……………………………………………… 224
   二、旅游企业文化的内涵 ……………………………………… 225
   三、旅游企业文化与旅游企业战略实施 ……………………… 227

第十章 旅游企业战略评价与控制

  开篇案例 托马斯·库克旅行社——品牌与战略的结合 …………… 230
  第一节 旅游企业战略评价的内容与方法 ……………………… 235
   一、战略评价的基本活动 ……………………………………… 235
   二、战略评价的准则 …………………………………………… 235
   三、战略评价的内容与方法 …………………………………… 236
   四、平衡计分法——卓有成效的战略评价工具 ……………… 237
  第二节 旅游企业战略控制的内容与模式 ……………………… 241
   一、战略控制的内容 …………………………………………… 241
   二、战略控制的模式 …………………………………………… 242

教学参考建议 …………………………………………………………… 248

参考文献 ………………………………………………………………… 252

第3版后记 ……………………………………………………………… 254

第一篇　旅游企业战略概述

战略管理是一个持续的过程，其目的在于使企业能够更好地适应环境的变化，实现长期的生存与发展。战略管理包括三个阶段：战略分析、战略选择、战略实施。旅游企业从本质上来说属于服务业，它在具备服务企业基本特征的基础上，也呈现出自身所具有的特点，这使得旅游企业战略管理过程变得更加复杂。本篇首先介绍旅游企业的特点与发展现状，接着介绍旅游企业战略管理的基本概念、战略类型及战略管理过程。

第一章

旅游企业战略概述

开篇案例 迅速发展中的雅高集团

雅高集团在全球140多个国家从事旅游企业的经营和管理,是欧洲旅游企业的行业领先者,同时也是世界最大的旅游、旅行和公司服务集团之一,世界第三大饭店集团。集团业务主要分为两部分——饭店业和服务业。

一、雅高集团的发展历史

雅高集团的前身是诺沃特SIEH公司(Société d'Investissement et d'Exploitation),由保罗·杜布吕(Paul Dubrule)和杰拉德·贝里松(Cérard Pélisson)于1967年创建,同年,第一家诺沃特饭店(Novotel)在法国的里尔开业。诺沃特SIEH以该品牌为基础,开始实行连锁经营,并很快走上了并购之路。1974年第一家宜必思饭店(Ibis)在波尔多开业,同年,SIEH收购了Courtepaille餐饮集团。1975年和1980年分别收购了美居饭店(Mercure)和索菲特集团(Sofitel,当时拥有43家饭店和2家海水浴场)。20世纪六七十年代,主要是在欧洲和非洲地区发展。到20世纪70年代末,诺沃特SIEH公司已经有210家饭店,并开始尝试进行多元化经营,大力发展餐饮业。

1982年,诺沃特SIEH收购了杰克斯·波尔国际集团(Jacques Borel International),后者在欧洲是成品食品服务和餐饮特许经营的领先者,在餐饮代金券发行方面也处于世界领先地位,当时在8个国家代金券的年销售额为1.65亿份。

诺沃特SIEH公司在与杰克斯·波尔国际集团合并后,于1983年成立了雅高集团。1985年,经过一系列的价值创新后,雅高集团推出了经济饭店品牌弗慕勒1号(Forlmule 1)。之后,雅高集团又成立了雅高学院,它是法国第一家由企业创办的针对服务业的大学。同年,雅高获得了Len6tre 46%的股权,及该公司所拥有并管理的豪华餐馆、美食餐馆和一家厨师学校。

1990年,雅高进军美国市场,收购了汽车旅馆6(Motel 6),当时汽车旅馆6管理着550家饭店。到1993年,雅高在美国Motel 6的股份从40%增至73.5%,达23亿美元。通过全球化的发展,雅高成为拥有和管理饭店数(不包括特许经营)最多的饭店集团。

1991年,雅高集团成功并购Compagnie Internationale des Wagons – Lits et du Tourisme,该公司主要从事饭店(Pullman、Etap Hotel、PLM、Altea、Arcade)、汽车租赁(Europcar)、列车服务(Wagons – Lits)、旅游代理商(Wagonlit Travel)、成品食品服务(Eurest)以及高速公路餐馆(Reiais Autoroute)等业务。

1997年,雅高改变了其公司治理体系,Jean – Marc Espalioux被任命为董事会主席。为使企业获得持久的增长,1997年,雅高发起了"雅高2000"计划,在结构管理重组的基础上,利用先进的技术,开发和引进新的预订系统。

1999年,雅高集团收购了美国的红屋顶旅馆集团(Red Roof Inns),接管其旗下的639家饭店管理,饭店数量增长了22%。随后,雅高集团又收购了维旺迪饭店业务CGIS,接管了其8家Demeure饭店(豪华饭店,5家位于巴黎,其他3家位于欧洲其他地区,归索菲特品牌旗下)和41家Libertel饭店(中档饭店,多数在法国,归美居旗下)。

2000年悉尼奥运会上,作为法国奥委会的合作方,雅高饭店被指定为奥运会官方合作饭店。同年,雅高网站(Accorhotels.com)成立,Courtepaille出售。2001年,雅高集团同升丽国际集团以及北京首旅集团建立合作关系,进一步进入中国饭店市场。同年,由于看到了员工援助项目的巨大增长潜力,雅高集团收购了英国的员工咨询资源公司(Employee Advisory Resource Ltd),进一步加强了其在服务业务领域的竞争力。此外,雅高还推出了新的品牌——套房饭店(Suitehotel)。

2002年,雅高集团收购了德国饭店公司Dorint AG. 30%的股票,还收购了澳大利亚最大的人力资源咨询公司Davidson Trahaire。同时雅高旗下的芝加哥索菲特水塔和其他13个索菲特品牌饭店在世界主要大城市相继开业。2003年,雅高集团继续其饭店业务的全球大发展,一年内有170家饭店开业,其中包括中国天津宜必思饭店。雅高的服务机构还相继在巴拿马和秘鲁开业。

2004年,雅高集团购买了法国最大的旅游公司——地中海俱乐部28.9%的股票,在并购Capital Incenfives后进入了英国礼品券市场。雅高集团还持有欧洲博彩集团 Groupe Lucien Barriere 34% 的股票。

由于看到了雅高集团的发展势头和前景,1998 年后一直与雅高集团合作的不动产投资基金 Capital Colony 于 2005 年投资 10 亿美元,以促进其扩张。

二、雅高集团的业务

从雅高集团的发展历程来看,其业务主要集中在两大部分:一部分为饭店及相关产业,另一部分为服务业。雅高在全世界 140 多个国家雇用了 168 500 名员工,其中 72% 从事饭店业。2004 年雅高集团的饭店与服务部分收入情况见下表。

饭店业务(2004)	服务业务(2004)
3.973家饭店/463.427间客房	1400万个服务券使用者
销售总额(2004)	除税前盈利(2004)
71.23亿欧元	5.92亿欧元
净收入(2003)	市值(到2003年12月31日)
2.7亿欧元	72亿欧元

资料来源:www.accor.com,下同。

(一)和旅游相关的业务

1. 饭店业务

经过 35 年的发展,雅高已经成为一个包括规模近 4 000 家饭店的网络集团。该集团拥有从经济型等到豪华型的众多品牌,可以满足不同市场的需求。为了满足国际市场需求,雅高在全球 90 多个国家经营管理着饭店,相对大多数国际饭店集团来说,通过管理合同进行直接管理是雅高的一个特色。以下是其各个档次饭店品牌的经营情况。

高档饭店8%
(40 109间客房)
索菲特: 189 家

中档饭店36%
诺富特: 400家(69 552间客房)
美居: 737家(87 066间客房)
其他品牌: 60家(11 674间客房)

经济等饭店56%
宜必思: 709家(77 577间客房)
伊泰普: 328家(26 533间客房)
弗慕勒1号: 373家(28 565间客房)
红屋顶客栈: 347家(37 899间客房)
汽车旅馆6: 861家(88 540间客房)
6号工作室: 42 家(5 154 间客房)

雅高饭店业务的扩张最显著的一个特征就是其创新和创造饭店新概念的能力。作为集团的前身,诺沃特在 1967 年成立了连锁集团;宜必思(1974 年)和弗慕勒 1 号(1985 年)为欧洲饭店业带来了革命性的变化。通过其恰当的组织成长和并购的策划,雅高成功地完成了其饭店资产的组合。下图为雅高属下饭店数量的变化情况。

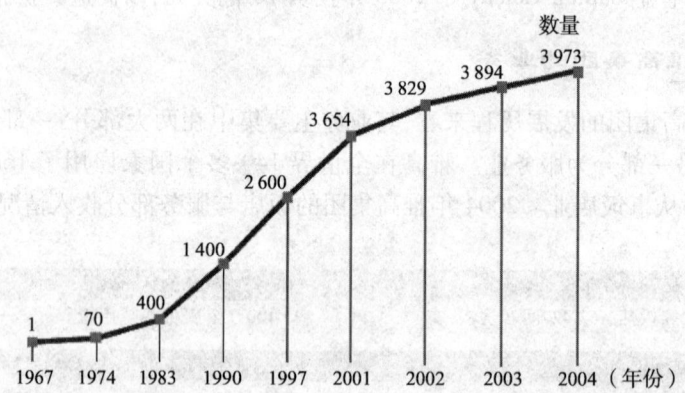

2. 旅行与旅游业务

雅高旅行与旅游业务又可细分为旅行社业务、餐饮业务、列车服务及娱乐保健业务。

从事旅行社业务旅游经营商有 Accor Vacances、Accor Thalassa、地中海俱乐部 Carlson Wagonlit Travel(休闲旅游代理商)、Go Voyages(航空旅游公司)等。

从事餐饮业务的品牌有 GR Brasil 餐饮公司(巴西大众餐饮的领先者)、Gemeaz Cusin(意大利大众餐饮的领先者)、Len6tre(豪华餐饮集团)。

从事列车服务业务的是 Pullman Orient Express 公司。还有一家公司是娱乐公司 Lucien Barriere,它拥有 16 家饭店,39 家赌场,1 个海边温泉治疗中心,2 个网球俱乐部,3 个高尔夫球场,并雇用 8 000 名员工,在 4 个国家内从事经营(法国、比利时、马耳他和瑞士)。

(二)为企业和社会机构提供的服务

长期以来,雅高在世界各地一直将自己定位于创新服务的提供者,以满足市场对提高企业和机构生产力,同时又能合法地对员工进行鼓励,以适应其生活质量的不断需求。今天在 34 个国家,30 000 个企业顾客和 1 400 万个使用者信任雅高的服务。雅高的服务是围绕人力资源的三个方面展开的:满足生活的基本需要、提高福利状况以及提高绩效。

三、雅高集团的战略

(一)长期增长

雅高集团通过其全球业务已经实现了长期的增长和发展。在最近两年中,像行业中的其他企业一样,雅高集团也受到了旅游和旅游行业低迷的影响。但相对于竞争对手来说,雅高经受住了风险,这得益于其以风险和成本控制为特征的有选择的扩张计划。虽然 2002 年营业额和扣除利息、税项、折旧、摊销及重组成本前盈利比 2001 年略有下降,但最终还是较成功地使企业的并购成本和汇率都保持在同一水平(分别为 0.9% 和 1.7%)。

(二)持续发展

在日常经营活动中,雅高致力于企业的增长和利润目标与社会和环境责任的协调,将自己的远景表述为在保留原有的基础上实现增长。雅高的经理人认为自己要注意处理好与股东、员工、供应商、当地社区和环境的关系。

四、雅高集团在中国的发展状况

雅高中国区总部在上海。从 1985 年进入中国市场以来,雅高向中国引入了索菲特、诺沃特、宜必思和世纪酒店,管理中国 23 家饭店,遍及北京、上海、天津、深圳、博鳌、东莞、武汉、杭州、成都、合肥、济南等大中城市。另外还有 11 家饭店即将开业,它们是:深圳诺沃特、西安索菲特、苏州索菲特、厦门索菲特、上海索菲特、石家庄索菲特、鞍山索菲特、沈阳索菲特、北京诺沃特、南京诺沃特和成都宜必思等。

雅高服务 2000 年进入中国,现在主要采取与中国国内企业合资、合作的方式开展服务。例如,在北京与中国旅游业龙头北京首旅集团(BTG)合作成立北京雅高企业服务有限公司;在上海与上海商业高新技术发展有限公司合作成立上海雅高企业服务有限公司等。此外,雅高服务在中国还与一些知名银行和高新技术公司在卡发行、POS 机共享及卡系统管理等方面建立了长期的合作关系。[①]

雅高是世界著名的旅游集团之一,也是旅游企业的典型代表。其业务覆盖旅游的众多方面,其产品和服务与我们所熟悉的制造业的产品也有本质的区别。这使得其在制定战略方面,在遵循传统战略管理的方法的基础上,充分考虑到旅游产品的特点。本章将主要介绍旅游企业产品的特点、行业特征以及战略管理过程。

第一节 旅游企业概述

自从 1845 年托马斯·库克创办第一家旅行社以来,旅游企业就以飞快的速度发展,成为旅游业中最活跃的力量。

一、旅游企业的类型与发展趋势

企业是以营利为目的,由各种要素资产组成并具有持续经营能力的自负盈亏

---

① 资料来源:www.accor.com,www.accorservices.cn。

的法人实体。企业作为特殊的资产,具有营利性、持续经营性、整体性等特点。

　　旅游企业的产生与旅游业的发展是密切相关的。对于旅游的不同理解,使得人们对什么是旅游企业也有不同的理解。总结起来,旅游企业的定义有狭义和广义之分。人们通常理解的旅游是指离开自己的常住地到异地开展的观光游览和休闲度假活动。从这个意义上说,旅游企业通常是指主要和直接为旅游者的旅游活动提供产品和服务的企业,包括旅行社、旅游饭店、旅游景点和旅游交通四大类企业。还有一些企业,如餐馆和商店除满足旅游需求外,又和非旅游需求密切相关,这类企业通常被界定为和旅游相关的企业。

　　随着旅游形式的日益多样化、参与人群的大众化,"旅游"所包含的意义也越来越广泛,相对于"游"来说,更加强调"旅"的含义。由于人们的旅行活动本身就伴随着大量的浏览和消遣休闲活动,旅游已经成为人类的基本需求之一,所以在这个意义上,世界旅游组织甚至将旅游定义为"人员的移动"(movement of people)。因此,从广义来看,旅游企业的内涵可扩展成为人们外出旅行提供产品和服务的企业。本书中的旅游企业采用的是广义的旅游企业定义。广义的旅游企业除了传统的旅行社、旅游饭店、旅游景点和旅游交通之外,还包括餐饮服务、会展策划、汽车租赁等。根据其所服务及与旅游活动的关系,可以将其分为供应商、运输商、旅游中间商三大类。各种旅游企业组织与旅游管理机构和部门共同组成了旅游业的宏观系统。

　　旅游供应商包括饭店、餐饮、游轮公司、博彩、汽车租赁公司和旅游景点等;运输商包括航空公司、轮渡服务公司、铁路部门、汽车公司等;中间商包括旅行社(旅游代理商、旅游批发商和经营商)、企业旅游部门、奖励旅游策划机构、会议策划机构。下面主要以饭店和旅游中间商为例介绍一下旅游企业的发展趋势。

　　(一)旅游企业的发展趋势

　　1. 饭店

　　饭店在旅游供应企业中占很大比重,也是旅游企业中发展相对较为成熟的一部分。可以根据不同的标准对饭店进行分类,如客源市场、地理位置、客房数量、服务的特殊市场、类型和服务的独特性,等等。近年来,饭店业的发展呈现以下趋势:

　　(1)经营连锁化。从数量上来看,虽然饭店业中客房数量在 50 间以下的饭店占很大比重,但从营销角度看,大型的连锁饭店的规模还是很大的。2012 年,*Hotels*杂志公布了按房间数排名前十位的连锁饭店,他们是:洲际、马里奥特、希尔顿、温德汉姆、雅高、精品国际、喜达屋、最佳西部、上海锦江国际、如家。截至 2012 年年初,排名前 5 位的饭店连锁集团的房间数都超过了 50 万间,饭店数均超过了 3500家。表 1-1 是主要连锁饭店 2009—2011 年客房数量、饭店数量及旗下品牌的详细信息。

表 1-1　主要饭店连锁集团的品牌划分

连锁饭店	客房数 (2011/2010/2009)	饭店数 (2011/2010/2009)	品牌细分
洲际集团 InterContinental Hotels Group (英)	658 348 647 161 646 679	4 480 4 437 4 438	Inter Continental ® ; Crowne Plaza ® ; Hotel Indigo ® ; Holiday Inn ® ; Holiday Inn Express ® ; Holiday Inn Resort ® ; Holiday Inn Club Vacations ® ; Staybridge Suites ® ; Candlewood Suites ®
温德海姆 Wyndham Worldwide(美)	613 126 612 735 597 674	7 205 7 207 7 114	D Baymont Inn & Suites ® ; Days Inn ® ; Hawthorn Suites by Wyndham ® ; Howard Johnson ® ; Knights Inn ® ; Microtel Inn & Suites by Wyndham ® ; Ramada Worldwide ® ; Super 8 ® ; Travelodge ® ; Wingate ® by Wyndham ® ; Wyndham Hotels & Resorts ® ; Dream ® ; Night ®
马里奥特 Marriott International Inc. (美)	643 196 618 104 595 461	3 718 3 545 3 420	Gaylord Hotels ® ; The Ritz–Carlton ® ; JW Marriott ® ; Autograph Collection Hotels ® ; AC Hotels ® ; Courtyard by Marriott ® ; SpringHill Suites by Marriott ® ; TownePlace Suites by Marriott ® ; Marriott Executive Apartments ® ; Marriott Vacation Club ® ; Grand Residences by Marriott ® ; Bulgari Hotels & Resorts ® ; EDITION ® ; Renaissance Hotels ® ; Marriott Hotels & Resorts ® ; Fairfield Inn & Suites by Marriott ® ; Residence Inn by Marriott ® ; The Ritz–Carlton Destination Club ® ; Marriott Conference Centers ®
雅高集团 Accor(法)	531 714 507 306 499 456	4 426 4 229 4 120	Sofitel ® ; Pullman ® ; MGallery ® ; Grand Mercure ® ; The Sebel ® ; Novotel ® ; Suite Novotel ® ; Mercure ® ; Adagio / Adagio Access ® ; ibis ® ; ibis Styles ® ; ibis budget / Hotel Formule 1 ® ; hotelF1 ® ; Thalassa sea & spa ®

续表

连锁饭店	客房数 (2011/2010/2009)	饭店数 (2011/2010/2009)	品牌细分
精品国际 Choice Hotels International Inc.(美)	497 205 495 145 487 410	6 178 6 142 6 021	Clarion ® ; Comfort Inn ® ; Comfort Suites ® ; Quality ® ; Sleep Inn ® ; MainStay Suites ® ; Econo Lodge ® ; Rodeway Inn ® ; Cambria Suites ® ; Suburban Extended Stay Hotel ® ; Ascend Hotel Collection ®
希尔顿 Hilton Worldwide(美)	633 238 604 782 585 060	3 843 3 671 3 530	Waldorf Astoria ® ; Conrad Hotels & Resorts ® ; Hilton Hotels & Resorts ® ; Doubletree ® ; Embassy Suites Hotels ® ; Hilton Garden Inn ® ; Hampton ® ; Homewood Suites ® ; Home 2
最佳西部 Best Western International (美)	311 894 308 692 308 477	4 086 4 038 4 048	Best western ®
喜达屋集团 Starwood Hotels & Resorts Worldwide Inc.(美)	321 552 308 736 298 522	1 090 1 041 992	Four Points ® ; Luxury Collection ® ; St. Regis ® ; Sheraton ® ; W Hotels ® ; MERIDIEN ® ; Westin ® ; Loft ® ; element ®

资料来源：*Hotels* 杂志和各集团网站。

（2）品牌细分化。在没有实行品牌细分之前，每家饭店发展初期的市场定位不同，在顾客心目中已经形成了一定的印象。然而，在进行连锁经营的时候，饭店往往会针对不同的顾客群提供差别很大的产品，如果仍然使用原来的品牌，就会严重模糊顾客对饭店形象的认知。许多饭店连锁集团采取在不同的细分市场采用不同品牌的品牌细分战略，每一类饭店都有自己独特的品牌和标志，同联号内其他类型的饭店区分开来。这方面比较典型的例子是假日集团，20 世纪 80 年代，受 Inn 词义本身的限制，假日最终将其饭店细分为六大类，见表 1-2。

表 1-2 20 世纪 80 年代假日的品牌细分

品牌名称	细分市场
假日旅馆	中档市场
大使套房与皇家大饭店	停留时间较长的公务旅游市场

续表

品牌名称	细分市场
汉普顿	中低档
假日皇冠广场	四星级以上的豪华饭店
居家旅馆	全套房饭店，商务客人
哈拉饭店	博彩客人

十几年来，在饭店所有的细分品牌中，经济型饭店发展迅速。例如，1987—1998年，美国经济型饭店数量从42万多家增加到72万多家，增长了73.8%，而同一时期，高档饭店的增长只有26.4%。许多大型饭店联号为了进入经济型饭店这一细分市场，对主要的经济型饭店进行了并购。例如，雅高兼并了汽车旅馆6(Motel 6)和红屋顶客栈(Red Roof Inns)，圣达特兼并了天天客栈(Days Inns)和超级汽车8(Super 8)。假日快线、汉普顿客栈、宜必思、仙境(Fairfield Inn)、旅行饭店(Travelodge)、舒适客栈(Comfort Inn)等都是经济型饭店品牌。

(3)通过并购进行扩张越来越普遍。20世纪70年代以来，各个饭店公司通过收购和兼并来获得更大的市场份额已经成为饭店业中的一个重要趋势。首先，通过兼并和收购形成了一批规模巨大、实施多样化经营的连锁集团。世界排名前10位的饭店连锁集团如圣达特、雅高等基本都是通过一系列的并购活动不断得到发展壮大的。其次，收购兼并的金额越来越大，据不完全统计，1987—1999年，饭店业兼并收购的金额超过10亿美元的收购案就超过18例，其中1998年喜达屋收购ITT Corp.涉案金额达102亿美元。此外，跨国收购增加，收购兼并成为大企业进入某一地区的重要手段。

(4)国际化经营程度越来越高。虽然饭店业的国际化步伐从第二次世界大战后才开始，但发展速度却非常惊人。2004年，洲际集团已经在世界上100个国家管理饭店。表1-3是饭店业国际化的基本数据。

表1-3 国际化程度最高的饭店集团公司

饭店集团	国家数	
	2011年	2010年
最佳西部	100	90
洲际	100	100
喜达屋	100	100
雅高	92	90
希尔顿	88	82
卡尔逊国际	80	77

续表

饭店集团	国家数	
	2011 年	2010 年
马里奥特	73	70
温德汉姆	66	67
凯悦	45	45
Louvre Hotels Group	41	N/A

注：①资料来源：根据 HOTELS' Giants Survey 2011,2012 编制；

②N/A 为资料不详。

（5）越来越注重长住客奖励计划（FGP）。常住客奖励计划是 20 世纪 80 年代开始逐渐受到饭店青睐的一种营销方式。常住客奖励计划通常可以为饭店培养忠诚顾客，具体地说，具有以下作用：

第一，识别出常住客；

第二，有针对性地向常住客开展营销活动；

第三，为常住客提供奖励和增值服务；

第四，培养连锁饭店的知名度。

1986 年 6 月，喜来登集团首次在全球范围内推出一项优惠常住客的活动——喜来登国际俱乐部，成为首家在全球范围内实施 FGP 的饭店集团。各个等级的饭店基本上都加入了常住客促销计划，如凯悦推出的"金护照"、马里奥特的"荣誉客人奖"（后改为"马里奥特奖"）以及希尔顿的"荣誉俱乐部"（Honours Club）都是高档饭店的代表。表 1-4 是喜达屋集团所做的关于各集团的 FGP 的比较。

2. 旅游中间商

从产业链的角度来看，旅游中间商通常是饭店、景点、餐饮甚至旅游交通的销售渠道，对于以上供应商产品和服务价值的实现，起着至关重要的作用。从西方旅行社的发展情况来看，基本形成垂直分工体系，旅游零售商、旅游经营商和旅游批发商分工较为明确，从而有效避免了无序竞争所带来的危害。奖励旅游和会议策划机构的出现，则扩大了旅游中间商经营的范围，为企业提供了更加便捷的服务。

（1）旅游零售商和旅游代理商。传统的旅游代理商业务上较多地依赖于旅游运输商、供应商以及其他旅游中间商，主要靠为这些企业做代理收取佣金。从另一方面说，对于大多数供应商和运输商来说，代理商是一个非常重要的目标市场。因为代理商是最接近顾客的，而且在顾客眼中，他们是专业信息的拥有者，对顾客的消费决策有着很大的影响力。但是，信息技术的发展对传统的旅游代理商提出了很大的挑战，大部分旅游代理商面临流程再造的问题，以期为顾客提供更多的附加值。

表1-4 各个饭店集团常住客奖励计划对比

常住客计划	Starwood Preferred Guest	Marriott Rewards	Hilton Honors	Hyatt Gold Passport	Priority Club Rewards
参加的品牌	Westin Sheraton Four Points by Sheraton St. Regis Luxury Collection W Hotels	Marriott JW Marriott Renaissance Courtyard Fairfield Inn Residence Inn TownePlace Suites SpringHill Suites Ramada Ritz-Carlton*	Hilton Doubletree Embassy Suites Hampton Inn Homewood Suites Conrad Hotels Hilton Garden Inn Scandic	Hyatt Park Hyatt Grand Hyatt Regency Hyatt Hawthorn Suites	InterContinental Crowne Plaza Holiday Inn Holiday Inn Select Holiday Inn Express Staybridge Suites Candlewood Suites
全球参与的饭店数量(家)	超过725	超过2 300	超过2 500	超过200家	超过3 400
涉及的国家数量(个)	大于80	大于60	大于60	大于40	大于90
全球高尔夫球场数量(个)	超过250	71	超过50	20	N/A
全球度假村数量(家)	超过135	超过170	超过70	超过40	N/A

资料来源:www.starwood.com。

(2)旅游经营商和旅游批发商。旅游批发商通常是指将航空运输或其他交通运输服务与地面接待服务组合成一项旅游产品,并通过一系列的渠道向公众销售的商业实体(Robert Christie Mil,1992)。旅游批发商不直接向公众进行产品销售,而只接受其他旅游中介组织的预订。他们计划、定价、组合包价度假产品,并进行销售。从理论上来说,旅游经营商与旅游批发商的区别主要在于是否直接向旅游者出售产品。旅游经营商既通过零售商进行销售,也通过自设的零售网点进行销售。

旅游批发经营商在不断发展的同时既按照业务范围进行了水平分工,也根据目标市场、旅游目的地和旅游交通方式等方面存在的差异进行专业化的经营。例如,根据旅游者的流向,旅游批发经营商分化为国内旅游经营商(domestic tour operator)、负责入境接待的旅游经营商(inbound tour operator)和组织出境旅游的旅游经营商(outbound tour operator)。为了避免激烈的市场竞争,有些旅游经营批发商主要针对细分市场展开经营,努力使自己的产品与竞争者的产品相区别。例如,英国的萨迦假日公司专门服务于老年人市场,而俱乐部公司则专门服务于青年人市场,舒乐假日公司专门服务于单身者市场等。

(3)奖励旅游策划机构。奖励旅游是现代旅游的一个重要项目,是为了对有优良工作业绩的员工进行奖励,增强员工的荣誉感,加强单位的团队建设,由企业组织员工进行的旅游。今天它已经成为企业促进业务发展、塑造企业文化的重要手段。在国外,由于奖励旅游的支出是算在经营成本之内的,越来越多的企业认识到了奖励旅游的巨大价值。它既可以合理避税,又提高了员工的福利,越来越被视为一种现代管理工具。奖励旅游通常也指向销售商所提供的旨在奖励其销售量的一种激励方式。美国俄勒冈旅游局将奖励旅游定义为:①作为奖品而提供的旅行,尤其是为了刺激员工或销售代理商的生产力;②提供上述旅行项目的业务。

许多连锁饭店、航空公司、度假村、游轮公司等都看到了奖励旅游市场的巨大潜力,并在企业内部增设了奖励旅游专家或部门。奖励旅游策划机构则是专业的奖励旅游批发商,向委托机构直接提供服务。

(4)会议展览策划机构。会展业是一个具有持续增长潜力的行业。它吸引了越来越多的供应商(饭店、景点、游轮、汽车租赁公司、会议中心等)、运输商、其他中间商及目的地组织的注意力。会展策划机构则是专业从事会议和展览策划的企业,通常受雇于国家一些主要的协会、政府机构、各种非营利性组织、教育机构或大型公司,也有一些则是专业的会议管理咨询公司。

会展策划机构除了组织好会议以外,通常还从事旅行社的相关业务,如选择会议目的地、住宿和会议设施,安排奖励旅游的行程等。

(二)旅游企业的经济性质

旅游企业是企业形态在旅游业内的体现,它具有企业的基本属性。旅游企业本身所具有的属性将在后面进行讨论,这里主要对旅游企业的经济性质作一个简要探讨。

1. 社会分工与旅游企业

经济学开山鼻祖亚当·斯密曾经说过,交换为劳动分工提供可能,分工受市场的限制。分工和交易的深入发展,促进了旅游活动的发展;反过来,旅游活动的发展也加速了分工和交易深化。正是社会分工和交易的发展,促进了旅游活动的发展,才使得旅游企业的产生成为必然。

首先,分工提高了生产效率,人们有更多的收入和闲暇,旅游者的出行在客观上成为可能。其次,分工强化了人们出游的动机,旅游成为主观需要。分工带来了工作的单一性或复杂性,为了寻求二者的平衡,出游放松身心成为人们的主要需求。交易的发展则增进了人们出游的便利程度,使人们可以获得更多的信息,这也在一定程度上推动了人们出游的地域范围的进一步扩展。以旅游代理商、旅游批发经营商为代表的中介机构的出现,标志着旅游经济的形成。

以上分析说明,旅游企业的产生和发展得益于社会分工,是分工的产物,而其产生和发展使社会分工更加明确。无论从产业的角度(供应商、销售商和运输商等)还是行业的角度(如旅行社的水平或垂直分工体系,饭店或餐饮的品牌细分化等)来看,旅游企业之间的分工也是相当明确的。产业上的分工带来的是合作,而行业内的分工则更多的是为了避免直接竞争。

2. 旅游企业的范围

随着旅游企业规模的扩大,企业之间横向或纵向联合兼并日益频繁,形成了一批规模巨大的企业集团。许多非旅游企业通过控股、持股等方式直接或间接地涉入旅游企业的经营。而不断发展壮大的旅游企业(企业集团)也会以类似方式通过非相关业务多元化来实现企业的长远发展。随着产业链的不断深化和融合,人们不禁想到这样一个问题:旅游企业的边界在哪里?这个问题有两层含义,一是旅游企业的规模;二是旅游企业的业务范围。前者主要涉及水平一体化问题,后者主要涉及垂直一体化问题。经济学家已经为这些问题作了许多卓有成效的探索。科斯认为,企业的规模将不断扩大,直至通过市场交换进行边际交易的成本低于在层级结构内进行交易的成本。旅游企业的某些业务活动到底是通过内部资源配置还是通过市场资源配置,主要取决于市场交易成本和内部组织成本的比较。科斯指出,在解释垂直一体化的规模时,必须明确考虑交易、协调和合同订立成本(Coase,1937)。克莱因、克莱弗德和阿尔钦从资产专用性角度讨论了企业垂直一体化的出现。他们认为,当一项专用性投资已发生,准租金产生时,机会主义行为的可能性就变得很大,此时,合同订立成本一般比垂直一体化的成本上升得更多。因此,在其他情况相同的情况下,企业更倾向于实施垂直一体化而不是签订合同。随着我国公民消费能力的增强,中国公民出境旅游市场已引起越来越多国家的重视,许多国家相继对我国公民开放旅游市场。在一些世界热点旅游地区或城市,难免会出现个别市场供不应求的情况,如多数旅游热点城市一房难求的现象,甚至个别情况下旅行社的订房得不到保证的情况也时有发生。对于旅行社来说,组织公民出境旅游的投入成本就是一种专用性很强的资产,如果目的地的供应商如饭店出现机会主义的违约行为,旅行社将会遭受巨大损失。在这种情况下,旅行社控股或参股当地一家饭店,从而实施垂直一体化经营,就成为较为现实的选择。

随着旅游企业规模的不断扩大,中央权力将会为企业带来两种类型的成本(Milgrom and Roberts,1990)。① 米尔格罗姆和罗伯茨认为,第一类成本来自于不合理的干预,如腐败成本,这些成本受决策者的动机、智力或性格上的缺陷所影响。

---

① 中央权力是指一个集权化组织的最高决策者或管理阶层所拥有的干预下级决策的广泛权力和他们的决策相对不受其他人干预的影响力。

第二类成本是影响成本,即使有些企业不会出现第一类成本,影响成本也是客观存在的。由于决策者必须依靠其他人为他们提供不大容易直接获得的信息,下级就可能通过给上级提供不真实的信息来追求自己的目标,从而减少了企业的生产力,降低了效率。

旅游企业总是在交易成本和内部组织成本之间做出权衡,然后决定其规模和业务范围,相应地,外包战略也逐渐为众多企业,包括旅游企业采用。一般来说,当内部化的边际收益(谈判和价格发现成本降低,资产专用性问题得到缓和等)等于一体化管理的边际成本时,旅游企业就达到了最优规模。

3. 旅游企业的所有权、激励与控制

法国经济学家伯利和米恩斯于1932年提出了"所有与控制的分离"的概念,之后,所有权与控制权的分离成为实践和理论研究的一个热点。格罗斯曼和哈特(Grossman and Hart,1989)认为,企业控制权的本质是谁有权决定如何使用实物资产以及使用实物资产的能力。哈特认为,所有权的本质不是剩余收入权或监督责任,而是在企业各方以前的谈判中没有明确的决策的权利(Hart,1989)。一般认为,控制权包括占有权、支配权、经营权、使用权等的产权的附属权利。西方经济学认为,所有权与控制权分离后,由于委托人和代理目标函数的不一致以及信息不对称等原因,不可避免地会出现代理问题。所以在某种程度上说,现代企业制度的核心是代理机制的建立与完善。为解决两权分离所带来的代理成本问题,西方国家建立了较为完善的治理结构,即内部治理(如股东大会、董事会、监事会等)和外部治理(经理市场、产品市场和资本市场等)两种方式。

旅游企业的管理者实际上承担着代理人的角色,代表所有者经营和管理旅游企业。旅游企业所有权与控制权分离,一方面代表着社会对旅游人力资本的认可,另一方面也使得旅游企业更加专业化。旅游企业的发展依赖于职业经理人市场的成熟和完善。对于旅游企业来说,首先要为所有者创造财富和价值增值,在这个基础上,也要兼顾其他相关群体的利益。

二、旅游企业产品和服务的特性

旅游企业作为服务业的组成部分之一,其所提供的产品——旅游服务不同于制造业的产品,与服务业内其他行业相比,也有其显著的特征。研究旅游服务所具有的这些特性,有助于我们深入理解旅游企业的行业特征,也正是这些显著的特征决定了旅游企业的战略具有不同于其他行业企业战略的特点。

(一)旅游服务具有服务的一般属性

旅游服务具有一般服务的共性:无形性、生产与消费的同步性、易逝性以及异质性。

1. 无形性(intangibility)

因为服务是无形的,旅游者只有在享受了旅游企业提供的服务后,才能了解服务的好坏,再加上旅游活动本身具有的异地性,旅游者不能直接评估和试用服务,这样他们就会借助于来自他人的体验(所谓的口碑效应)来为自己的旅游决策提供帮助。同样,由于旅行社相对于旅游者拥有关于目的地及当地旅游企业的更加充分的信息,旅游者通常也十分信赖这些专业机构。

2. 生产与消费的同步性(simultaneity)

制造业的产品生产出来后经过组装运到销售地点,顾客购买后消费过程才开始,生产和消费是完全独立的两个环节。而大多数服务则是在同一地点、同一时间进行生产和消费的,只有当客人进入餐厅、饭店、机场后,才能体验到他们购买的服务。顾客享受服务的过程(消费过程),对于旅游企业来说,就是其所提供的产品和服务的生产过程。

(1)生产与消费的同步性决定了顾客参与旅游服务的生产过程。如果旅游企业也像制造企业一样,不允许顾客进入工厂,那么它们将面临破产的境地。事实上,饭店、餐厅、航空公司、景点景区和旅行社等旅游企业就是旅游服务生产的"工厂"。

(2)生产与消费的同步性决定了旅游企业向员工授权的重要性。旅游企业一线员工与顾客的每一次接触都是一个宝贵的"真实瞬间"。员工要在最短的时间内,解决客人遇到的各种困难,为其提供优质的服务,因此,他必须拥有足够的权力。而一旦与客人的"真实瞬间"处理不好,给客人留下了不好的甚至糟糕的印象,要想挽回就相当困难。因为客人不可能再给企业下一次机会,让员工再给他服务一次。授权在服务业中就显得非常重要,授权的程度需要根据不同的行业以及员工的能力等进行。

3. 易逝性(perishability)

易逝性也称不可储存性。旅游企业的大多数产品不可能像制造业产品那样储存起来再进行销售。例如,今天销售出去的饭店客房、会议室,本次航班的飞机座位,一旦错过这段时间,其租金和费用就不可能再回收回来。

这种服务的易逝性,使得多数旅游企业如饭店和航空公司的收益管理显得尤为重要。

4. 异质性(heterogeneity)

服务业中顾客的参与这一特点需要服务生产者与消费者进行互动,这就决定了旅游企业中"人"这一因素的重要性。客人的经历、期望不同,使得他们对服务的要求也不尽相同。即使同一个员工为同一个客人提供服务,客人对两次服务的感知也不可能完全一样,因为员工和客人的心情和情绪不可能是不变的。另外,外部因素也会影响顾客的经历和体验,从而影响其对服务的感知。因为服务具有异质性,我们很难将服务标准化。饭店试图通过员工培训和质量控制程序来使它们的房间和服务标准化,但人的因素使这个问题变得十分复杂。

(二)旅游服务区别于其他服务业的特性

旅游企业属于服务业,但受旅游业行业特征的影响,其提供的服务又具有明显的行业特色,主要体现在消费的季节性、脆弱性、易模仿性、经营证据和形象的重要性、分销渠道的多样性和重要性、相互依赖性等。

1. 季节性

饭店、旅行社、餐馆、主题公园、游乐场、旅游交通等企业的旅游服务设施一旦形成,就具有常年性的特点。由于客源地社会风俗习惯和休假制度及旅游者个体偏好不同,再加上大部分旅游景区本身存在一定季节性,就导致了旅游者对旅游需求的季节性。旅游服务生产与消费的同步性,决定了旅游企业的供给对旅游服务的消费也具有季节性。布尔曾经指出,"在消费者的商品需求中,对旅游商品的需求是属于与季节性因素高度相关联的那一种。比起对圣诞卡或空调的需求而言,它属于受季节性影响比较小的需求;但是和其他高档的个人消费品的需求相比,它属于受季节性影响比较大的那种。"(Bull,1995)

针对旅游消费的季节性,旅游企业可以采取一些价格调控手段,如推出淡、平、旺季的价格,或在旺季提高服务的价格等,表1-5和表1-6是海南三亚喜来登饭店针对国内外旅游者推出的不同的价目单。旅游企业可根据市场需求,推出一些反季节性的业务,但不能寄希望于仅仅通过价格来调节旅游需求。例如,大部分度假饭店推出商务设施,开发会议市场;而商务饭店也有季节性,周末入住较低,因此也推出各种包价旅游项目和休闲设施,从而使得度假和商务相结合的饭店成为饭店业发展的一个趋势之一。

表1-5　海南三亚喜来登饭店价目单(国内顾客)

	房型	门市价	平时价	周末价	备注
喜来登饭店	高尔夫景房	1 458	858	958	西式自助早餐115元/份,另加收15%附加费。
	高级花园房	1 578	958	1 058	
	豪华海景房	2 324	1 596	1 596	加床:299元/床,大床加10美元,含双早。
	高级海景房	1 992	1 058	1 158	

注:①以上价格均为人民币;

②资料来源:海南三亚丽岛兰海旅游网 http://sylanhai.com。

表 1-6　海南三亚喜来登饭店价目单(国外顾客)

备注	高级花园房(Superior Garden-view Room)									
	1. 所有房费均不含早餐; 2. 入住时间:15:00;结账时间:12:00									
有效时段	周一	周二	周三	周四	周五	周六	周日	早餐	加床
2005.7.17—7.21	1 013 122	1 013 122	1 013 122	1 013 122	1 013 122	1 013 122	1 013 122	170 20	300/BEC/1(36)
2005.7.22—7.23	1 129 136	1 129 136	1 129 136	1 129 136	1 129 136	1 129 136	1 129 136	170 20	300/BEC/1(36)
2005.7.24—7.28	1 013 122	1 013 122	1 013 122	1 013 122	1 013 122	1 013 122	1 013 122	170 20	300/BEC/1(36)
2005.7.29—7.30	1 129 136	1 129 136	1 129 136	1 129 136	1 129 136	1 129 136	1 129 136	170 20	300/BEC/1(36)
2005.7.31—8.4	1 013 122	1 013 122	1 013 122	1 013 122	1 013 122	1 013 122	1 013 122	170 20	300/BEC/1(36)
2005.8.5—8.6	1 129 136	1 129 136	1 129 136	1 129 136	1 129 136	1 129 136	1 129 136	170 20	300/BEC/1(36)
2005.8.7—8.11	1 013 122	1 013 122	1 013 122	1 013 122	1 013 122	1 013 122	1 013 122	170 20	300/BEC/1(36)
2005.8.12—8.13	1 129 136	1 129 136	1 129 136	1 129 136	1 129 136	1 129 136	1 129 136	170 20	300/BEC/1(36)
2005.8.14—8.18	1 013 122	1 013 122	1 013 122	1 013 122	1 013 122	1 013 122	1 013 122	170 20	300/BEC/1(36)
2005.8.19—8.20	1 129 136	1 129 136	1 129 136	1 129 136	1 129 136	1 129 136	1 129 136	170 20	300/BEC/1(36)
2005.8.21—8.31	1 013 122	1 013 122	1 013 122	1 013 122	1 013 122	1 013 122	1 013 122	170 20	300/BEC/1(36)

注:①仅以三亚喜来登饭店的一种客房——高级花园房为例;
②所有价格每格内的上为人民币(CNY),下为美元(US$);
③早餐为欧陆式(EC);
④加床一栏,分别为价格/早餐/人数,括号里为相应的美元;
⑤资料来源:http://www.chinadiscounthotels.com。

2. 脆弱性

脆弱性也称敏感性,是指旅游服务的提供易受外部环境的影响,大大超出旅游企业内部所能控制的范围。任何自然灾害、政治、经济、社会、文化事件都会对旅游企业的经营造成影响。虽然旅游企业管理者不能直接准确地预测这类事件的发生,但他们可以估计所从事行业容易遭受的风险,制订相应的应变计划,以便在必要时能够及时、准确地做出反应。旅游企业在战略方面应对其服务脆弱性的方法通常有两个,一是实施多元化经营,二是实施跨国家(地区)经营。

3. 易模仿性

大多数的旅游服务都比较容易被模仿。普通产品可以通过申请专利来进行保护,加之生产过程与消费过程分离,使竞争对手无法进入生产过程,接触原材料,但旅游企业无法阻止竞争对手进入"工厂",他们可以自由出入提供服务的场所。一般来说,可申请专利的产品,必须是与专业技术、自然科学相关的研制、开发成果,而旅游企业,如旅行社对某一旅游线路的策划、设计、包装、促销,属于一种智力活动,按国际惯例和相关法规,它不属于专利或知识产权的保护范围,因此,旅游企业提供的大多数服务也不能申请专利保护。

应对旅游服务的易模仿性,旅游企业可以通过实施品牌战略,创建自己的品牌,提高企业在消费者心目中的知名度和美誉度。

4. 经营证据和形象的重要性

服务的无形性使得顾客无法看见、试用旅游企业提供的服务,再加上旅游企业本身相对于顾客的信息优势,顾客在购买或享受旅游服务的时候会感到很大的不确定性。他们在购买服务的时候,就倾向于寻找并依赖一些线索或证据。旅游企业提供的有形展示(physical evidence)决定了顾客对其服务质量的确认以及决定服务满足其需求的程度。

顾客在选择其所要接受的旅游服务时,通常依赖四类经营证据,即价格、实体环境、宣传和顾客。首先,服务的价格影响着顾客对质量的判断。尤其是顾客在没有真正参与服务生产过程之前,价格对他们来说是一个很好的线索。高价格往往预示豪华和高品质,而低价则反映了一般或质量较低。例如,在美国,人们将饭店服务与价格联系起来,一般根据价格就可区分出饭店的服务的内容和档次。根据平均每日房价(ADR)将饭店分为:豪华饭店、高档饭店、中档饭店、经济型饭店以及廉价饭店。表1-7是各类饭店的价格情况。

表1-7 按ADR划分的饭店类型

饭店类型	ADR	代表品牌
豪华(luxury)	150	四季、凯悦、里兹·卡尔顿、威斯汀
高档(upscale)	125	皇冠假日、希尔顿、马里奥特、喜来登
中档(Midscale)	75	汉普顿(Hampton)、假日、品质(Quality)
经济(Economy)	60	最佳西部、舒适客栈、华美达
廉价(Budget)	45	超级汽车8、汽车旅馆6

实体环境是具体的、客观的、顾客可直接体验到的经营环境,包括主体建筑风格、家具风格、员工制服与精神面貌以及企业标志等。当顾客到达服务场所后,旅游企业的经营环境——实体环境给顾客的感觉就显得非常重要。整洁有序的大堂,礼宾部员工指挥来往车辆的标准的手势,前厅服务优雅得体的姿态,优美动听的背景音乐,等等,都会给顾客一种安全感,对于消除其对服务质量好坏的顾虑起到很大的作用。

旅游企业的宣传可以通过口碑和专业顾问(如旅游代理商)等进行,也可以通过自己的渠道进行,如在网站上宣传和展示自己的服务,印制精美的宣传册和广告册,这些都会向顾客提供一些有形的线索,给顾客提供了一种期望和合理的想象空间。

旅游企业现有的顾客会对潜在的顾客有一定的影响。商务客人在洽谈业务的时候很少人住度假饭店,他们一般也不会选择主要以接待团队为主的饭店入住。也就是说,顾客往往也是选用那些和他们个人形象相符的旅游服务。

旅游企业管理者必须组织好这四个方面,确保为顾客所提供的线索是一致的,确保顾客感知的和期望的服务是一致的。

5. 分销渠道的多样性和重要性

对于普通产品来说,其中间商很少能影响顾客的购买决定,因为产品是有形的,实实在在的,看得见、摸得着的。旅游服务是无形的,同时,又由于旅游活动具有异地性这一根本特征,就使得旅游企业产品的销售在很大程度上要依赖分销商——预订网站、预订机构、各种旅游代理商和旅游经营批发商,他们经常接受顾客的咨询,为他们提供旅游方面的信息——目的地、饭店、交通、景点、娱乐等。通常顾客也把这些机构视为专家,认真考虑他们的建议。由于分销渠道的重要性,某个特定目的地的单个旅游企业,如地接社、饭店、餐馆、娱乐场所甚至旅游景点,在整个旅游者的决策中处于非常被动的地位。例如,对于某家旅游饭店来说,它基本上很难影响顾客的整体决策。顾客无论出于什么目的,他首先要决定去哪个目的地,然后再选择线路,即使饭店有幸处于旅游者的线路的城市,他还仍然面临同城多家饭店的竞争。所以,曾经有学者称饭店是在旅游者经过的道路沿线静静等候着旅游者的召唤。因此,建立良好的、稳定的、健康发展的分销渠道对旅游企业来说至关重要,而旅游企业也是通过渠道多样化、降低经营风险、保持和增进客源来维持和提高经营业绩。

6. 相互依赖性

正如前面所介绍,整个旅游业中除了以利润为首要目标的旅游企业以外,还有一些非营利性组织(如政府组织、行业组织、博物馆和国家公园等)。它们之间是相互联系和依赖的,给旅游者提供一次高质量的服务体验,需要这些部门和组织的相互配合、相互支持。如果其中任何一个部门或企业没有能够为顾客提供良好的服务,都会对其他部门带来连锁影响。例如,参加旅行社组织旅游的客人对旅行社服务的评估部分根据交通部门、饭店、餐馆服务质量的好坏,他们不会也不可能去考虑旅行社能否直接控制其他部门的服务经营活动。

通常情况下,旅游企业之间可以通过纵向一体化转化外部采购为内部生产,降低交易成本,以内部行政命令代替市场契约,促进各部门之间的协调一致。但由于旅游活动涉及范围的广泛性和综合性,旅游者旅游权限范围不断扩大,基于交易成本的考虑,多数旅游企业还是以市场契约的形式,通过长期合作来达成部门和企业之间的协调,为旅游者提供一次愉快的、难忘的旅游体验。

旅游服务的相互依赖性还指旅游企业内部部门之间的相互服务和相互依赖。例如,前厅的服务再完美,客房服务再温馨,如果餐饮或其他部门的服务出现问题,客人对饭店的整体印象也会大打折扣,甚至出现投诉现象。

(三) 体验经济时代的旅游服务

从旅游者的角度看,其购买的不是具体的车船票、机票、餐饮、房间、景点等本身,也不是以上单个旅游产品,而是将之视为一次体验或经历。当人们购买一种服务时,他购买的是一组按自己的要求实施的非物质形态的活动,如医疗服务、金融服务,等等。但当他购买类似旅游服务时,他是在花时间享受旅游企业为其提供的一系列值得记忆的体验。旅行社为旅游者提供了一次又一次激动人心的、紧张刺激的旅程;迪士尼乐园(主题公园)的成功就在于其通过不断把新层次的体验效应附加到卡通片上,从而获得了巨大成功;饭店提供的舒适的、高贵的休息娱乐环境;餐饮提供的各种主题宴会,等等。

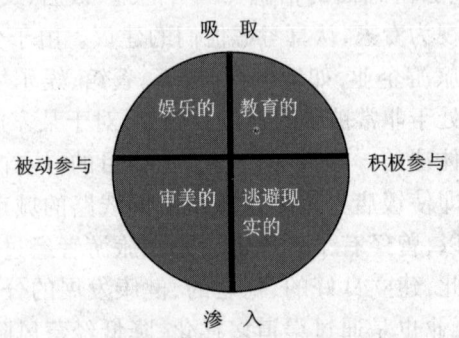

图 1-1 体验王国

资料来源:[美]B.约瑟夫·派恩等.体验经济.夏业良等译.北京:机械工业出版社,2002:38.

图 1-1 是旅游服务所提供的体验类型,主要根据纵横轴两个标准。横轴是表示顾客的参与度,左端是被动的参与者,顾客并不直接影响整个服务的生产,如参

加各种节庆赛事的游客所得到的体验;右端则是主动的参与者,顾客能接受到服务进而影响体验的传递效果。这部分旅游服务包括饭店的服务、旅行社的导游服务等,都需要游客参与其中。纵轴表示了与环境的相关性,它能够使顾客融入为其所提供的旅游服务中去。它也有两个层次,一是吸收,即通过体验的方式吸引人的注意力;另一个是沉浸,是顾客切实的经历。根据以上的划分标准,作为体验品的旅游服务,主要为旅游者提供以下四种体验,即逃避现实的体验、审美的体验、教育的体验、娱乐的体验。旅游企业根据自身的特点决定选择一种或多种领域,但对于旅游者来说,在旅游途中对这四种体验基本上都需要。有学者认为,旅游者外出旅游的过程中要达到的最高境界"畅爽"(Flow),指的就是旅游者完全脱离了自己的现实世界,融入环境和旅游企业为其所提供的服务中去了,达到了身心的放松,既得到了美的享受,还通过外出旅游,增长了见识。

旅游服务作为一种体验品,要求旅游企业去展示他们能够为旅游者带来的体验,不是考虑如何取悦,而是要考虑如何才能让旅游者置身其中,将娱乐、教育、逃避和审美融入普通的生活空间,创造一个产生记忆的环境、一个有助于记忆的工具。

三、旅游企业的行业特性

旅游业是一个涉及范围很广,综合性很强的行业。旅游企业在开展战略管理时,要注意到其所在行业的一些特点。旅游企业的行业特征主要体现在以下几个方面。

(一) 中小企业占多数的行业

旅游业被视为典型的小企业占多数的行业。例如,2003年年底,我国有旅游企业304 362家,其中有近90%的企业属于中小企业。澳大利亚有超过70%的旅游企业雇用的员工少于10人。旅游企业中小型企业较为集中的一个原因是旅游企业所在行业的进入壁垒相对较低,进入比较容易。任何拥有一艘游艇,一个农场或一个四轮交通工具的个人就可以针对特定的旅游者开展服务活动。

中小企业过度集中会造成激烈的竞争,在市场发展的初期,尤其当顾客对无形的旅游服务无法鉴别的时候,难免会存在"劣币驱逐良币"现象,即所谓的"柠檬效应"。行业里成本领先、服务优质的企业可以利用管理、技术或资金的优势,实行横向一体化,进行行业内的兼并联合。较小的企业也会联合起来以提高它们的竞争优势。它们通过战略联盟来赢得更多的市场份额。正处在发展期的市场通常也需要政府进行产业规制,引导产业的发展,如我们国家对旅行社业就实行市场准入政策。

(二) 复杂性和多样性

旅游企业的形式多种多样,小到夫妻店,大到跨国企业、企业集团。不同旅游企业之间相互联系,关系十分复杂。这一点尤其体现在销售渠道的多样性上,以一个度假地为例,它既可以直接面对顾客进行销售,也可以通过中间商进行销售。在选择中间商的时候,可以选择传统的旅行社(包括旅游代理商、旅游批发商和旅游经营商)和各种预订机构,也可以利用现代技术发展的成果,通过网络预订机构进行销售。旅游企业没有固定的成功的营销组合模式,可以采取多种多样的促销、销售和定价方式。

(三)相互依赖性

前面已经提到,为了给旅游者提供一次完美的服务体验,旅游企业之间需要密切配合,同时,旅游企业之间具有较强的相互依赖性。就像饭店或度假村的发展离不开旅游交通,如铁路、公路和航空部门为其输送旅客。图1-2显示了旅游企业各组成部分相互之间以及它们与旅游行业组织之间是如何相互协调、相互依赖的。

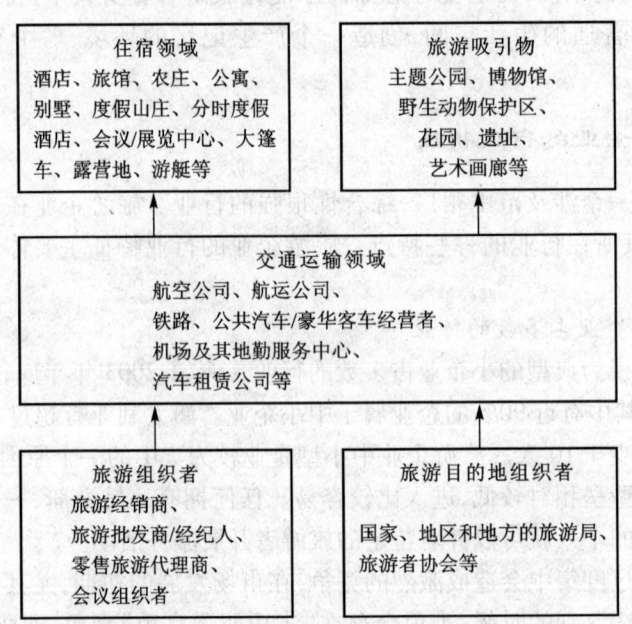

图1-2 旅游企业的相互依赖关系示意图

资料来源:埃文斯等.旅游战略管理.马桂顺译.沈阳:辽宁科技出版社,2005:32.

(四)冲突和不和谐性

旅游企业之间的相互依赖性、分销渠道的多样性、竞争的激烈性,使得它们之间经常会出现冲突。这种冲突既发生在处于同一产业链的企业之间,也发生在产业链上下游企业之间。前者如旅行社与地接社之间拖欠款问题,后者如饭店和度假地拖延支付给旅游代理商的佣金的问题。旅行社企业绕过旅游中间商直接向顾客销售,或向旅游中间商提供一个没有竞争力的价格,旅游中间商没能完成承诺的指标等,都导致中间商与旅游企业之间的矛盾。

单个旅游企业(集团)内部也充满了冲突和不和谐。旅游企业要实现和谐发展,必须深刻领会旅游服务的特点,使整个企业的经营始终以满足顾客的需求为中心,实施全员营销。

第二节 旅游企业战略概述

在第一节中,我们已经提到,旅游企业的目标就是创造价值来满足利益相关者的需要,而在这些利益相关者中,首先要满足投资于企业的利益相关者——投资者(股东)的需要。换句话说,经济责任是旅游企业承担社会责任的前提。旅游企业要承担对于投资者的经济责任,就必须以利润为目标,创造经济价值,实现股东资产的价值增长,实行基本价值的管理。旅游企业管理者要获得长期的财务成功必须具备一些与竞争相关的优势,必须比竞争对手创造出更多的顾客价值,要做得更好、更便宜、更快等。这些竞争优势体现在差异化、成本领先和快速反应,它们将会为旅游企业的财务绩效提供决定性的推动力。竞争优势与财务绩效的关系见图1-3。

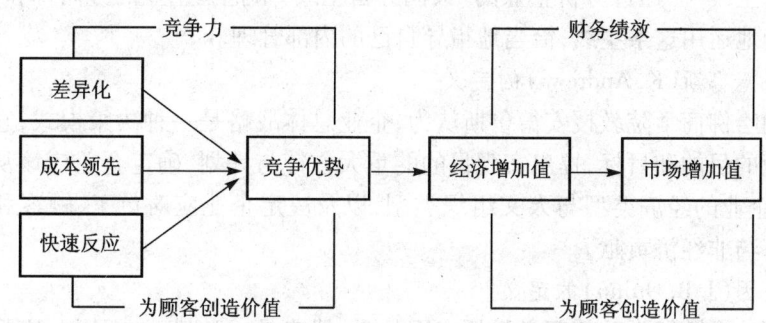

图1-3 竞争优势与财务绩效

旅游企业对其竞争优势的管理包括竞争优势的获得与维持,是旅游企业战略管理研究的中心议题。

一、旅游企业战略的概念

战略一词最初应用于军事领域,古称韬略,是指作战的谋略。《辞海》对战略的定义是:"军事名词,指对战争全局的筹划和指挥。它依据敌对双方的军事、政治、经济、地理等因素,照顾战争全局的各方面,规定军事力量的准备和运用。"战略一词的英文为 strategy，源于希腊语 strategos 和演变出的 stragia，也是一个与军事有关的词。《简明不列颠百科全书》称战略是"在战争中利用军事手段达到战争目的的科学和艺术"。

将军事上的战略思想运用于企业经营管理中，便产生了企业战略的概念。企业战略理论萌芽于20世纪30年代，形成于六七十年代。在企业战略理论的发展过程中，管理学家和战略学家从不同的角度研究企业战略，并形成了自己的观点。

(一)企业战略的定义

1. 钱德勒(A. D. Chandler)的定义

企业战略研究的先驱钱德勒在《战略与结构》一书中指出，企业战略是企业的长远性经营决策。他认为，企业经营战略是决定企业的基本长期目标与目的，选择企业达到这些目的所遵循的途径，并为实现这些目标与方针将企业重要资源进行分配。

2. 安索夫(H. I. Ansoff)的定义

美国著名战略学家安索夫在《企业战略论》中把战略定义为，企业为了适应外部环境，对目前与将来要从事的经营活动所进行的战略决策。他指出，企业在制定战略时，必须先确定自己的经营性质。企业无论怎样确定自己的经营性质，目前的产品同市场和未来的产品同市场之间都存在一种内在的联系，安索夫将之称为"共同的经营主线"。通过分析企业的"共同经营主线"可把握企业的方向，同时企业也可以正确地运用这条主线，恰当地指导自己的内部管理。

3. 安德鲁斯(K. Andrews)的定义

美国哈佛商学院教授安德鲁斯认为，企业总体战略是一种决策模式，它决定和揭示企业的目的和目标，提出实现目的的重大方针与计划，确定企业应该从事的业务，明确企业的经济类型与人文组织类型，以及决定企业应对员工、顾客和社会所做的经济与非经济贡献。

4. 奎因(J. B. Quinn)的定义

美国达梯莱斯学院管理学教授奎因认为，战略是一种模式或计划，它将一个组织的主要目的、政策与活动按照一定的顺序结合成一个紧密的整体。一个制定完善的战略有助于企业组织根据自己的优势和劣势、环境中的预期变化以及竞争对手可能采取的行动而合理地配置自己的资源。奎因对有效的正式战略的基本因素、核心、层次性等方面都做了进一步的解释。

5. 明茨伯格(H. Mintzberg)的定义

加拿大麦吉尔大学管理学教授明茨伯格借鉴营销学中的4Ps的提法，提出了企业战略5Ps，他认为战略的概念是由五个方面综合而成的，即计划(plan)、计策(ploy)、模式(pattern)、定位(position)和观念(perspective)。明茨伯格认为这五个方面彼此之间并不是孤立的，企业可以从各方面对战略做出多种解释。

(1)战略是一种计划。战略是一种有意识的、有预计的行动,一种处理某种局势的方针。根据这种解释,战略是人们有意识、有目的地在企业发生经济活动之前制定,以备人们使用的。例如,在实践活动中,某饭店集团要决定实施一个扩大市场份额的战略,这一战略不是有感而发的、口头上的,而是以详细的计划书的形式来体现的。

(2)战略是一种计策。计策通常是指短期战略,是在特定的环境下实施的,与旅游企业要采取的具体战术行动相关。按照明茨伯格的说法,计策是"威慑和战胜竞争对手的手段"(Mintzberg,1998)。例如,在实践中,降价通常被旅游企业作为一种计策,是在特定的市场环境下,针对特定的竞争对手(如威慑对手以使其放弃进入该市场)而发起的。而在旅游企业声称采取降价以后,如果竞争对手选择放弃,旅游企业并不会采取降价的策略,如果已经降价,很快就会把价格恢复到原来的水平。因此,这种战略只能称为一种计策,主要为了实现达成威慑竞争对手的目的。

(3)战略是一种模式。明茨伯格认为,战略反映企业一贯的行为模式。也就是说,无论企业事先是否对战略有所考虑,只要有具体的经营行为,就有战略。战略作为一种计划与战略作为一种模式二者在含义上有所区别。实践中,旅游企业制订的计划往往最后没有得到实施,而模式可能事先没有具体计划,但最后却形成了。换句话说,战略可能是人类行为的结果而不是人类设计的结果。有学者将第一个定义的战略(计划)称为设计的战略,第三个定义的战略(模式)为已实现的战略。

通过以上分析,我们可以看出,如果说战略第一个定义是显性战略的话,那么第三个定义则为隐性战略,且不易为人们所觉察,一般也不会体现在计划书中,而只能以通过旅游企业的行动本身反映出来。例如,某旅行社在推行其奖励旅游计划时,会重点宣传其为客户提供的优越的条件(如住宿方面),如果住宿条件一般,则会重点宣传其他方面(如娱乐),而对住宿则不做重点宣传,因为这不符合该旅行社一贯的行为模式。

(4)战略是一种定位。将战略视为一种定位解决了其他三种定义不能回答的问题——战略到底是什么?尽管战略的定义非常广泛,但最重要的是,战略应该是一种定位,是一个组织对其在所处环境中的地位的清楚认知。对企业来说,就是要确定自己在市场或行业中所处的位置。通过定位,战略实际上成为企业与经营环境之间的一种中间力量,使企业内部条件与外部环境更加融洽。战略通过把企业的重要资源集中到相应的地方去,形成一个产品与市场的"生长圈"。

(5)战略是一种观念。战略体现组织中人们对客观世界固有的认知方式。对旅游企业来说,战略体现着其企业文化和价值观。旅游企业要想获得成功,必须尝试去培养员工的价值观、文化、理想和集体意识等精神内容。

(二)旅游企业战略的概念

以上简要介绍了具有代表性的几种企业战略管理的概念,由于所处的流派不同,研究视角不同,关于企业战略的定义也不尽相同。但纵观各种定义,我们可以总结出企业战略的基本要素,即目标、手段和条件。在此基础上,我们可以给旅游企业战略一个定义:在充满变化与竞争的环境中,旅游企业为谋求长期生存与发展而实施的既定的长期经营目标,选择实现目标的途径和取得竞争优势的方针对策所进行的谋划。

具体地说,旅游企业战略就是在符合和保证实现旅游企业使命的前提下,在充分创造和利用企业环境中各种机会的基础上,确定企业在环境中所处的地位,规定企业从事的事业范围、成长方向和竞争对策,合理调整企业的自身结构和分配企业全部资源。

(三)旅游企业战略特征

旅游企业战略关乎旅游企业的长远的、全局的目标,是旅游企业为实现目标而在不同阶段上实施的不同方针和对策。它是指导旅游企业实现某种趋势的行为准则和目标。它具有以下几个特征:

1. 全局性

由于旅游企业战略以组织旅游企业全局的发展规律为研究对象,因此,它必须关系到企业的整体、企业与其所处环境的联系,而不仅仅是企业的某个局部,这是战略的全局性在空间上的表现。没有全局的观点,就制定不了旅游企业战略。

2. 长远性

旅游企业战略不是着眼于企业眼前的问题,而是谋求企业长远发展,对旅游企业较长时期内如何生存与发展进行统筹谋划。战略的长远性并非意味着脱离当前实际,相反,它以企业的外部环境和内部条件的当前情况作为出发点,以未来相当长的一段时期组织总目标的实现为归宿,进而考虑不同阶段的战略步骤及其推进,这是战略的全局性在时间上的体现。

3. 纲领性

旅游企业战略规定的是其总体的长远的目标、发展方向以及所采取的基本行动方针、重大措施和基本步骤,属于原则性、概括性的规定,具有行动纲领的意义。它是指导旅游企业走向未来的行动纲领,必须通过展开、分解、落实等过程,才能变为具体的行动计划。

4. 指导性

旅游企业战略关系到企业全局的发展规律,它必须对企业的行动具有指导性,即指明旅游企业行动应遵循的主要原则、方针、模式,这是旅游企业战略规律性的体现。

5. 竞争性

旅游企业制定战略的目的,是为了能在激烈的市场竞争中获得发展壮大,最终形成竞争对手难以模仿的竞争优势。因此,竞争性是旅游企业战略的本质特征之一。

6. 相对稳定性

旅游企业战略一经制定,必须在一定时期内具有稳定性,这是由其纲领性和指导性决定的。同时,战略的展开又是一个动态的过程,它应该在基本方针、模式等的基础上,根据企业内外部环境的变化而有所调整。因此,战略具有相对稳定性的特征。

二、旅游企业战略的类型

企业战略来源于旅游企业管理实践,是成千上万个企业成功经验与失败教训的总结。总结企业战略的类型,可以为企业家提供战略管理的基本思路,是实施战略管理的必要保证。经典的企业战略类型的划分,同样也适合于旅游企业。

(一)旅游企业战略的层次

旅游企业战略可以分为三个层次:总体战略、事业部战略和职能战略。企业目标的多层次性,决定了旅游企业的战略相应地分为三个层次。战略层次与各级管理层对应关系见图1-4。

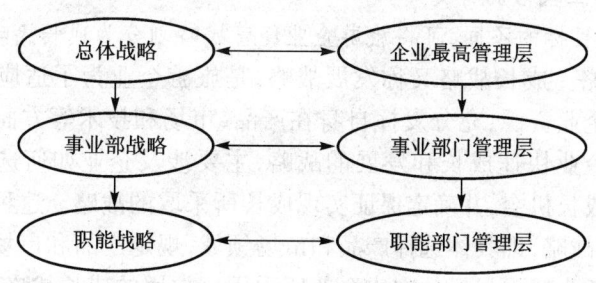

图1-4　旅游企业战略与管理层次

1. 企业总体战略(corporate strategy)

企业总体战略又称公司战略,是企业战略的总纲,是企业最高管理层指导和控制企业一切行为的最高行动纲领。在大中型企业,特别是多元化经营的企业中,总体战略是企业战略最高层次的战略。公司最高层要对下述重要问题做出决策:公司从事的事业领域;各事业单位间如何分配资源;各事业单位间如何取得协同效应;如何进入新事业或退出旧事业;公司的宗旨和战略目标。

2. 事业部战略(business strategy)

事业部战略又称经营单位战略,是在企业总体战略的指导下,经营管理某一经营单位的战略计划,是企业总体战略之下的子战略,为企业的整体目标服务。事业部战略的重点在于改进一个经营单位在它所从事的行业某一特定的细分市场中所提供的产品和服务的竞争地位。它将企业总体战略中规定的方向和意图具体化,成为更加明确的、针对各项经营事业目标的策略。它一般包括以下几方面的内容:产品—市场的范围;地理范围;各职能战略的支持与配合;事业的宗旨和战略目标。

总体战略与事业部战略的区别在于,前者主要针对那些跨行业多种经营即实行多元化的企业而言。这些企业对不同的顾客、技术和产品,有不同的战略。而对于从事单一行业经营的企业来说,除非它考虑实施多元化,它的企业总体战略与事业部战略一般来说是合二为一的。

3. 职能战略(functional strategy)

职能战略是在贯彻、实施和支持企业总体战略与事业部战略时为企业特定的职能管理领域制定的战略。它是企业内主要职能部门的短期战略计划,主要确定各职能领域中的近期经营目标和经营战略,通常包括生产战略、营销战略、财务战略、人力资源战略等。实际上,职能战略是事业部战略的具体化,使企业的经营计划更为可靠、充实与完善。

(二)旅游企业战略的种类

1. 根据战略目标的不同,可将旅游企业经营战略划分为成长战略与竞争战略

(1)成长战略。成长战略又称发展战略,是旅游企业为了适应外部环境的变化,有效地利用企业资源,充分发挥自身在产品、市场和技术等方面的各种竞争优势和潜力,以求企业快速成长和发展的战略,主要涉及企业如何选择成长经营领域、成长指向等成长机会,并确定保证实现成长所采取的战略。这种战略的重点往往是产品和市场战略,即具体选择产品和市场领域,规定产品和市场开拓的方向和幅度,多为以成长为首要目标的中小企业所采用。常用的成长战略有:密集成长战略、一体化成长战略、多样化成长战略等。

(2)竞争战略。竞争战略是旅游企业在特定的产品与市场范围内,为了取得差异化优势,维持和扩大市场占有率所采取的战略。竞争战略的重点是提高市场占有率和销售利润率。美国战略学家迈克尔·波特(Michael E. Porter)提出了企业竞争的三种基本战略:成本领先战略、差别化战略和集中专业化战略。

2. 根据战略领域的不同,可将旅游企业战略划分为产品战略、市场战略和投资战略

(1)产品战略。产品战略主要包括产品拓展战略、产品维持战略、产品收缩战略、产品多样化战略以及产品组合战略、产品线战略等。

(2)市场战略。安索夫提出了除市场渗透战略、市场开拓战略、新产品市场战略和混合市场战略外,还有产品生命周期市场战略、市场细分战略、国际市场战略和市场营销组合战略等。

(3)投资战略。投资战略既是一种资源分配战略,也是一种拓展战略,主要有产品投资战略、市场投资战略、技术发展战略、规模化投资战略和并购投资战略等。也可从资金的流向上将投资战略分为扩大型投资战略、维持型投资战略及撤退型投资战略。

3. 根据企业竞争地位的不同,旅游企业战略一般可分为领导型企业的竞争战略、优势企业的竞争战略、平庸企业的竞争战略

(1)领导型企业的竞争战略,主要有三种。第一种是通过产品与服务创新、提高质量、降低成本等强化已获得的竞争优势的持续改善战略;第二种是通过各种预防和遏制措施,使潜在竞争者难以参与竞争,从而保证企业获得较丰厚利润的防守战略;第三种是对行业中对手的竞争活动,必要时采取严厉的反击活动,使其不敢或不愿轻易采取行动的竞争与对抗战略。

(2)优势企业的竞争战略,主要有两种。一是进攻型战略,二是跟随战略。

(3)平庸企业的竞争战略,主要有补缺战略、联合战略及撤退战略等。

旅游企业战略还可从其他方面进行划分,如根据地理范围可分为当地战略、全国战略和国际化战略,等等。

三、旅游企业的战略管理

前面,我们将战略视为对全局的筹划和谋略,它反映的是对重大问题的决策结果,以及旅游企业要采取的重要行动方案。战略管理则是一个过程,不仅决定旅游企业将要采取的战略,还涉及这一战略的选择及如何对之加以实施和评价。具体地说,旅游企业战略管理是指旅游企业通过分析企业的外部环境、自身资源与能力、利益相关者的期望等因素,在制定和实施战略中所做出的一系列决策和进行的一系列活动。

(一)旅游企业战略管理过程

一般来说,旅游企业战略管理过程由战略分析、战略选择和战略实施三个阶段组成,这三个阶段是相辅相成的,它们共同构成了一个有相对次序又相互联系的动态的过程,也是一个相对稳定而又因势而异的管理过程。图1-5是旅游企业战略管理过程及主要构成要素示意图。

1. 战略分析

战略分析的主要目的是对影响旅游企业目前和今后发展的关键因素进行评价,了解所处的环境以及相对竞争地位。战略分析包括三个方面的内容:

(1)确定企业的使命和目标。使命和目标的确定为旅游企业战略的制定和评

估提供依据。

(2)外部环境分析。外部环境分析包括宏观环境分析和微观环境分析两个层次。通过外部环境分析,了解企业经营所处的环境已经、正在和将要发生哪些变化,这些变化已为旅游企业带来了哪些机会和威胁。

(3)内部实力分析。内部实力分析主要分析旅游企业现有资源和战略能力,各利益相关者的利益期望,在战略制定、评价和实施中,这些利益相关者会做出如何反应等。

2. 战略选择

通过战略分析,旅游企业管理者对其所处的外部环境和行业结构,企业自身的资源和能力等有了比较清楚的了解。接下来的任务就是要选择一个合适的、能够实现组织目标的战略。战略选择涉及产品和服务的开发方向、市场类型及进入方式,以及要达到产品和服务方向所采取的业务拓展方式。在做出这些相关决策时,管理人员要提出各种可供选择的方案,根据一定的标准对它们进行评估,并最终对最有助于实现企业目标的方案做出选择。

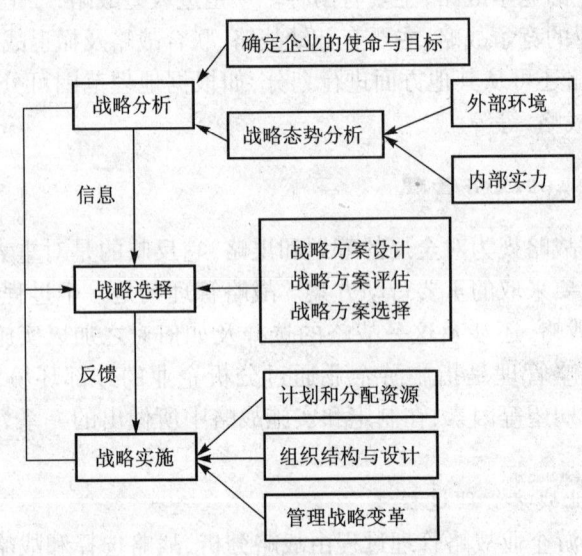

图1-5　旅游企业战略管理过程示意图

3. 战略实施

战略实施是将战略转化为行动的阶段。企业战略实践表明,一个良好的战略仅仅是战略成功的一部分,只有采取有效措施保证战略的贯彻实施,企业战略目标才能顺利实现。战略实施主要包括战略实施和战略控制两部分内容。

(1)战略实施。狭义的战略实施概念,主要涉及以下一些问题:企业现有资源在各部门和各层次间的分配方式;企业外部资源的获取和使用方式;企业组织结构的调整;企业内部利益再分配与文化适应性;组织变革的技术与方法等。

(2)战略控制。在战略实施过程中,为了使正在实施的战略达到预期的目标,结合信息反馈的结果,旅游企业常常对战略的实施进行控制,找出偏差,并采取措施进行纠正。如果环境发生了预期不到的变化或由于判断失误、分析不周而导致实际绩效与预期目标发生偏差时,通常会引起重新审视环境,制订新的战略方案,进行新一轮战略管理过程。

为了突出战略控制的重要性,有些教科书中将战略管理过程的评估与控制单独列出,从而将战略管理过程划分成四个模块:环境分析、战略制定、战略实施、评估和控制。

(二)旅游企业战略管理的必要性

自从企业战略管理理论产生以来,战略管理已经成为企业管理的重点。到20世纪70年代,美国的企业实施战略管理的比率为100%,而1947年这一比率仅为20%。旅游业自身的特点决定了旅游企业的竞争相对其他行业来说更加充分和激烈,要在激烈的竞争中获得相对于竞争对手的竞争优势,旅游企业必须实施战略管理。

首先,实施战略管理是市场经济对旅游企业的客观要求。市场经济条件下的旅游企业是独立经营、自负盈亏的法人主体,它要为投资者创造价值和财富。面对日益复杂多变的国内外市场环境,旅游企业要想生存并获得长远发展,仅仅有完善的内部管理体系和优异的服务是不够的,还必须要研究市场的变化趋势,认真谋划自己的行动战略。随着世界经济一体化进程的加快,国际竞争的加剧,旅游企业能否建立和维持长期的竞争优势,关键在于能否制定一个适合自身实力和环境要求的战略,并有效地加以实施。对旅游企业来说,做正确的事比正确地做事更为重要。

其次,实施战略管理是旅游企业保持旺盛生命力,实现长远发展的内在要求。战略管理不仅有助于培养企业家的战略思维能力,寻求内部资源与外部环境的匹配,而且可以促进企业改进决策的方法,优化组织结构,保持组织结构与战略的匹配性,增强企业的凝聚力和向心力。纵观那些市场取得巨大成功的旅游企业,如假日集团、希尔顿集团、雅高集团等,无不具有长远的战略目标和眼光,而中国旅游企业中,由于缺乏全局观,资源和力量过于分散,短期行为比比皆是。有没有一个好的战略不仅是企业能否实现长远发展的关键,也是一个企业是否成熟的重要标志。

最后,实施战略管理是旅游企业调整产品和产业结构,避免无序竞争的需要。企业战略的好处决定了单个企业能否取得和维持竞争优势,而且还深刻地影响着行业结构、市场竞争态势和总体布局。在多数企业没有明确目标的情况下,最容易形成多家企业将目标集中在一个狭小的市场,从而造成过度竞争的局面。进入壁垒较低,模仿性较强等特点,一方面,会造成旅游企业生产能力过剩,产品雷同,最终必然会导致价格战,结果是削弱了行业获利能力;另一方面,一些消费者的需求则得不到满足。我国旅行社和饭店前几年出现的价格战,除体制原因外,缺乏有效的竞争战略,定位不准确或不明确,也是重要原因。

思考与练习

1. 旅游企业的发展具有哪些趋势?
2. 旅游企业提供的产品具有哪些特征,它与一般服务业的产品有什么区别?
3. 旅游企业具有哪些行业特性?
4. 企业战略可以划分为哪几个层次?相互有什么区别?
5. 简述旅游企业战略管理的必要性与过程。

第二篇　旅游企业战略分析

要制定旅游企业的战略，首先要确立企业的总体方针。从战略管理的角度来看，两家旅游企业的战略之所以不同，源于其所处的外部环境、所拥有的内部资源及企业使命与目标的根本不同。我们将这三个方面称为旅游企业战略管理三维结构。

组织的使命与目标是旅游企业战略管理的出发点。外部环境分析主要考察旅游企业适应环境——它的顾客、供应商、竞争对手、合作者及社会宏观因素对企业运营的影响——的能力。内部实力评估主要考量资源与能力对于旅游企业战略的意义，以及旅游企业如何通过价值链的创新与重建以及经验曲线的积累构建自身的竞争优势。

旅游企业在战略实施的过程中，要随时根据外部环境和内部资源的变化重新对战略进行审视，并建立企业战略危机预警系统来应对可能的风险和战略危机。

第二章

旅游企业的使命与目标

开篇案例　假日的战略定位

相信大多数旅游者对这些品牌标志十分熟悉,它就是假日(Holiday Inn Hotels& Resorts)。假日是目前世界最著名的,也是最为人们所认可的饭店品牌,在全世界70多个国家拥有超过1 500家假日饭店和度假村。假日为全球的商务旅行者和度假旅行者提供了可靠、热情友好的服务以及现代化的、十分有吸引力的设施。在全世界,不管是小的城镇还是繁华的都市,无论是在公路的两旁还是机场附近,都会发现假日的存在。经过50多年的发展,假日已经成为值得商务和度假旅行者信赖的品牌,因为在假日,人们总能受到热烈的欢迎并得到友好热情的服务。

假日现在是洲际集团(Intercontinental Hotels and Resorts)下属的一个品牌,其前身是假日集团。假日集团于1952年8月始创于美国的田纳西州孟菲斯城。当年,其创始人凯蒙斯·威尔逊全家外出度假时,遇上住房不舒适、服务水准不稳定并且收费过高的饭店,因此在他家乡的郊外开办了首家假日饭店。该饭店共有120间客房,每间都有浴室、空调及电话设备。其他设施包括游泳池、免费冰块及免费停车场。虽然按今天的标准来说,这些只能算是最普通的设施,但在当时来说,已经在饭店业掀起了一场革命。50多年来,假日饭店一直以创新的规划和服务领先潮流,尽力满足中档市场游客的需要。

自从新建数家假日饭店后,威尔逊很快意识到要满足顾客与日俱增的需求,就必须大力发展,但这却不是他力所能及的。于是,他就让投资者有机会购买假日饭店的商标使用权,自行兴建和经营饭店,拓展特许经营业务。他时机掌握得非常好,当多家假日饭店正在建造时,美国的州际高速公路系统也正向全国伸展。没多久,那熟悉的假日饭店绿色标记便成为成千上万旅客心目中优质、舒适、水准稳定及物有所值的饭店标志。

中档饭店的市场需求甚为广泛,在20世纪50年代末期,全美已经有100家假日饭店,到1964年,数目已达到1 000家之多。当美国州际高速公路系统建设接近完成的时候,假日饭店逐渐转向机场一带、市中心区及近郊写字楼区发展。其后又向国际发展,于1968年在荙莱登开设首家欧洲假日饭店,1973年在日本东京成立亚洲首家假日饭店。

20世纪60年代末和70年代初,每两天半就有一家假日饭店在世界各地中一个角落开业,而假日饭店亦成为首家有史以来市值达十亿美元的饭店集团。

像任何企业一样,假日的成功也不是一帆风顺的,尤其是当其从一家路边小店迅速发展,遍及全国以及进行国际扩张的时候,企业战略的制定与实施就显得尤为重要。可以说,假日早期的成功得益于其不断对经营战略进行调整。经营战略制定的指向标就是其经营使命,对于假日的使命的认知,管理层经历了一系列的变化。

在集团成立之初,即1954—1969年,假日在经营使命书中将自己定位为"食品和住宿公司",将精力放在涉及饭店产业中设施设备的供应、建造、管理、经营以及特许经营权输出等方面。

在美国饭店业兼并浪潮出现之初,假日也走上了多元化经营的道路。1970—1979年,假日集团的经营使命书中将自己定位为"从食品与住宿公司发展成与旅行及交通相关联的公司",实行多角化策略,但在经营中遇到了不少困难。公司在买下"大陆之旅汽车旅行公司"和"三角洲汽轮公司"两家公司后,在1971—1979年间公司年度总利润连续下降。在这期间的1978年,假日开始向海外发展,同年决定进入博彩业。

1980—1990年这段时间,假日意识到多元化的负面影响,开始有意识地从许多领域撤退,"从强调拥有饭店所有权到强调对饭店管理输出的特许经营权的转变"。经过近30年的发展,假日品牌逐渐形成并深受顾客的喜爱。但假日受困于Inn词义本身的限制,遇到了发展的瓶颈。为了适应中档和低档客人的需求,假日决定将其饭店进行分类,分为六个品牌进行经营,即假日旅馆、大使套房与皇家大饭店(1982年)、汉普顿旅馆(1982年)、假日皇冠广场(1983年)、公寓旅馆以及哈拉饭店(博彩饭店)。1979年和1982年假日分别出售了"大陆之旅汽车旅行公司"和"三角洲汽轮公司"两家公司。以上饭店品牌主要通过特许经营的方式进行扩张。1987年,假日将其所拥有的饭店进行了销售,从而降低了债务,提高了股东红利。

英国巴斯集团(Bass PLc)完成对假日的收购后,将其改名为假日国际(Holiday-

Inn Worldwide),假日的财务负担大为减轻。面对新的市场形势和竞争态势,假日对其产品结构进行了调整,巴斯对假日的经营使命也提出了新要求。1990年,假日重新定义其使命:"努力成为一家在世界上受顾客和旅行社偏爱的饭店公司和饭店特许权经营公司"。这样,假日重新回到饭店这一领域的垂直一体化经营。与之相适应,在这时期假日业务进行了重大调整,放弃经营旅行业、博彩业等多元化策略,专门提高假日公司的设施与服务质量,强化它定位在中等市场上物有所值的形象。洲际集团接手假日后,更是取消了假日国际公司,直接将皇冠广场、假日、假日快线、假日度假村、假日度假俱乐部等品牌作为洲际的子品牌进行运营。[①]

企业使命是企业存在的目的和理由,是确定战略、计划的基础。企业使命为企业明确了发展方向与核心业务,并为资源配置、目标开发以及其他活动提供依据。假日在20世纪公司使命的变化体现了使命在企业战略管理中的地位和作用。本章将主要介绍旅游企业使命与目标的概念、重要性与制定。

第一节 旅游企业使命的形成与表述

在旅游企业创立之初或当企业要做出重大调整时,首要任务就是确定企业的基本目的、性质和经营指导思想,也就是确定企业的使命。旅游企业高级管理部门必须能够展望未来,并着手解决以下问题:我们将去向何方?我们应该把我们的精力集中于什么样的顾客需求和细分市场上?在既定的发展方向下,企业在5~10年或更长的时间内应该采取什么样的业务结构?对这些问题的回答,基本上就确定了人们通常意义上所说的企业的愿景或使命。

一、旅游企业愿景的制定和陈述

愿景,也称远景,是旅游企业高层管理者对前景和发展方向的一个高度概括性的描述,是"对组织未来可能并希望达到状态的一种设想"。战略管理者必须能够对未来进行战略性思考,对未来的发展提出一个可行的概念,阐明企业在"坐标系"中所处的地位及前进的路线,勾勒企业发展的战略轮廓。愿景对旅游企业的重要性体现在所提供的战略选择能给予企业使命和任务以积极的激励;从对新的发展领域的探索中,也许会发现超越市场边界和企业资源的重要的战略机会;为企业中高层管理人员提供了有价值的挑战,他们渴望这些挑战,以期实现自身的价值。

(一)企业愿景的构成

一般来说,企业愿景由核心理念和对未来的展望两部分组成。

---

① 本案例改编自谷慧敏主编《世界著名饭店集团管理精要》,辽宁科学技术出版社,2001年1月第1版。

1. 核心理念

核心理念是企业存在的根本原因,是企业的灵魂,对企业员工具有凝聚力,激励他们不断进取。核心理念由核心价值观和核心目标构成。

(1) 核心价值观。这是企业最根本的价值观和原则。例如,迪士尼的核心价值观是崇尚想象力和乐趣;宝洁公司的核心价值观是追求一流产品;惠普的核心价值观则是尊重人。

(2) 核心目标。这是企业存在的根本原因。例如,迪士尼的核心目标是给人们带来快乐;沃尔玛的核心目标是给普通人提供和富人一样的购物机会。

2. 未来展望

对未来的展望也是愿景区别于使命的关键点之一,它代表着企业追求和努力争取的东西,一般由 10~30 年的远大目标和对目标的生动描述构成。

(1) 未来 10~30 年的远大目标。远大目标激励员工的团队精神和创造力,同时也给员工一种安全感和归属感。沃尔玛在 1990 年制定的远大目标是 2000 年成为销售额达到 1 250 亿美元的公司。

(2) 目标的生动描述。要激起员工的热情和激情,得到他们的认同,远大目标不能停留在抽象的概念上,必须要用生动形象的语言加以描述,以使这种概念深入人心。例如,福特把他的"让汽车的拥有民主化"的远大目标描述为,"我要为大众造一种汽车,它的价格将使所有挣得相当工资的人能够买得起,都能和他的家人享受上帝赐予我们的广阔大地。牛马将从道路上消失。拥有汽车将会被认为理所当然。"

(二) 企业愿景与目标的关系

通过以上对愿景的概念及其作用的介绍,我们可以这样理解愿景,它是企业目标制定和战略制定的背景。愿景与企业目标是不同的。愿景是为未来制定图景,而企业目标则是在目前形势的基础上所给出的更直接、更具体的角色和任务。愿景一方面会有助于企业目标的产生,也可能导致企业目标的转变。雅高集团制定的放弃投资效益较差的所有资产、将部分资源投向回报率更高的地区或业务的愿景设想,直接造成了对"汽车旅馆 6"(Motel 6)的收购以及香港文华东方饭店的购进与抛出。

(三) 愿景陈述的判断标准

企业愿景通常是由企业的最高决策层如首席执行官制定。为了选择企业前进的方向,领导者必须首先在头脑中建立组织未来可能的、并值得为之奋斗的蓝图。一般来说,企业的愿景应当为企业清楚地描述一个逼真的、可信的、有吸引力的未来,描述一个在某些重要方面优于企业当前状态的未来状态。

哈默和普拉哈拉德提出了判断一个企业愿景是否恰当的五条标准,见表 2-1。实践中,很可能会出现企业制定的愿景激动人心,令人慷慨激昂,但脱离实际,与企业的资源、可能的市场、企业的竞争性毫不相关的情况,这是应该避免的。

表2-1 考察企业愿景的五个判断标准

标　准	考察的关键领域
预见性	愿景勾画了一幅怎样的未来蓝图？时间进度是怎么安排的？
涵盖面	愿景在多大范围内考虑了企业所在行业可能发生的变化，以及造成这些变化的驱动力量？
独特性	企业愿景对未来有独特设想吗？竞争对手是否会对此感到惊异？
共识	企业内部是否就企业未来达成了一致性？如果没有，则同时追求不同愿景将会产生什么问题？
可行性	愿景是否包括目前采取的行动？是否拥有必需的技术和技能去实现企业的愿景？市场机会如何把握？

二、旅游企业使命的制定与陈述

旅游企业使命是对旅游企业的经营范围、市场目标等的概括描述。使命比愿景更加具体地表述企业的性质和发展方向。比如：我们到底是什么样的企业，我们想成为什么样的企业，我们的客户是谁，我们应该经营什么。

（一）旅游企业使命的含义与特征

对旅游企业来说，使命至少具有两层含义，一是企业对物质方面的要求，二是企业对社会的责任。旅游企业为了自身的生存与发展，必须要以实现一定的经济效益为目的，若丧失了这一使命，旅游企业就失去了发展的动力，逐渐枯萎甚至破产。旅游企业的存在会与社会中各种群体发生利害关系，它必须承担社会赋予的使命。一个旅游企业要想做大做强，在其成长的过程中，必须综合考虑与妥善处理其与所有者、顾客、员工、竞争对手、政府等的关系，具有强烈的社会责任感。

旅游企业使命陈述通常具有以下特征：

1. 鲜明的独特性

旅游企业使命是旅游企业所独有的，具有高度个性，而不具有一般性。旅游业中不同企业所追求的战略道路由于其使命不同而往往存在很大差异。换句话说，企业的使命使旅游企业与旅游业中的其他企业区别开来。例如，上海锦江文沧大酒店的使命是"上海最佳饭店；最佳雇主；最佳管理公司"。这就决定了其战略重点不是通过品牌进行跨地区甚至向全国扩张，而是饭店业务经营。与之相比，洲际集团的使命则是"成为世界领先的接待业品牌所有者"。其战略重点必然是全球市场的发展。

2. 高度的概括性

有效的企业使命陈述要简单易懂，具有高度概括性。过于细致的使命陈述有可能限制管理部门创造力的发挥，使企业无法有效应对复杂多变的环境。

3. 顾客导向

企业使命应该强调企业与顾客的关系，而不是利润。一个好的使命陈述体现了企业对顾客的正确预期。随着市场环境的变化,知识经济的崛起,旅行者的日趋成熟,旅游企业应该首先识别甚至要创造顾客需求,然后提供产品和服务来满足这一需求,而不是先生产产品和服务,然后再为之找市场。此外,企业使命陈述还要突出本企业产品对顾客的功效而不是产品和服务本身。

4. 企业使命体现了企业对待社会问题的态度,是企业社会政策宣言

各类社会问题的出现迫使企业战略制定者综合考虑企业对社区、政府、生存环境等所肩负的责任。企业在制定使命陈述时必然要涉及社会责任问题。随着可持续旅游及生态旅游的提出,越来越多的旅游企业在其使命陈述中都提到了环境保护问题。

旅游企业使命要对企业的发展有所作用,首先,必须能够反映企业的核心竞争力,对企业怎样运用这些核心竞争力来创造顾客价值,如何进行长远规划以维持这种核心能力有所表述。其次,应该紧密联系市场上的关键成功因子,即要维持企业生存必须做擅长的事情。最后,应该告诉企业的员工、管理者、供应商及合作者,为了向顾客提供价值,需要他们作出什么贡献。

(二)旅游企业使命陈述的内容

企业使命的内容通常反映在企业使命陈述或使命宣言(mission statement)中,在上市旅游企业的年报中通常可以看到。企业使命陈述的形式、内容和措辞变化多样,并没有一个具体的标准。有的言简意赅,有的洋洋万言;有的针对的是个别群体(如员工或顾客),有的则是针对各相关利益群体。综合成功企业的企业使命的内容和特点,旅游企业使命陈述一般包括以下一项或多项的内容。

1. 企业的经营范围

研究企业的经营范围是制定企业目标的基础。企业经营范围所要回答的问题是:满足谁?满足什么?顾客需要如何满足?第一个问题指的是本企业所要服务的目标市场,第二个问题是关于向顾客所提供的具体的效用,第三个问题则是关于为了提供具体的效用企业所具有的能力和使用的技术。对企业经营范围的确定一定要坚持市场导向(marketing oriented)的原则。其最大的优势就是以大多数企业重要的外部关系人——顾客为核心。烛木饭店公司(Candlewood Hotel Company,现在名称为洲际集团下属的一个品牌——烛木套房 Candlewood Suites)将自己的业务界定为:烛木饭店公司拥有、经营和特许经营商务旅行饭店。公司的资产主要面向中高档的商务和入住数天的个人旅行者。

旅游业本身就是一个集食、住、行、游、购、娱六大要素为一体的综合性行业,主要涉及交通、住宿、餐饮、娱乐等行业,旅游企业首先要确定在哪个或哪几个行业中进行经营。例如,上海锦江集团,其业务主要涉及旅行、交通、餐饮和饭店等方面,几乎涉及人们外出旅行的方方面面。而集团下属的华亭宾馆,其经营范围就是饭店业。由此可见,企业经营范围解决的是旅游企业业务集中度的问题:是将企业目

标集中于某一重点,还是延伸到更为广阔的领域。一般来说,较小的企业确定一个相对集中的企业经营范围对于其自身发展是非常有益的,否则它将面临在每个领域的竞争优势都不足、勉强生存,甚至破产的状况。更一般地说,企业经营范围所涉及的领域应该集中到足以自如操作的程度,同时又必须为企业留下足够的发展空间。

2. 企业的经营哲学

企业的经营哲学也称企业的宗旨,是企业的经营指导思想,是对企业经营活动本质性认识的高度概括,一般包括企业的基础价值观、企业内共同认可的行为准则以及企业共同的信仰等。

企业经营哲学主要体现在企业对内外部环境的态度上,包括企业对其股东、员工的基本理念;企业在处理与其所在社区、政府及顾客等关系上的指导思想。有学者研究发现,企业经营哲学受各自文化的影响而各自具有较大共性,因此,在不同文化背景的国家或地区,我们可以总结出企业经营哲学的不同。美国企业在经营哲学的表述上着重于企业在市场上获利成功的因素,日本企业则旨在向员工表明企业的愿景、唤起员工承担责任的激情和创新精神。英国企业的使命陈述简短而具体并由最高层管理者制定,而法国的企业使命陈述则是长而笼统并由管理者和雇员共同制定。

3. 企业形象

旅游企业通过为顾客提供形式各异的服务以及对公众的态度而在社会上形成了一定的形象,这些都给人们留下了深刻的印象。旅游企业也越来越重视自己的公众形象,尤其是随着人们环境意识的不断加强,企业对环境影响和社会责任的认识和态度,就显得尤为重要。从广义上说,企业对各利益相关群体的态度都会在这些公众心目中形成不同的企业形象。不同企业其所处行业的特点,决定了影响该企业形象的因素不尽相同。对于旅游企业来说,良好的企业形象在于传达出安全、信任感、服务质量、清洁程度等信息。企业形象还可以借助企业的理念、统一标志、专用字体、主题歌等而具体化。同时,旅游企业服务产品的特性(异地性、生产消费的同步性等),使得企业形象借助品牌传达显得尤为重要。

费尔蒙特饭店集团是北美最大的豪华饭店管理集团之一。该集团的目标是成为"为全球所认可的具有显著风格的豪华饭店集团"(The luxury hotel brand of choice recognized for distinctive style)。这一目标体现在该公司的使命、愿景和价值观中。

在公司的使命中表现为,在不同的经营环境中为顾客提供热情的、个性化的和超出其预期的服务来赢得顾客忠诚。

在公司的愿景中表现为,我们将为我们的同事提供一个公开的、创新的和学习型组织,这个组织将是充满活力的、令人兴奋的;我们将不遗余力地致力于理解、预期和满足顾客的需要;我们将为业主和投资者提供优良的经营业绩和财务回报,以确保公司的增长和对饭店的再投资。

在公司的价值观中表现为：尊重——看重他人的需要、意见和个性，公平、公正地对待同事和顾客；诚实——在道德行为最高标准的指导下，我们以专业技术诚实地经营，为我们所有的决策和行为负责；团队——为了实现共同的目标团结协作，我们认识到每个个体的作用以及维持相互合作、相互支持的工作环境的重要性；授权——我们具有超出人们想象和预期的必需的工具、培训和权力，相互信任、相互支持，制定基于可靠信息的决策，采取适当的行动。

我们可以看到，费尔蒙特集团拥有一个以满足顾客需要为核心的使命，一个包含学习和高绩效的愿景，还有包含公司和其员工行为方式的价值观。费尔蒙特由此成为一流的豪华饭店品牌的总体目标得以确定。

也有人提出企业使命陈述的九要素说，实际上是以上三个方面内容的具体化，即用户、产品或服务、市场、技术、对生存、增长和盈利的观念、自我认知、对公众形象的关注、对雇员的关心。需要强调的一点是，企业使命并不是一成不变的。当企业规模逐渐扩大，经营范围不断扩展时，其使命可能与新的环境条件不相适应，企业也就进入了生存发展的关键阶段。此时，企业需要重新审视其经营的环境与内部资源条件，对企业的使命进行重新研究和确定。本章案例中，假日集团的定位调整就是一个很好的例子。英国著名学者 Nigel, F. Pierey 提出了企业陈述工具，以便企业的高层管理人员制定本企业的使命，见表 2-2。

表 2-2 企业使命陈述的组成部分

使命陈述组成部分	如需要请打"√"
我们想要成为：	
——市场的领导者	
——全面的质量供应商	
——对社会负责的制造商	
——绿色的、环保的公司	
——人道的老板	
——股东利益的捍卫者	
——致力于改善这个星球上的生活	
——良好的企业公民	
——消费者驱动的公司	
——对经销商负责的合作伙伴	
——人格尊严的打造者	
——具有做大的想象力	
——尊重大自然和生命	

资料来源：Nigel, F. Piercy 著. 吴晓明等译. 市场导向的战略转变. 北京：清华大学出版社，2005.305.

（三）旅游企业使命与愿景的关系

愿景和使命相比，前者更倾向于以旅游企业的未来为导向，而后者则更多地涉及企业的现状，比前者更具体地表明了旅游企业的性质和发展方向。许多旅游企业会同时建立使命陈述和愿景陈述。通常出现在企业年度报告中的企业使命陈述更多地涉及企业的现状，而不是企业的抱负、志向或发展方向。不过，我们通常可以透过企业使命陈述，找到企业发展方向的基础。当使命陈述不但清晰地表述现在的业务，而且还阐明企业前进的方向和未来的业务范围时，企业的使命和愿景就合二为一了。以下是部分旅游企业的愿景与使命陈述。

1. 爱尔兰西南部的湖泊饭店（Lake Hotel）的愿景与使命

愿景：保护环境、保护自然、开发和循环利用可替代性能源，对环境负责。

使命：成为爱尔兰最著名的家庭经营的饭店；为所有的顾客提供高标准的服务；培育对员工和产品的自信；承担社会、道德和环保责任，始终注重安全；致力于提高饭店的级别。

2. 上海锦江文沧大酒店（Shanghai JC Mandarin's）的愿景与使命

愿景：通过"第一次和每一次都创造卓越"成为上海最优秀的饭店。

使命：上海最佳饭店；最佳雇主；最佳管理公司。

3. 洲际集团的愿景

成为世界领先的接待业品牌所有者。

4. 马来西亚饭店协会的愿景与使命

愿景：培育一支高度熟练的、具有创新精神和高度纪律性的团队，他们会团结一致，提高整个饭店业的效率，以实现既定的2020年远景计划。

使命：作为饭店业的一个全国性机构，马来西亚饭店业协会将会承担发布行业信息的作用，团结一致，促进、保护、代表和提高成员的利益。

5. 新视角旅行公司（New Look Travel）的愿景

愿景：提供到加勒比地区低价格、高质量的航空旅行和假期。

6. 太平洋饭店集团（Pacific Hotel Company）的使命

为了给我们高贵的顾客提供卓越热情的服务和独一无二的住宿产品，我们将致力通过我们的核心价值来实现我们的愿景：

诚实——我们将维持我们所从事业务的最高质量；

团队精神——我们将齐心协力，团结协作以达到我们的目标；

个人价值——我们认可并尊重团队成员个人以及他们的贡献；

一贯的卓越标准——我们将一如既往地为顾客提供最高质量的产品，日复一日地努力，比我们竞争对手做得更好；

个性化的顾客服务——我们全体员工将始终如一地以专业、友好、迅捷、礼貌而热情的态度满足每位顾客的特殊要求。

致力于以上追求将会为我们公司和团队成员带来财务成功和增长机会。

三、旅游企业使命的作用[①]

提出和制定清晰的、具有创新精神的企业愿景和使命是有效地进行战略管理的一个前提条件。如果旅游企业的管理者对企业的业务没有一个以未来为导向的概念的话,他就不可能进行有效的领导,也不可能制定企业的战略。一般来说,企业的愿景和使命具有以下作用:指导企业的管理决策、勾勒企业的战略轮廓以及影响企业的经营。

国外许多学者就企业使命对于有效进行战略管理的重要性进行了研究。他们发现,制定企业使命陈述与企业绩效之间存在某种正相关关系,如拉里克(Rarick)和维顿(Vitton)认为,与那些没有正式的使命陈述的企业相比,拥有正式使命陈述的企业给股东的回报要高出一倍。巴特(Bart)和贝兹(Baetz)也有类似发现。《商业周刊》则报道说,没有使命陈述的企业比拥有使命陈述的企业在某些财务指标方面的收益要低30%。

金(King)和克莱兰(Cleland)认为,精心制定的书面的企业使命陈述主要是出于以下一些目的:

(1)建立统一的企业风气或环境;

(2)企业经营目标的一致性;

(3)为配置企业资源提供基础或标准;

(4)通过集中的表述,使员工认识企业的目的和发展方向,防止他们在不明白企业目标和方向的情况下参与企业活动;

(5)有助于将目标转变为工作结构,以及向企业内各责任单位分配任务;

(6)使企业的经营目的具体化,以便使成本、时间和绩效参数得到评估和控制。

高露洁公司CEO鲁本·马克(Reuben Mark)提出了从事跨国经营的企业的使命陈述的理念:

当它将每个员工召集到公司的旗帜之下时,重要的是在全球树立统一的形象,而不是在不同文化中传达不同的信息。其奥秘在于要使公司的目标简明而远大,"我们制造世界上速度最快的计算机"或"面向每个人的电话服务"。你不要指望仅仅靠财务目标就能使每个人都冲锋陷阵,你必须提供一些使人们感觉更好,感到自己是某种事业的一部分的东西。

---

① 本部分内容参见:弗雷德·R.戴维.战略管理.李克宁译.北京:经济科学出版社.2001.74~76.

第二节 旅游企业战略目标体系与制定

旅游企业要想制定正确的企业战略,仅仅有明确的企业使命是不够的,还必须把这些较为抽象和概括的理念或哲学进行具体化和现实化,转变成为各种可以操作的目标。

一、旅游企业战略目标概述

(一)旅游企业战略目标的概念与作用

战略目标是旅游企业在一定的时期内,为实现其使命要达到的阶段性任务。从时间长度来说,战略目标可分为长期战略目标和短期战略目标两大类。长期战略目标的实现期限通常超出一个现行的会计年度,即在5年以上;短期战略目标是执行目标,是为实现短期战略而设计的,时限一般在一个会计年度内。根据所涉及的范围不同,旅游企业战略目标又分为整个企业的战略目标和战略经营单位的战略目标。以企业使命为依据的企业长期的整体经营目标是指导企业制定经营战略以及各战略经营单位制定近期战略目标的基础。而各经营单位的近期战略目标又是企业各职能部门制定职能战略、编制预算和开展日常经营活动的基础。

第一节介绍的企业使命是对企业总体任务的综合表述,它一般没有具体的数量特征和时间限定。而战略目标则是企业在一段时间内对所需实现的各项活动进行数量评价。正确的战略目标对旅游企业具有重大指导作用,一方面,战略目标使旅游企业使命具体化和数量化。企业使命是抽象的概念,必须落实为具体的、可量化的目标,才能实现对战略的指导作用。战略目标将企业各单位、部门及其经营活动有机地联结为一个整体,发挥企业的整体功能,减少企业内部的冲突,提高经营管理的效率。另一方面,战略目标实现旅游企业外部环境、内部条件和企业目标三者之间的动态平衡,从而获得长期、稳定和协调的发展。此外,战略目标是旅游企业战略控制的评价标准。战略目标必须是具体的和可衡量的,以便对目标的实现情况进行比较客观的评价和考核。

(二)旅游企业战略目标的特征

旅游企业战略目标作为指导旅游企业经营活动的准绳,必须是恰当的,既要反映企业的经营思想,明确企业的努力方向,又要体现企业的具体期望,表明企业的行动纲领。一个恰当的战略目标,应该具有以下特征:

1. 经过磋商,能为有关方面所接受

旅游企业战略目标的制定是企业内外部公众共同完成的,要能协调各利益相关群体的利益要求。经过各方面磋商,明确各自应该承担的责任,有利于目标的顺利实施。此外,战略目标的表述必须清晰明确,有实际含义,不易产生误解。易于理解的目标相对来说也易于接受。

2. 可衡量性并有时限上的约束

旅游企业提出的战略目标应当是可衡量的,同时应该有时限上的要求,即确定要求实现的日期,不能出现模棱两可的情况。将战略目标定量化是使目标具有可衡量性的较为有效的方法。在将战略目标定量化时要注意目标的特指性,即理解上的一致性问题,避免易于引起误解的表达方式。

以下是以营销目标为例,说明战略目标的制定的要求。

具体成果(什么)　　　明确说明要取得的市场营销成果

　　　　　　　　　　例如,客房收入

衡量(多少)　　　　　准确说明将用什么标准衡量营销成果

　　　　　　　　　　例如,比上一年度增加 10%

时间限制(何时)　　　在哪一天衡量所获得成果

　　　　　　　　　　例如,本年度的最后一天(12 月 31 日)

现实中,有许多目标,尤其是管理部门的目标难以数量化,一般来说,时间跨度越长、战略层次越高的战略目标就越具有模糊性。此时,应当用定性化的术语来表达其达到的程度,一方面明确战略目标实现的时间,另一方面须详细说明工作的特点。只有对于战略目标实现的各阶段都有明确的时间和可衡量性的要求,战略目标才能变得具体而有实际意义。

3. 稳定性和动态性相结合

旅游企业战略目标是对旅游企业未来的一种规划,具有一定的超前性。它一旦形成就应保持其相对稳定性,这样有利于企业使命功能的发挥,减少或避免决策失误,提高企业运营效益。另一方面,由于企业战略目标是在特定的外部环境和内部条件下形成的,随着外部环境或内部条件的变化,旅游企业会面临新的机遇或威胁,其核心能力也会有所变化,因此必须调整原有的战略目标,以谋求动态上的平衡,争取经营管理上的主动。

战略目标稳定性与动态性相结合,要求战略目标适应企业内外部环境的各种变化,要求战略目标应该具有一定的灵活性。这就使得目标在可衡量性上要付出一定的代价,即要处理好战略目标的可衡量性与灵活性的关系。较好的方法是在长期战略目标中包含有较多的灵活性,而在近期目标中则更侧重于可衡量性;也可以在保持总体战略方向的前提下,在水平上或局部进行灵活性的调整。

4. 挑战性和可实现性相结合

具有挑战性的战略目标总会激励人们为达到目标不懈努力,不断前进。这就要求战略目标的表述必须具有激发全体员工积极性与潜力的强大动力,同时作为行动指南的目标又必须切实可行,也就是经过努力是可以达到的。不切实可行的目标会受到漠视或使人沮丧,从而挫伤员工的积极性;过低的目标则容易被员工忽视,错过市场机会。

5. 一致性与层次性

目标一致性是指旅游企业长期战略目标与企业使命一致,近期经营目标与长期经营目标一致,战略业务单元的战略目标与企业总体战略目标一致,各职能目标与战略业务单元的战略目标一致。

要取得各方面的一致性,就必须协调各种目标,首先要规定目标之间的先后顺序。利润通常被放在第一位,但现实中,是企业使命决定了目标的优先顺序。如若企业使命中将处理生存、营利和发展关系中的发展放在首位,则开拓市场的目标或许是第一位的。确定目标的先后顺序,不仅有利于协调目标的一致性,而且有利于企业在分配资源时分清轻重缓急。

二、旅游企业战略目标的确定

(一) 旅游企业战略目标确定的原则

1. 关键性原则

战略目标的制定必须突出事关旅游企业经营成败的问题、事关企业全局的问题,切忌将次要的战略目标视为企业的战略目标,以免滥用资源从而因小失大。

2. 平衡性原则

平衡性原则是指旅游企业在制定战略目标时,要注意战略目标不同层次间的平衡,主要体现在以下几个方面:不同利益间的平衡、近期需要与长远需要的平衡以及总体战略目标与职能战略目标间的平衡。这里又一次凸显了使命的重要性,要达到战略目标的平衡,必须以企业使命为指导,因为使命确定了企业的经营范围、未来的发展方向以及企业的经营宗旨。

3. 权变性原则

权变性原则要求旅游企业在面对环境的不确定性时采取相关措施,降低企业经营风险。反映在战略目标的制定方面,企业应制订多种方案,按照一定的标准,分析各种方案的可行性及利弊,最终选取一种目标,而将其他可行性较强的方案作为备用,同时为选定的目标制定一些相关的特殊应急措施。旅游业是敏感度较高的行业,任何政治、经济、文化和社会事件都会对旅游业造成冲击,从而对旅游企业的经营造成巨大的影响。因此,旅游企业在制定战略目标时,更要对市场环境进行深入分析,针对各种可能出现的情况,制定应急措施,力争企业总目标的实现。美国费尔蒙特(Fairmont)饭店集团就是一个有效应对各种社会危机的例子。其第一家饭店由于美国1906年大地震而耽误了一年才在旧金山开业。在应对各种困难与危机的过程中,费尔蒙特保持了强劲的上升趋势。2003年,即使受非典和飓风影响,该集团的收入也由2002年年底的5.9亿美元上升到6.58亿美元。

(二)旅游企业战略目标的确定过程

实施多元化经营的旅游企业(集团),在制定战略目标时,不仅要确定企业整体的长期和短期战略目标,还要在各个战略业务单位或职能部门确立自己的战略目标。旅游企业战略目标的制定,通常要经历以下几个步骤:

(1)企业最高管理层宣布企业使命,从而开始战略目标制定过程;

(2)确定达到企业使命的长期战略目标;

(3)将长期战略目标进行分解,建立整个企业的短期执行性战略目标;

(4)不同战略业务单位、事业部或经营单位建立自己的长期的或短期的战略目标;

(5)每个战略业务单元或主要事业部内的各职能部门制定自己的长期和短期战略目标;

(6)战略目标的制定由上至下层层推进,由企业整体落实到个人。

(三)战略目标的内容

一方面,由于战略目标是企业使命的具体化,有关企业生存的各个部门都需要有目标;另一方面,目标还取决于个别企业的不同战略。因此,企业的战略目标是多元化的,既包括经济目标,又包括非经济目标;既包括定性目标,又包括定量目标。尽管如此,各个企业需要制定目标的领域却是相同的,所有企业的生存都取决于同样的一些因素。

1.德鲁克的观点

德鲁克在《管理实践》一书中提出了八个关键领域的目标:

(1)市场方面的目标:应表明本公司希望达到的市场占有率或在竞争中达到的地位;

(2)技术改进和发展方面的目标:对改进和发展新产品,提供新型服务内容的认知及措施;

(3)提高生产力方面的目标:有效地衡量原材料的利用,最大限度地提高产品的数量和质量;

(4)物资和金融资源方面的目标:获得物资和金融资源的渠道及其有效的利用;

(5)利润方面的目标:用一个或几个经济目标表明希望达到的利润率;

(6)人力资源方面的目标:人力资源的获得、培训和发展,管理人员的培养及其个人才能的发挥;

(7)发挥职工积极性方面的目标:对职工激励、报酬等措施;

(8)社会责任方面的目标:注意公司对社会产生的影响。

2.格罗斯的观点

B.M.格罗斯在其所著的《组织及其管理》一书中归纳出组织目标的七项内容:

(1) 利益的满足：组织的存在应满足相关的任何组织利益、需要、愿望和要求；

(2) 劳务或商品的产出：组织产出的产品包括劳务(有形的或无形的)和商品，其质量和数量都可以用货币或物质单位表示出来；

(3) 效率或获利的可能性：投入和产出目标，包括效率、生产率等；

(4) 组织、生存能力的投资：组织能力包括存在和发展的能力，有赖于投入数量和投资转换过程；

(5) 资源的调动：从环境中获得稀有资源；

(6) 对法规的遵守；

(7) 合理性：令人满意的行为方式，包括技术合理性和管理合理性。

3. 旅游企业战略目标的内容

尽管实践中旅游企业的战略目标多种多样，但总结起来，一般要包括以下十个领域中的一个或几个。

(1) 赢利能力：用利润、投资收益率、每股平均收益、销售利润等来表示。

(2) 市场：用市场占有率、销售额或销售量来表示。

(3) 生产率：用投入产出比率、单位产品或服务成本来表示。

(4) 产品或服务：用产品线或产品的销售额和赢利能力、开发新产品的完成期来表示。

(5) 资金：用资本构成、新增普通股、现金流量、流动资本、回收期来表示。

(6) 生产：用工作面积、固定费用或生产量来表示。

(7) 研究与开发：用花费的货币量或完成的项目来表示。

(8) 组织：用将实行变革或将承担的项目来表示。

(9) 人力资源：用员工流动率、培训人数或将实施的培训计划数来表示。

(10) 社会责任：用活动的类型、服务天数或财政资助来表示。

需要说明的是，旅游企业并不一定在以上所有领域都规定目标，并且战略目标也并不局限于以上十个方面。

三、旅游企业战略目标体系的构成

从企业战略目标的概念与特征我们不难看出，旅游企业战略目标不止一个，而是由若干目标项目组成的一个战略目标体系。从纵向上看，企业的战略目标体系可以分解成一个树形图，如图2－1所示。

在图2－1中，旅游企业战略目标体系一般由总体战略目标和职能战略目标组成。当然，对于实行多元化的旅游企业集团来说，在总体战略目标和职能战略目标之间还需要制定一个战略业务单元(事业部)战略目标。在企业使命的基础上制定企业总体战略目标，为保证总目标的实现，必须将其层层分解，制定各事业部战略目标、职能战略目标，直到员工个人目标。

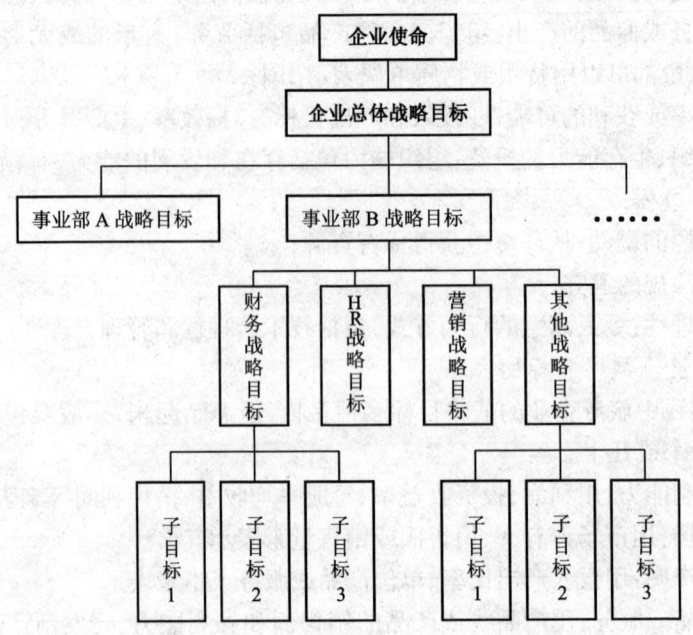

图 2-1　旅游企业战略目标体系示意图

思考与练习

1. 企业愿景由哪两个部分构成？
2. 旅游企业战略目标的制定要遵循哪些原则？经过哪些阶段？
3. 简述旅游企业战略目标体系的构成。
4. 以你所熟悉的旅游企业为例，分析其愿景、使命和战略目标的构成。

第三章

旅游企业外部环境分析

开篇案例 欧洲旅行社业的 STEEP 分析

从广义来说,根据旅游组织者和媒介的附属部门同其所从事商业活动的不同,可将旅行社划分为以下几类:

第一类,旅游代理商。

第二类,包价旅游承办商(组团社/地接社)。

第三类,导游和旅游信息中心(中介)。

旅游产品的内部联系复杂,旅行社作为旅游组织者其作用也是多样的,且处于不断变化之中。

从传统意义上来说,旅游经营商起一个批发的作用。它将预订好的航班座位、酒店房间及汽车的交通路线打包成一个旅游产品后,提供给旅游代理商。而旅游代理商把这些包装好的旅游服务或旅游路线零售给消费者。旅游代理商就如同游客和供应商之间的一个媒介。导游和旅游信息中心通常会在旅游目的地出现,它们可以提供一些信息及相关的辅助服务。

然而,这种传统的格局现在出现了一些变化,因为现在旅游批发商开始越过这些中介机构,直接向消费者出售旅游产品。同时,像饭店和机场这些旅游服务供应商,也开始直接地向消费者销售产品,而不经过旅游经营商。随着新技术对销售渠道和旅游市场带来的影响,消费者也开始用一种新的眼光来审视这些传统的旅游服务机构。

一、供求状况分析

欧洲的跨境旅游人数占世界跨境旅游人数的一半,这其中包括著名的欧洲内陆游(在欧洲 88% 的跨境旅游属于此种类型)。在 2000 年时,欧洲出境游人数比 1999 年增长了 5%。旅游主要可以分为以下几类:

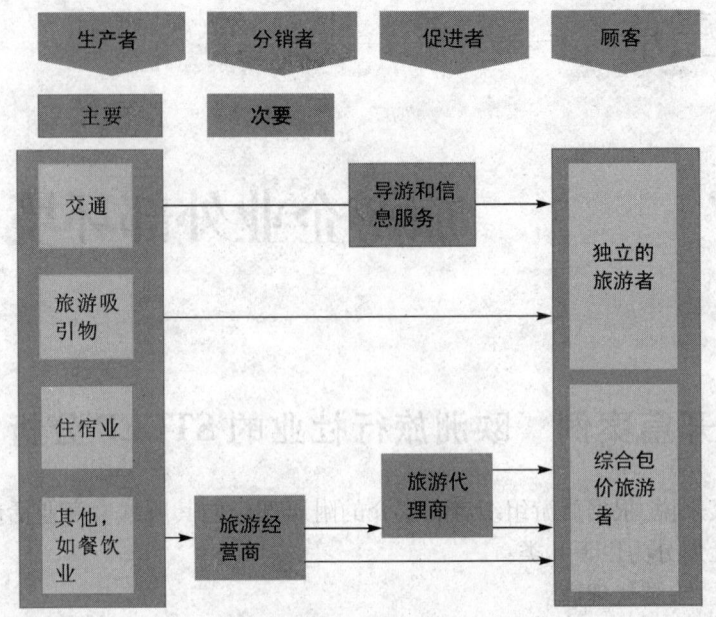

旅行社的角色示意图

资料来源：改编自 Poon, Cooper, Fletcher, Gilbert and Wanhill, 1993。

第一类，休闲度假是出游的重要动力，大约 2/3 的跨境游属于此种类型。

第二类，商务旅游大约占 1/5。

第三类，其他的主要旅游，包括探亲访友、宗教以及健康疗养等。

商务游客更喜欢使用旅游代理商，而不是旅游经营商，因为后者主要为度假市场服务。商务游客通常会有固定的旅游目的地和旅游时间，所以会选择预订好的航班以及住在位于城市中心的酒店。

欧洲主要旅行社一览表

公司名称	国家	2000年收入（百万欧元）	备 注
途易/普罗伊萨格	德国	40.5	被普罗伊萨格所接管，但以途易的名义经营
C&N 旅游公司	德国	19.0	
汤姆森	英国	18.0	归普罗伊萨格所有
Rewe Touristik	德国	14.9	
首选（First Choice）	英国	11.9	
Kuoni Gruppe	瑞士	10.2	
地中海俱乐部	法国	7.2	
Nouvelles Frontières	法/德	4.9	归普罗伊萨格所有
饭店策划（Hotelplan）	德国	4.1	

资料来源：FW International, 2001。

在供给方面,欧洲的大型旅游公司正在经历巨大的变化。一些领域正逐渐集中到少数具有支配地位的集团手中,而在5~10年前,这些领域则曾是国内所有私人公司的主要市场。这场变化遍及所有欧洲的关键市场,并且被垂直地整合到整个价值链中。除了这些大公司外,还有大量的小旅行社在提供物美价廉的服务。旅游市场的竞争变得越来越激烈,因为越来越多的公司在为争取业务而竞争,而消费者面对越来越多的销售渠道以及旅游公司间的竞争,对价格日益敏感。

二、驱动变化的因素——经营环境的STEEP分析

(一)政治因素

欧洲旅游市场一体化趋势使得消费者对旅游产品进行跨国比较的需求变得迫切。跨国旅游变得更加透明化,消费者会更加容易地选择旅游产品。

旅游组织者和其他一些中小型的旅游中介进行跨国交易时,是有许多羁绊因素需要解决的,如税务系统、劳动力和安全等。

(二)经济因素

很多的旅游经营商避开旅游代理商而直接将旅游产品销售给顾客,这样它们可以提供更具有竞争力的价格。直销确实对旅游代理商构成了威胁。事实上,旅游产品在线订购在各欧盟国家的运用程度各有不同。一部分是因为旅游经营商担心会因此而影响到其与旅游代理商之间的关系,进而失去广泛的销售渠道。因此,旅行社是否能获得更大的利益在很大程度上影响到了直销方式的增长。

大约有50%的中小型旅游中介认为它们还具有较好的竞争力。然而在南欧,则有大批旅行社认为自己不具备良好的竞争力。

(三)环境因素

环境问题逐渐获得普遍关注,旅游组织者也开始意识到了环境保护的重要性。例如,消费者对生态旅游感兴趣、对开发过剩的旅游区进行恢复、环境税等。

面对这些挑战,旅游组织者应该提供一些新型的旅游产品,开发一些新的旅游目的地,并教育游客,使他们明白旅游对环境带来的影响,提高自身的责任感。北欧和南欧的旅游组织者和中间商似乎比中欧的旅游组织者更加注重环境保护。

(四)社会因素

1. 变化中的消费群体

在欧洲大部分国家,拥有一定积蓄和空闲时间的中年游客很大程度上推动了旅游的发展。他们也常常会选择在非旅游高峰时期旅游。

2. 劳动力

大部分旅游公司是小规模的,只雇用5~10人。员工的工资也大多不高。因为旅游公司具有很强的季节性,所以雇用大量的临时工。任何旅游需求及销售的情况变化都会影响到这些临时工的雇用。

(五)科技与创新因素

新的消费者需要有新的旅游选择。信息技术的进步使得消费者可以更加灵活地选择价格适合的旅游产品。尽管目前旅游公司提供的信息技术连贯性不一致,并且市场也还没有被完全开发,一些专家指出信息技术的变化使得服务商和代理商可以将他们的市场划分开来,并且应客户不断变化的需要来配套生产。技术的进步同样使得便宜的包价游和量身定做游两分天下。一些旅行公司提供豪华游,而另一些则在网站上大力宣传经济游。

互联网对消费者的选择和商业操作都产生了深刻的影响,它从根本上改变了消费者和供应商之间的关系。旅游产品已经成为可在网上购买的流行产品。但是电子商务模式的出现并没有像预想中的那样减弱旅游中介商的作用,而是产生一种更强有力的新型中介——电子旅游代理商。但是实际中"在线安排"的不健全性使得消费者更加相信旅行社,特别是对于一些重大的或复杂的安排。对旅游经营者来说,现在面临的挑战就是充分利用一切渠道以达到和消费者更好的沟通。另外,旅游代理商必须提供专业服务,或者就产品和消费者达成更好的沟通,以期望通过增加附加利益来使顾客继续在网上购物。小公司可能很难同那些国际知名的大公司在新技术上投入的资金相抗衡。从现在看来,小型的、中型的以及大型的旅行社很少采用和其他的公司及合作伙伴联合在网上销售的方式,但它们具有店铺、网络及电话的联合型、多渠道销售的优势。

STEEP分析与STEP分析一样,是企业战略外部环境分析的常用的方法之一。本章将主要介绍这类外部环境分析方法与工具。

第一节 旅游企业外部环境分析概述

任何一个企业都不是孤立存在的,都要同它所处的环境发生各种各样的联系。因此,从这个意义上说,旅游企业外部环境分析与其他企业的外部环境分析并没有本质上的区别。旅游企业自身所具有的一些特点决定了旅游企业相对其他企业来说更加依赖于外部环境。一个企业的外部环境究竟包括哪些方面,各自相对于企业来说又有什么重要性,旅游企业对外部环境分析应注意哪些方面的问题,这些都是本节所涵盖的问题。

一、旅游企业外部环境分析的必要性和重要性

旅游企业外部环境分析的一个重要目的在于识别出企业的机会和威胁,以便及时捕捉机会,有效地采取应对威胁的措施。由于旅游企业所具有的以下特点决定了旅游企业相对其他企业来说要更多地关注外部环境的变化。

第一,是敏感性或脆弱性。旅游业的敏感性是指旅游企业的经营易受外部环

境变化的影响。任何社会、政治、法律、经济、文化和技术领域的变化都会给旅游企业的经营带来巨大的影响。例如,信息技术和互联网的出现对传统旅游企业尤其是旅行社的经营模式提出了巨大的挑战;加入WTO后我国旅游企业面临更多的国外旅游企业的直接竞争,近两年外资旅行社频繁进入中国市场就是一个信号;2005年10月印度尼西亚巴厘岛再次发生爆炸案,使当地旅游企业经营举步维艰,等等。旅游业的脆弱性是指旅游企业受到外部环境影响的程度相对其他行业来说是比较高的。客观地说,外部环境的变化对任何行业、任何企业都会产生影响,即都有一定的敏感度,但旅游业是受影响较严重的行业之一。有人曾将旅游业比喻为"建在流沙上的大厦",虽然有点夸张,但也从另一个侧面反映了旅游业的脆弱性。

第二,是异地性。旅游者要实现旅游活动,必须发生空间的移位,至少是离开他的常住地。因此,对客源地的旅游企业来说,要满足当地旅游者的需求,多数情况下也需要实现经营地域的转移,要到其主要目的地国或地区进行经营,这也是旅游企业实行跨区(境)扩张的基本原因之一。地区之间风俗、文化、经济、技术、消费习惯,甚至法律和政治状况的差异,再加上旅游企业对这些环境的依赖性,使得旅游企业在进入一个新的市场、区域时尤其要关注外部环境的状况及其变化。另外,旅游的异地性,使得旅游者要实现旅游活动必须要有一定的闲暇时间。政府可以从制度方面影响闲暇时间的分配,从而为广大居民成为旅游者提供便利条件。

第三,在多数国家,尤其是发展中国家,旅游业还是一个政府主导的产业。旅游者旅游权力、旅游企业经营权力的大小,在一定程度上取决于政府的各项相关政策,而政府相关政策的出台,主要依据其对宏观环境的各种判断,这就使得外部环境对于旅游企业来说显得尤为重要。①

第四,也是很重要的一点,那就是旅游企业作为服务企业的特性:企业边界的模糊性。对于其他行业的企业来说,企业与"外部世界"的边界是清晰的。例如,制造业工厂的边界是很清楚的,大多数服务业(如医院、金融机构等)服务的发生与传递也有一个非常清晰的场所。外部环境的变化将会对企业、企业的顾客及其竞争对手产生影响,但一般情况下,通过规划和营销组合是可以将这种影响降低到最低程度,甚至恢复到以前的水平,因为服务的场所是基本不会发生变化的。而旅游企业则不同,尤其是旅行社,为客人提供的服务是在旅途中完成的,而这个旅途可能是从世界的一端到另一端。所以有学者提出,整个地球都是旅游企业的"厂房"(factory floor)(Moutinho,2000)。

---

① 旅游者的旅游权力是由旅游者所在国家对旅游的鼓励与限制政策所决定。例如,多数发展中国家在发展旅游的初期,会严格限制本国公民的出境旅游,以防止外汇的流失。随着经济的发展,我国正在逐步放开出境旅游市场,到2004年年底,中国公民自费出境旅游目的地已达90个国家和地区。国家不断增加我国公民公费出境旅游目的地的决策,也是基于对我国外汇储备、国际平等贸易的宏观环境方面的判断而得出的。

二、旅游企业外部环境的构成

企业对环境进行分析的主要目的是使企业对现状有充分的了解,获得必要的信息,以便有效地预见未来,采取积极的行动。一般来说,企业的外部环境可以分为两个层次:宏观环境和微观环境,其内容与相互关系如图 3-1 所示。

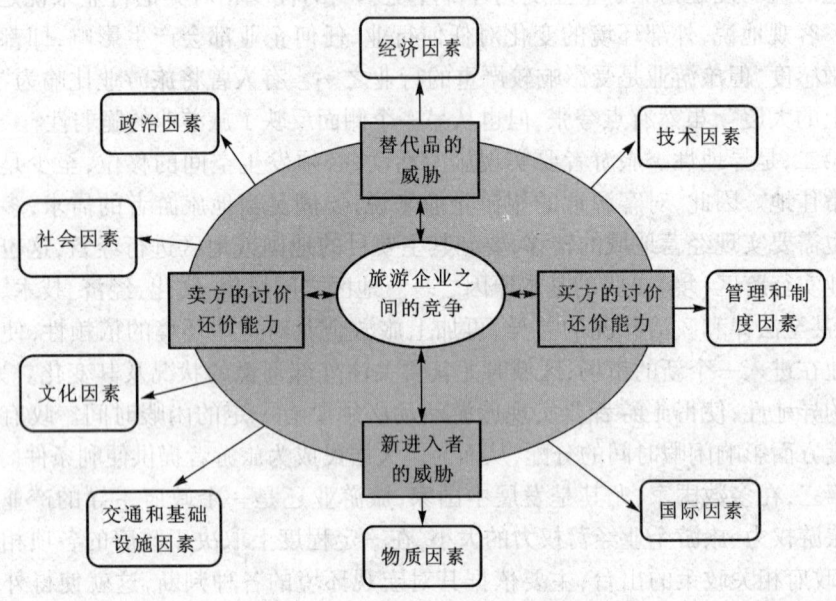

图 3-1 旅游企业外部环境示意图

宏观环境又称总体环境,通常是指那些对于处在同一区域的所有企业都会产生影响的环境因素,如图 3-1 中所示的物质因素、经济因素、技术因素、管理和制度因素、交通和基础设施因素、国际因素,等等。一般来说,旅游企业不可能直接控制这些环境因素。能够取得成功的企业往往通过搜集这些因素方面的一定种类和数量的信息,了解一般环境中这些因素信号的意义,以便于制定和实施适当的战略。

微观环境又可细分为产业环境和竞争环境。产业环境由五种因素[波特称之为五种力量(five forces)]构成,即新进入者、供应商、买方、替代产品以及竞争对手。产业环境直接影响到一个企业的竞争行为。波特认为,这五个因素之间的互动关系决定了一个产业的赢利能力。虽然产业环境只对处于某一特定产业内的企业以及与该产业存在业务关系的企业发生影响,但由于产业环境与企业之间存在相互影响、相互依存的关系,使得产业在影响企业的同时,也逐渐受到企业的影响。

旅游企业对宏观环境和微观环境这两种外部环境的分析,会影响到其战略目标和使命、战略选择以及战略实施。总的来说,宏观环境的分析着眼于未来;产业环境的分析重点在于了解影响企业赢利能力的条件和要素；而竞争环境分析则是为了跟踪和预测竞争对手的行动、可能的反应及其战略目的。在进行外部环境分析时，旅游企业战略管理者要将这三个方面有机地结合起来。

三、SWOT分析方法

SWOT分析方法又称TOWS方法，是战略管理中非常重要一个分析工具。SWOT分析方法是指在进行战略分析时，着重分析企业的优势（Strength）、劣势（Weakness）、机会（Opportunity）和威胁（Threat）四个方面。其中，优势和劣势的分析基于对企业内部实力的评估，而机会和威胁的分析则基于对企业的外部环境的分析。在进行战略分析时，企业通常先对其外部环境进行分析，识别出环境构成机会或威胁的因素，然后分析其内部实力，即内部的资源，找出相对于竞争对手的优势和劣势，利用自身的能力扬长避短，抓住机会，避免威胁。

SWOT通常是用表格表示的，也就是将构成企业的优势、劣势的因素，以及企业面临的机会和威胁因素在表中一一列出。需要提到的是，不同的行业其影响因素也不一样。即使同一个事件对于不同的企业来说，其含义也不同，甚至会出现相反的情况。例如，人口的老年化现象对以老年人为主要目标市场的旅游企业来说是机会，而对将目标市场定为青少年的旅游企业来说则是威胁因素。此外，企业可以对识别出来的内部和外部的关键因素进行量化，赋予这些因素以权重与评分，然后得出该企业最终的内部评估与外部分析结果，这种方法即我们在本章和第四章要介绍的内部因素分析矩阵和外部因素分析矩阵。SWOT分析方法的具体操作将会在这两部分中介绍。

四、旅游企业外部环境分析的过程

外部环境分析是一个连续的过程，它一般包括四个方面：搜索、监测、预测和评估，参见表3-1。虽然对外部环境进行准确的分析是十分困难的，但这项工作对旅游企业来说具有非常重要的意义。

表3-1 旅游企业外部分析的步骤

搜索	搜集关于环境变化和发展趋势的早期信号
监测	对这些变化和趋势进行持续观察，探究其含义
预测	根据所跟踪的环境的变化和趋势，预测其对企业可能带来的结果
评估	根据环境变化或趋势的时间点和重要程度，决定企业战略管理调整的方向

资料来源：改编自迈克尔·希特等.战略管理.吕巍等译.北京：机械工业出版社，2005.48.

（一）搜索

旅游企业要对环境进行分析，首先要搜集宏观环境中各种有关因素的资料。

通过搜索,企业可以识别出总体环境中正在发生的潜在变化的一些信号,从而可以了解正在发生的一些变化。可以用来进行环境分析的资料来源很多,如期刊、杂志、报纸、政府文件,等等。企业也可以通过参加展览会、贸易洽谈会等方式,了解行业的一些信息。企业还可以利用互联网、图书馆、供应商、分销商、销售人员、顾客以及竞争者来获取重要信息。为了提供连续的、及时的战略管理信息,一些大型企业往往会派专人监视各种信息来源,并定期向负责外部分析的管理部门(通常是战略规划部或营销策划部)呈交文献浏览资料。表3-2是旅游企业经常光顾浏览的网站。

表3-2 常用旅游网站

旅游组织网站:
世界旅游组织:www.word-tourism.org
世界旅行与旅游理事会:www.wttc.com
亚太地区旅游协会:www.pata.org
国际饭店与餐饮业协会:www.ih-ra.com
旅行与旅游研究协会:www.ttra.com
美国旅游行业协会:http://www.tia.org
美国旅行社(旅游经营商)协会:www.ustoa.com
欧洲旅游委员会:www.etc-corporate.org
会议及参观商国际协会:www.iacvb.org
美国餐饮业协会:www.restaurant.org
美国饭店与住宿业协会:www.ahla.com
中国国家旅游局:www.cnta.com
史密斯咨询公司:http://www.str-online.com
饭店集团链接:www.hotelstravel.com/chain.html
旅游研究类:
www.lodgingmagazine.com
www.hotelsmag.com
www.waksberg.com

(二)监测

监测是指旅游企业的战略分析家们对环境中的变化进行持续观察,根据自己对形势的判断确定在哪些搜索领域里可能会出现重要的趋势和有用的信息。成功监测的关键在于感知不同环境事件含义的能力。

(三)预测

旅游企业管理者根据所观察到的环境中发生的变化,经过综合分析,预测这些变化和趋势在未来一段时间内的发展走向与发展速度。例如,分析家可能会预测一项新技术市场化的时间;分析政府调整有关旅游的税收政策后会在多长时间内影响到旅游者的购买模式。

（四）评估

旅游企业评估的目的在于判断环境变化和趋势对企业战略产生影响的时间和程度。通过搜索、监测和预测三个阶段的工作，旅游企业战略分析家们基本上已经对企业的总体外部环境有了一个大致的了解。接下来，需要组织一次或一系列的管理者工作，评估企业面临的最重要的机会与威胁。外部因素分析（EFE）矩阵就提供了一个很好的方法，是一种很好的进行外部分析的工具。它的主要元素有：机会因素、威胁因素、权重、评分，以及在此基础上形成的加权分数和分数加总。

外部因素分析矩阵对外部环境中的各种信息进行分类，从机会和威胁两个方面进行评估。整个评估需要以下五个步骤。

（1）列出 10~20 个外部分析过程中确认的外部因素。首先列出机会因素，然后列出威胁因素。不同产业在不同的时期会遇到不同的关键影响因素，弗洛恩德（Freund）认为它们应该具有以下特征：①对于实现长期及年度目标是重要的；②可度量；③数量相对较少；④层次性，有些适用于企业整体，有些则适合于分公司或职能部门。[①]

（2）对于每一个因素赋予一定的权重（取值范围在 0~1 之间，说明重要性程度，数值越大说明越重要），全部因素的权重之和为 1。权重的大小可能通过比较其行业内的竞争者（成功的竞争者和不成功的竞争者）的影响而确定，也可以通过集体讨论达成共识。这个步骤所确定的权重对行业所有企业都是一样的。

（3）按企业现有战略对每一因素的有效反应程度进行评分，分值范围为 1~4。其中 1 分表示很差，2 分代表平均水平，3 分表示超过平均水平，而 4 分代表很好。这一步骤主要考察企业战略的有效性——对环境中出现的各种因素的反应程度。

（4）用每个因素的权重乘以其评分，计算出每个因素的加权分数。

（5）将所有因素的加权分数相加，从而得到企业的总加权分数。

由于总权重值为 1，无论 EFE 矩阵中所包含的关键机会和威胁因素为多少，所得到的总加权分数值域为[1,4]，平均值为 2.5 分。如果总加权分数为 4.0，说明企业对环境中现有机会与威胁做出了较好的反应。相反，低于 2.5 分，说明企业目前的战略不能有效地利用当前机会，也不能将外部威胁的潜在不利影响降到最低。

2005 年，位于中美洲的岛国伯利兹的（Belize）猴河旅游协会（Monkey River Tour Guide Associan）对 Monkey River Village 发展生态旅游的战略环境进行了分析，其外部因素矩阵评估表如表 3-3 所示。

---

① York Freund,"Critical Success Factors",Planning Review 16, No.4（July – August 1988）:20.

表 3-3 Monkey River Village 外部因素矩阵评估

关键外部因素	权重	评分	加权分数
机会			
1. 改善同普拉圣西亚的关系	0.025	2	0.05
2. 再造林:猴类居住环境的改善	0.05	1	0.05
3. 教育旅游	0.025	2	0.05
4. 美国和平组织的志愿者	0.05	1	0.05
5. 与越来越多的外部机构合作	0.1	2	0.2
6. 网站的改进	0.1	2	0.2
7. 普拉圣西亚预订处	0.2	1	0.2
8. 钓鱼设施不断完善	0.025	3	0.075
9. 普拉圣西亚地区新公路的修建	0.1	1	0.1
威胁			
1. 导游之间的冲突	0.025	2	0.05
2. 热带森林再生时间较长	0.05	2	0.1
3. 青年劳动力的逐渐减少	0.05	2	0.1
4. 缺乏对环境的关心	0.05	2	0.1
5. 其他行业的企业对本地区旅游业和旅游资源的影响	0.05	3	0.15
6. 普拉圣西亚地区新公路的修建	0.1	2	0.2
	1		1.675

注:普拉圣西亚地区是与 Monkey River Village 相邻的一个著名的国际旅游目的地。这两个目的地之间长期存在冲突,Monkey River Village 地区的大部分景区的门票是由普拉圣西亚地区售出的。

从表 3-3 中我们可以看出,从权重系数来看,普拉圣西亚预订处被视为影响 Monkey River Village 地区旅游产业的最重要的因素(0.2),这反映了销售渠道在旅游企业经营中的重要性。Monkey River Village 地区并没有采取有效利用这一机会的战略(评分为 1.0)。总加权分数 1.675,说明 Monkey River Village 在利用外部机会和规避外部威胁方面低于平均水平。

第二节 旅游企业宏观环境分析

我们在第一节中已经介绍了旅游企业宏观环境的组成,虽然影响的程度不同,旅游企业或多或少地都会受到这些环境的影响。在宏观环境分析中,通常使用 STEP(或 PEST)分析法,即分析政治、经济、社会和技术四个方面的因素对企业经营环境的影响,也有学者再加一个环境因素,形成 STEEP 分析法(埃尔斯,2005)。

Moutinho 则对 STEP 分析法进行了进一步的扩展，将其定义为 SCEPTICAI 法，即我们在第一节所提到的九种因素：社会的、文化的、经济的、物质的/自然的、技术的、国际的、交通和基础设施的、管理和制度的以及政治的因素。以上任何一种因素的变化都会对旅游企业尤其是旅游经营商带来重大的机会与威胁。这三种方法中，以 STEP 或 STEEP 方法应用最为广泛，如本章案例中用的就是 STEEP 分析方法。为了详细展示环境因素对旅游企业的影响，我们以 SCEPTICAL 为例，分析环境中这些要素对旅游企业的影响。

一、社会环境

旅游本质上属于一种社会现象，它像其他行业一样受到它所生存的社会的影响，它的独特性体现在它涉及不同社会之间大规模的、暂时的人员流动。这可能会带来暂时的或长期的社会变化。

（一）人口方面的变化

随着经济的发展，人民生活水平的不断改善与提高，世界人口以较快的速度发展。在 2005 年第 25 届世界人口大会上，人口增长问题再次受到关注。人口统计专家和学者指出，世界人口到 2050 年将从 2005 年的 65 亿左右增加到 91 亿。但这种增长是极不均衡的，将有 90% 的人口增长来自发展中国家，其中到 2050 年，印度人口将超过中国达到 16 亿，中国人口将达 14 亿。相比之下，北美、欧洲和日本人口占世界总人口的比重将会继续降低。此外人口还将出现老龄化的现象：发达国家将有 1/3 的人口年龄在 55 岁以上。世界人口的这种变化趋势，对旅游企业的经营决策与战略而言，有着重要的意义。

1. 人口的流动

随着人们出行费用的相对降低，国际障碍的不断消除，现代社会的一个典型特征就是地区和国家之间人口的流动。旅途中的游客要实现其转移了的消费，必须要借助旅游企业所提供的各种设施和服务。不同地区的居民的寻根热、家庭团圆、探亲访友，为旅游企业提供了新的机会。

2. 老年人市场

老年人市场又称银色市场，是一个很有潜力的市场。如上所述，人口老龄化是世界人口发展趋势之一。发达国家这种趋势更加明显。例如，在 1990 年退休年龄的人口就占到了美国总人口的 1/3。根据我国有关部门的预计，到 2030 年，我国老年人口将超过总人口的 20%，进入老龄化阶段；而 2040 年后，我国老年人将达 4 亿。在美国，老年人市场不少人年薪在五万美元以上，他们事业稳固，收入较多，时间又充裕，更有能力外出旅行。

老龄化社会的来临，为旅游企业提供了巨大的发展机会。目前我国老年旅游市场刚刚起步，据有关部门统计，到 2000 年，老年旅游占旅游市场的 20% 左右，而在国外这一数字已经达到了60%左右。

老年人外出旅游的目的多是为了休息、消遣、探亲访友、参观历史古迹。老年人做购买决策比较慎重,总是经过反复比较和权衡;旅游时往往携带较多的行李,行动迟缓,要求便利和清静。其旅行特点是行程较远,多在旅游淡季出游,在外停留时间较长,更多依赖旅游商和旅游代理人的安排。老年人对旅游目的地产品质量,特别是住宿条件、饭菜质量很关心。一般地说,优质产品容易接近这个市场。

3. 女性旅游者

女性就业率与就业量的增加对旅游业产生了巨大的影响。美国市场中女性商务旅游者占到了25%~40%,而且不久就会达到50%。随着女性社会、经济地位的不断提高,将会有越来越多的女性出于消遣的目的进行国际旅游。根据万事达卡国际组织的分析,2002年亚太地区女性旅客占40%,而1970年只有10%。这一状况在日本最为明显。随着女性就业机会的不断增加,传统观念的逐渐开放,女性外出旅游已经变得越来越为人们所接受。在18~44岁年龄组中,女性旅游者已经超过了男性,其数量之比为2:1。

(二)各国城市化进程的不断加快

全球城市化是自20世纪开始的一个重要变化,它也将对旅游企业产生一系列的影响。1950年全球共有大约6亿城市人口,根据联合国人口基金的预计,到2030年将会有超过60%的人口生活在城市。

一方面,城市中大量农村人口的迅速涌入带来了大量问题,如城市的拥挤、污染、贫穷、失业和犯罪,等等,这对旅游环境造成了一定程度的破坏,旅游需求也会受到很大影响。从另一方面说,农村人口的流出有助于缓解农村地区经济不景气的现象。许多农村地区也开始开发一些与传统农业活动相结合的旅游活动,如农业旅游等。

(三)疾病与健康问题

疾病,尤其是传染性疾病的爆发对旅游环境造成了巨大影响。如果疫区病情不能得到及时的控制,世界卫生组织将会向旅游者发出前往该目的地(国)旅行的旅游警报。例如,2003年世界卫生组织曾向北京、台湾、香港、多伦多等城市和地区出示旅游警报。据世界旅游组织统计,2003年SARS疫情导致东北亚和东南亚的国际游客分别减少9%和14%。

另一种影响旅游者健康的疾病就是艾滋病(AIDS)。艾滋病的不断扩散已经威胁到了肯尼亚和冈比亚旅游业的发展。消费者害怕来自当地居民血液的供应,也担心来自这些国家和地区的食品会受到污染。对这些国家来说,要重建消费者对其产品和服务的信心需要一个漫长的过程。

二、文化环境的变化

文化环境是比较特殊的一个因素,主要是因为一个国家或地区的文化可能会成为旅游吸引物的一部分。与传统的观光旅游相比,旅游者越来越对目的地(国)的文化感兴趣。此外,旅游产品也可能会成为一个国家文化的组成部分。旅游能够通过降低文化障碍和减少文化偏见,使不同的文化交融。对于旅游管理来说,需要具备对来自不同国家和文化背景的国际旅游者的需求进行有效反应的能力。越来越多的饭店集团和航空公司投入资金专门对员工进行文化方面的培训,以使他们的员工熟悉其他文化中的语言、礼仪、肢体语言和社会制度等。旅游企业与在经营中所处的文化环境之间的关系通常是紧张的。虽然旅游业为当地居民提供了经济效益,但他们还是要在生活质量、传统文化同生活方式受到侵蚀之间权衡并做出一个重大决定。当地居民和外来的游客之间的关系可能会变得非常紧张,尤其是当一个小的度假区在旺季人满为患的时候。

（一）文化事件与旅游

特定文化事件或以娱乐形式表达的文化现象都会为旅游企业带来巨大机会。体育事件、音乐节、电影节、历史事迹表演或传统的庆祝形式都会成为某一目的地旅游企业的推动因素。但是,旅游企业在使用文化作为促销手段时,要注意文化的商品化问题。过度追求文化的商品化会对目的地形象造成不良影响,从而影响旅游企业长期的发展。

（二）核心文化价值

除了面对旅游者和居民之间潜在的文化和利益冲突外,旅游企业还要评估文化发展趋势对其产品的影响。许多文化趋势,例如,对个人主义信念、对大型企业的不信任、对环境的兴趣或对传统的"家庭价值"的消失的担心,既可能形成对旅游企业的威胁也可能成为机会。顾客的需求正在发生变化,他们要求更加个性化的假期,以求更加主动地参与到目的地及自然环境中。他们还需要根据家庭的需要来调整度假。

文化价值方面最主要的全球趋势是"中产阶层价值"得到了广泛的接受。随着在收入水平和生活方式方面符合"中产阶层"的居民数量的不断增加,中产阶层正在不断扩大。他们所受的教育越来越高,掌握的知识也越来越丰富,其所从事的工作性质也发生了变化,从传统的与体力劳动相关的工作转向从事与脑力劳动有关的工作。根据旅游的最适刺激理论,他们对与体力相关的旅游活动非常感兴趣,如钓鱼、狩猎、户外艺术与技巧等。这些活动使人们重新回到大自然,尽情享受旅游活动给他们带来的乐趣与体验。

三、经济环境

经济环境主要是指经济发展速度、社会购买力、消费水平和趋势、金融状况及经济运行的平稳性和周期性波动等因素。

社会经济发展水平是决定旅游需求量的主要因素。一般来说,经济发展水平越高,旅游需求的程度就越强。罗斯托(Rostow,1959)将经济发展阶段的特征与旅游的层次关系联系起来,见表3-4。发达国家是国际和国内旅游的主要产生地和接待地;发展中国家则是国际旅游的接待地,主要发展国际入境旅游,也开展一些国内旅游。到了大众高消费阶段,就业重心由第一产业转为第二产业和第三产业。人们的可自由支配收入不断增加,对旅游,尤其是国际旅游的需求也随之不断增加。

表3-4 经济发展阶段与旅游发展

经济发展阶段	旅游相关特征	实 例
传统社会阶段 长期建立贵族土地所有制,保持传统的风俗习惯,绝大部分人从事农业劳动,人均产值很低,没有体制的变化,现状不可能改善,健康状况差	不发达国家 经济和社会状况不允许发展绝大多数形式的旅游(国内旅游和探亲访友除外)	非洲和南亚的部分地区
经济起飞前的准备阶段 改革的观念来自外界的影响,领导者具有变革的欲望	发展中国家 从起飞阶段开始,经济和社会状况允许国内旅游数量增加(以探亲访友为主)。国际旅游仍然不能趋向成熟。入境旅游作为赚取外汇的手段通常受到鼓励	南美洲和中美洲的部分地区[①]; 中东[②]、亚洲和非洲的部分地区
经济起飞阶段 领导者赞同通过变革取得权利并改变生产方式和经济结构。制造业和服务业发展起来		
经济走向成熟阶段 工业化在所有经济部门持续增长,从重工业到复杂化和多样化产品结构转变		墨西哥;南美洲的部分地区
大众高消费阶段 经济处于全部饱和状态,生产大量的消费品和服务产品,新的需求在于满足文化需求	发达国家 是国际和国内旅游的主要产生地	北美、西欧、日本、澳大利亚、新西兰

注:①在这些地区中石油输出国组织成员国除外;
②集中计划经济国家应该特别分类,尽管它们大多数处于趋向成熟阶段;
③资料来源:转引自克里斯库珀等.旅游学——原理与实践.张俐俐,蔡利平主译.北京:高等教育出版社,2004:73.

四、自然/物质环境

旅游企业战略管理所分析的自然环境,主要是指自然物质环境。这方面环境也处于发展变化之中。当前自然环境中最主要的问题有:全球气候变化、臭氧层衰竭、森林过度砍伐、物种的灭绝、沙漠化、酸雨、水和噪声污染等。这些问题都是全球性的问题,会影响到旅游企业经营的各个方面。

尽管人们从20世纪60年代中期就关注旅游业与自然环境的关系,但环境问题成为关注的焦点以及可持续旅游发展议题的提出仅仅是最近十几年的事。在权衡当地文化遗产与就业所带来的好处的关系,经济健康发展与自然资源的保护的关系,理解气候迅速变化对主要度假区如海滨的影响的基础上,21世纪所面临的重大挑战就是研究可持续旅游发展如何促进全球经济的可持续发展。

随着环境问题的日益突出,人们的环境意识不断加强,绿色运动和绿色消费在全球兴起,一种区别于传统大众旅游,将游憩与生态保护、环境教育以及文化体验相结合的旅游形态逐渐产生。一般认为,生态旅游一词是由国际自然保护联盟(IUCN)特别顾问、墨西哥旅游专家谢贝洛斯·拉斯喀瑞在20世纪80年代初首次提出的。直到1992年"联合国世界环境和发展大会"召开,在世界范围内提出并推广可持续发展的概念和原则后,生态旅游才作为旅游业实现可持续发展的主要形式在世界范围内传播开来。

随着生态旅游概念的不断推广,许多拥有丰富自然资源的第三世界国家、国际旅游组织与环境保护团体也加入到发展生态旅游的行列。在这种情况下,联合国经济与社会委员会(The Economic and Social Council)1998年7月30日的第46次大会决定将2002年定为"国际生态旅游年"(The International Year of Ecotourism)。

虽然目前对于生态旅游还没有一个统一的定义,但它们基本上包含三个要素:较为原始的旅游地点、提供环境教育机会以增强环境认知进而促进保护生态的行动力、关心当地社区并将旅游行为可能产生的负面影响降到最低。从这个意义上说,生态旅游不是一种单纯到原始的自然生态环境进行休闲与观光游览的活动,而是以环境教育为工具,结合对当地居民的社会责任,配以适合的规制与管理,以期在不改变当地原始生态与社会结构的同时,开展休闲旅游与深度体验活动。

五、技术环境

科学技术深刻影响着人类的社会历史进程和社会经济生活的各个方面。新技术为大多数服务企业所带来的影响远远低于其对制造业的影响。但旅游企业则不同,旅游与旅行服务的实施与管理未来将会受到技术环境影响,尤其是信息技术的巨大影响。旅游企业对技术环境的依赖程度也远远超过其他服务企业。不管是穿越海底观光隧道、乘坐磁悬浮列车,还是在饭店的空调房间里观看卫星电视,旅游业都能体会到技术为其所带来的好处。从旅游的发展历史来看,近代旅游和大众旅游的兴起无一不是依赖于技术的革新。20世纪90年代以来的信息技术革命则给旅游业带来了许多新的机遇与挑战。

(一)信息技术的发展

在第一章中我们已经提到,旅游产品与制造业的产品存在许多差异。尤其是其无形性,决定了游客在购买之前无法看到,其产品的销售几乎完全依赖于旅游企业或其销售渠道的解说和描述。向消费者提供符合其需要的、及时而准确的信息是使其获得高满意度的关键。从广义上说,信息技术带来了各个旅游产业的革命性变化。

1. 全球旅游分销系统的发展

计算机网络技术首先在旅游企业内部引起了巨大的结构性变化。计算机预订系统帮助旅游企业管理自己的资产,让企业内部人员和合作伙伴更好地接触到企业相关信息的数据库。20世纪80年代航空公司首先开发了计算机预订系统技术,通过各种形式吸引旅游中间商、供应商的加入,已经发展成为全球分销系统。目前最著名的四大全球分销系统是Amadeus、Galileo、Sabre和Worldspan。

2. 信息技术与旅游企业发展

对于旅游供应商业来说,互联网为全球分销和多媒体旅游信息传输提供了基础设施,同时也通过提供满足旅游者个人需求的、定制化的产品与服务强化了旅游者的权利,从而在旅游者和旅游企业之间形成了一种灵活的沟通方式。

信息技术促进了旅游企业内部和企业间有效的沟通,并加速了旅游企业一体化的进程,使旅游企业的边界更加模糊。

(二) 虚拟技术的发展

除了信息技术以外,虚拟技术尤其是虚拟现实(VR)在旅游企业的引入也引起了人们的关注。在虚拟技术旅游中,旅游者只需要穿上专门的服装,插上电源连接到虚拟现实的世界中,就可以感受到来自想要去旅游而出于各种原因没能前往的旅游区的氛围。这样旅游者既可以领略到目的地风光又不用担心各种疾病威胁的可能,也不会对目的地造成负面影响。虽然虚拟现实技术的影响还在讨论中,但毫无疑问,这种旅游形式从本质上对旅游的定义提出了挑战,将会对传统旅游业带来革命性的冲击。

约翰·斯沃布鲁克和苏珊·霍纳列举出了三个关于虚拟现实技术应用的例子:

(1) 足不出户就可以在家中感受到阳光照射在自己的脸上,倾听海浪冲刷着海滩,自己仿佛置身于太平洋一个岛屿的沙滩上;

(2) 不用离家半步就可以体验埃及最具特色的金字塔探险,这样可以减少对恐怖事件、食物不适应、航班的超额预订的担心;

(3) 在巴黎的美景下享受浪漫的"船游塞纳河",而且有爱人相伴,而这一切也是在家里完成的。

六、国际环境

任何从事跨境业务运作的企业都会涉及国际关系问题。全球化是国际旅游中出现的一个重要趋势,越来越多的旅游企业在国际化的背景下进行运作。旅游的敏感性与异地性使得国际环境对于从事国际旅游业务的旅游企业尤为重要。政府之间关系的紧张会造成旅游者行程的耽搁,从而为人们外出旅游带来极大不便。旅游企业必须要密切关注国际环境正在发生的和可能发生的一些变化和趋势,根据自己的判断,做出相应的决策。

在过去的10年当中,旅游方面的一个显著变化就是各国出于政治或经济利益方面的考虑而进行国际合作。国际合作是旅游企业发展的一个非常重要的方面。合作形式有国家之间的互惠营销联盟,发达国家对发展中国家的国际援助与开发支持,如欧盟对非洲、加勒比地区和太平洋地区的旅游发展的支持。

七、交通和基础设施环境

为了解决旅游、接待和交通问题,旅游企业对于现有的基础设施具有很强的依赖性。

(一)交通

交通本身就是旅游产品和服务的一个组成部分。交通状况的改善将会提高一个地区的可进入性。游客的扩散性,为旅游企业的经营提供了便利条件。为了吸引旅游者的到来,旅游目的地政府通常也会投入资金改善当地的交通与基础设施条件。

随着新技术在交通中的不断应用,交通业发生了巨大的变化,从而促进了旅游一轮又一轮的发展,有效地缩短了人类旅游的时空距离。未来的交通业将会通过使用智能卡付款技术向游客提供无票旅游,航空阻塞问题与旅游安全问题也将得到逐步解决。

(二)基础设施

旅游基础设施的状况在旅游者的购买决策过程中起到非常重要的作用,因此许多国家和地区都在致力于改善和提高基础设施的水平。改革开放初期,为满足急剧增长的国际旅游需求,我国旅游业在20世纪80年代相继经历了三个发展高峰,即以80年代初期大量进口豪华旅游汽车为代表的旅游交通业的发展高峰,以80年代中期众多旅游饭店建设为代表的旅游饭店业的发展高峰,以及以80年代末期大量旅行社的成立为代表的旅行社业的发展高峰。在这三个发展高峰中,有两次是与基础设施的建设有关的。

八、管理与制度环境

对于任何企业来说,经营环境中存在的大量机构将会影响到其业务的运作与发展。与旅游业存在利益关系以及将会对旅游业产生影响的机构包括:

1. 工会

由于旅游企业内工资水平、技术水平和工会的议价能力通常较低,因此,旅游企业工会的影响较小。但是在一些发达国家的航空业,工会已经显示了其影响力。在过去 20 年中,航空公司和机场的员工在旅游旺季举行罢工的事件时有发生。

2. 学术机构

旅游作为一门学科,其发展历史较短,相对其他学科来说较为年轻。但旅游方面的一些学术成果正开始影响旅游企业管理者的决策过程。这些成果主要包括:旅游区规划、旅游服务的实施和营销策划等。

3. 地方政府

尽管中央政府将旅游业视为一个刺激经济发展的因素,但旅游的促销、对旅游发展的控制与管理通常由地方政府负责。当地政府的管理者一方面要为了经济利益而吸引游客到该地区参观,同时也要保护当地居民的生活质量。

4. 国家旅游组织

旅游业本身是一个复杂的、相互之间关系较为松散的一个产业。因此,对于某些特定的目的地的策划、研究和促销通常是要国家旅游组织从国家的层面上进行考虑。同样,地区政府负责其辖区内旅游区的规划与促销工作。

还有许多组织会对旅游企业的经营产生一定的影响,如消费者组织、特殊利益群体以及法律执行机构,等等。

九、政治环境

旅游企业的政治环境包括政府的税收制度、关税、法规、旅游政策等。政治因素以各种各样的方式影响旅游企业的经营和旅游者的决策。政府参与促销并为旅游提供便利条件取决于政府的政治态度。政府可以鼓励自由贸易为旅游创造良好的环境,而不是通过行政命令手段直接进行干预。在经济萧条时期,政府可能会采取措施控制出境旅游,如规定出国携带的外汇数量、通过签证、护照以及税收来限制旅游。

一般来说,一个政府介入旅游业主要出于以下几方面的原因:

(1) 获取外汇收入以平衡国际收支;
(2) 拉动内需,刺激经济增长;
(3) 创造就业机会;
(4) 规范市场、保护消费者权益、防止不正当竞争;
(5) 塑造国家整体旅游形象;
(6) 保护旅游资源和环境;
(7) 通过统计和调查等监控旅游活动的水平。

总之,旅游企业所面临的外部环境是剧烈变化的,在应对这些变化与趋势时,旅游企业不应仅仅根据已有的经验和传统的常规的战略规划来制定战略,而且具备以下因素也是非常重要的:对环境变化有充分的准备;对环境变化敏锐的察觉能力;能适应环境的复杂性;对环境的突然变化具有迅速的反应能力。

第三节　旅游企业微观环境分析

微观环境又称产业环境。如果说宏观环境对旅游企业的影响是间接的和潜在的话,那么微观环境的影响则是直接的、明显的。不仅如此,宏观环境也常常通过行业环境因素的变化对企业产生作用。因此,微观环境,尤其是行业环境分析应该是旅游企业外部环境分析的核心和重点。

一、产业生命周期

波特在《竞争战略》中提出了关于产业的一个定义:"一个产业是由一群生产相似替代品的公司组成的。"[①]决定一家企业在产业中经营状况好坏有两个重要因素,一是它所在产业的整体发展状况,二是该企业在产业中所处的竞争地位。生命周期理论通常被用于分析产业所处的阶段,由于产业是用产出来定义的,所以我们可以通过分析产品的生命周期来达到产业生命周期分析的目的。从严格意义上来说,旅游业不是一个独立的产业。旅游行业内的大部分企业都是属于相关产业的,如饭店属于住宿业;餐馆属于餐饮业;旅游交通属于交通运输业,等等。因此也就增大了提出一个统一的旅游产业生命周期的难度。于是我们只提出一个一般的产业生命周期阶段的示意,如图3-2所示。具体到不同旅游企业要根据其所在的产业发展状况进行分析。

如图3-2所示,产业周期理论将产业的发展分为四个阶段:开发期、成长期、成熟期和衰退期。每个阶段都有鲜明的特点。例如,在开发期,企业的产品设计尚未定型,销售增长非常缓慢,产品开发的成本较高,利润非常低甚至会出现亏损的情况,竞争较少,但风险相当大。随着顾客认知的提高,在成长期,企业销售和利润迅速增长,成本不断下降,会出现生产能力不足的现象,形成一定的竞争,但企业抵御风险的能力不强。到了成熟期,顾客行为的一个重要特征就是重复购买,企业产品和服务的销售趋于饱和状态,利润达到最高,生产和服务能力开始过剩,竞争异常激烈,现有企业的风险相对较小。到了衰退期,企业的销售和利润大幅度下降,生产与服务能力严重过剩,由于竞争激烈,一些企业退出产业领域,产业内企业面临难以预料的风险。

---

① 迈克尔·波特.竞争战略.陈小悦译.北京:华夏出版社,1997:5.

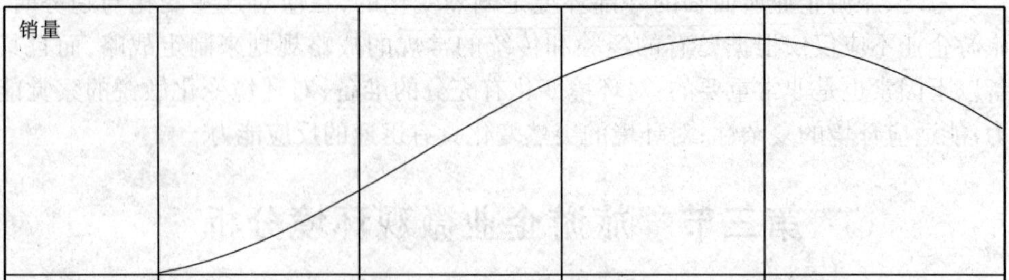

销量				
阶段	开发	成长	成熟	衰退
市场发展	缓慢	迅速	下降	亏损
市场结构	凌乱	竞争对手增多	竞争激烈 对手成为寡头	取决于衰退的性质 或形成寡头或出现垄断
产品系列	种类繁多 无标准化	种类减少 标准化程度增加	产品种类 大幅度减少	产品差异度小
财务含义	启动成本高 无回本保障	增长带来利润,但大部分利润用于再投资	带来巨额利润,再投资减少,形成现金来源	采取适当的战略 保持现金来源
现金使用或来源	大量使用现金	趋于保本	重要现金来源	现金来源(如果战略不适当可能使用大量现金)
产品含义	一次性或批量生产, 未能流水形成大众生产	经验曲线上升 成本下降	强调降低成本 高效率	行业生产能力下降
研究和开发含义	大量对于产品和生产过程的研究	对产品的研究减少, 继续生产过程研究	很少,只有必要时进行	除非生产过程或重振产品有此需要,否则无支出

图3-2 产业生命周期对战略的影响

资料来源:邹昭晞.企业战略分析.北京:经济管理出版社,2001:27.

在运用产业周期理论对我国旅游企业进行分析时,要注意我国的特殊情况。产业周期理论是以市场经济下的企业和产业为分析对象的,而我国尚处于一个由计划经济向市场经济转轨的时期,对我国旅游企业的产业环境进行准确的判断,必须要对该产业的结构与历史有非常清晰的理解。

二、产业结构分析

一个企业在运行中有五种力量相互作用,也就是波特所提出的五种力量模型:企业的竞争对手、潜在进入者、供应商、销售商以及替代品。如图3-3所示,产业结构分析主要考察以下几个方面的内容:潜在进入者的威胁、买方的讨价还价能力、卖方的讨价还价能力、替代品的威胁以及产业之间企业的竞争程度。

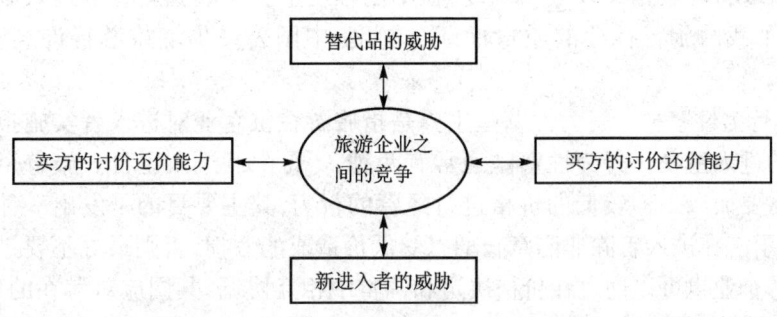

图3-3 旅游企业竞争的五种力量模型

(一)潜在进入者的威胁

对于广大投资者来说,赢利能力是其是否进入一个产业的重要因素。潜在的进入者会降低旅游业现有的企业利润,一方面他们会瓜分原有的市场份额,获得一部分业务;另一方面进入者降低了市场集中度,从而激发现有企业之间的竞争,减少价格与成本的差额——利润。对于任何一个产业来说,潜在进入者对于产业内现有企业威胁的大小取决于进入与退出壁垒的高低以及潜在者可能受到的来自在位企业的反击程度。

1. 进入壁垒

从广义上看,市场进入壁垒是指旅游产业内已有的企业对准备进入或正在进入的新企业的一种比较优势或新企业进入旅游产业时所遇到的障碍因素或限制。进入壁垒可分为结构性壁垒与行为性壁垒两种。

(1)结构性壁垒。结构性壁垒主要是指新企业进入旅游产业时所面临的障碍因素或限制。结构性壁垒可以分为四类:①由规模经济所形成的进入壁垒。规模经济是指在一定时期内,企业所生产的产品或服务的绝对量增加时,其单位成本趋于下降。新进入企业只有在取得一定市场份额之后才能获得生产或销售的规模效益,在这之前,新企业的生产和销售成本要高于在位企业,从而在竞争中处于劣势。②现有企业对关键资源的控制。对关键资源的控制主要体现在对学习曲线、专利或专有技术、分销渠道、资金、原材料供应等资源及资源使用方法的积累与控制。正如我们前面所论述的,销售渠道的控制对于旅游企业来说是非常关键的。这也是旅游企业纷纷加入各种销售网络、寻求与有竞争力的销售商进行价值链连接的重要原因。③现有企业的市场优势。市场优势主要体现在现有企业的品牌优势上。通过建立自己的强大的品牌,旅游企业往往可以实现差异化。在这种情况下,旅游企业只需要做少量的广告投入就可以维持顾客对本产品或服务的忠诚度。而对于新进入的企业来说,想吸引顾客,就要制定更低的价格,进行更多的宣传促销活动,因而面临巨大的成本劣势。④政策与制度。旅游企业主管部门对新建旅游企业的行政管理及相关政策与制度,在不同程度上会影响到新企业进入旅游产业的程度,如我国旅行社业的质量保证金制度、中国公民出境旅游特许经营制度,等等。

(2)行为性壁垒。行为性壁垒主要是指旅游在位企业对进入者实施报复手段所形成的进入壁垒。行为性壁垒通常有两种,一是限制进入定价。旅游企业出于竞争的需要而以一种较低的价格进行经营的行为,其主要目的是发出一种威胁的信号,暗示潜在进入者除非愿意长期忍受低价造成的亏损,否则最好不要进入该行业。旅游企业也可以通过在价格决定和调整中相互协调,共同应对潜在的进入者。二是进入对方领域。这是寡头垄断市场上经常出现的一种报复行为,目的在于避免对方的行动给自己带来风险,抵消进入者首先采取行动可能带来的优势。

我国旅游企业中,饭店与旅行社的市场进入壁垒相对来说都很低,主要是一些政府的法律和政府所造成的壁垒(厉新建、张辉,2002)。

2. 退出壁垒

退出壁垒是指迫使那些投资收益低,甚至亏损的企业仍然留在产业中从事生产与服务经营活动的各种因素。产业内退出壁垒的高低也会影响到企业进入市场的决策。如果企业退出产业的成本高昂,则企业进入市场的动机就会削弱;如果企业退出该产业市场的成本很低,则企业可以迅速退出。形成退出壁垒的主要因素有:

(1)资产的专用性程度。当资产涉及具体业务或地点的专用性程度较高时,会使清算价值变低,或转移成本较高,从而难以退出产业。例如,业内一般认为饭店资产的专用性程度较高,一旦转产很难改做其他用途,所以会面临较高的沉没成本。

(2)政策法律的限制。政府考虑到失业问题及对地区经济发展的影响,有时会出面反对或劝阻企业轻易退出的决策。

(3)违约成本和信誉损失。一方面,企业退出某产业往往视同为竞争力不足,会使企业损失信誉,给下一步融资造成很大困难,从而无形中提高了企业的融资的成本;另一方面,企业的退出会造成无法履行某些合同,产生违约成本。

(二)替代品的威胁

产品或服务的替代有两个层面上的含义,一是产品或服务直接替代,即一种产品或服务直接取代另一种产品或服务,例如,国旅的产品和服务取代中旅的产品和服务;另一种是间接替代品,即由能起到相同作用的产品或服务非直接地取代另外一些产品和服务,如飞机取代火车、网上商店取代传统商店等。

替代品往往是新技术或新需求的产物。对于在位企业来说,这种"威胁"是巨大的。一般来说,一种替代品威胁的大小主要取决于替代品的赢利能力、替代品生产企业的经营策略,最重要的是购买者转向替代品的意愿。如果转换成本①低,竞争对手提供的产品或服务在性能和价格方面都优于在位企业,那么替代品就对行业构成严重威胁。购买方的转换意愿与品牌忠诚度也有很大关系。

产业内的竞争会通过改进产品或服务的性能、降低成本、削减价格以及实行差异化等方式来应对来自潜在替代品的威胁。当然,替代品的威胁并不一定意味着新产品最终会取代老的产品。几种替代品长期共存的现象是普遍存在的,如旅游交通中飞机、汽车、火车、轮船等长期共存,公寓式饭店、分时度假饭店、全套房饭店长期共存,传统的旅行社与各种预订机构共存,等等。

(三)卖方的讨价还价能力

卖方也称供应商,其讨价还价能力是决定旅游企业利润水平的重要力量。供应商的选择与管理要与第四章提到的价值链管理相结合。决定供应商讨价还价能力的因素有如下几个:

1. 供应商所提供资源的稀缺性

如果供应商所提供的资源对产业来说是必不可少的,而且替代产品又较少,供应商对产业内企业的影响就比较大。相反,如果供应商所提供的产品很容易被其他产品或资源所替代,其讨价还价能力就很小。例如,我国目前的体制下,铁路部门所提供的产品——火车票对旅行社来说既必不可少,多数情况下也不可替代。

2. 供应商所提供资源的需求状况

如果供应商向几个产业提供同一资源,它们对于某一个具体产业的依赖性就会相应降低。对于供应商所提供的资源的需求越激烈,供应商的影响力就越大。从这个意义上说,国际旅游热点城市的旅游供应商相对于客源地的旅行社来说,其讨价还价能力就很强。

3. 旅游企业转换供应商的成本

由于企业与原有供应商已经建立了一种长期的相互信任的合作关系,一般情况下,企业要转换供应商所要付出的成本是非常大的。一方面,企业要同新的供应商发生一些交易成本,包括合同的谈判、履行、机会主义行为带来的损失,等等;另一方面,与新供应商还有一个逐渐磨合的过程,而且有的时候供应商所提供的产品之间融合度也促使企业在考虑转换供应商的时候特别慎重。例如,饭店企业要考虑对其安全系统进行调整,就需要一个很长的时间,还要对员工与维修人员进行重新培训,仓库里的零件也要及时更新,等等。

4. 资源供应商本身的竞争程度

如果供应商所处的行业是充分竞争的,那么其讨价还价能力就较弱;相反,如果是垄断或寡头垄断状态,则其对旅游企业的讨价还价能力就很强。

---

① 转换成本(switching cost)是指买方(消费者等)改变产品与服务的供给者时需要付出的额外成本。

(四)买方的讨价还价能力

买方是指旅游企业产品的购买者,他们对其供应商——旅游企业的影响力大小主要取决于以下几个方面的因素:

1. 买方的数量和购买量

买方的数量越少,购买量越大,其讨价还价能力就越强。相反,如果买方的数量很大,但个体购买量很小,他们的讨价还价能力就很弱。因此,增强作为买方的力量从而降低经营成本是许多单体饭店加入国际著名饭店集团的原因之一。而对于那些彼此之间缺乏联系的非集团饭店成员的单体饭店来说,通过一定的方式进行集中购买,也成为其理性选择。

2. 旅游企业自身的竞争结构与品牌

如果旅游企业与买方相比规模较大,行业内竞争不是很充分,那么买方的力量就较小。在一个竞争较为充分的产业,通过品牌所建立的差异化对旅游企业就显得特别重要。如果旅游企业的品牌影响力很强,买方的讨价还价能力也相对较小,这些直接反映在品牌的价格政策上。在其他情况相同的条件下,著名饭店集团标准房价的折扣率要远远低于品牌不是特别强的饭店。

3. 替代品的可获得性与买方的转换成本

在替代品价格、性能与企业的产品相近的情况下,转向购买替代品的成本越低,买方的影响力就越大。航空公司和饭店集团经常采取的FGP(常飞计划或常客计划)以及这些企业的品牌效应,通常会对顾客的转换形成一些障碍,增大其成本。

(五)旅游企业之间的竞争

旅游企业之间的竞争是指旅游企业为市场占有率而进行的竞争,这种竞争通过价格竞争、服务竞争、渠道竞争等方式表现出来。

企业之间现有竞争强度分析包括:现有企业的数量和力量对比分析、成本结构分析、产品或服务差异分析、退出障碍和转移成本分析、产品或服务生产扩大方式的分析、竞争者类型分析以及产业投资目的分析。

针对行业内的主要竞争对手,通常要分析目标、假设、当前战略和潜在能力,如图3-4所示。

分析并了解竞争对手的目标,就可以推断在当前的市场和竞争状况下,竞争对手对其自身地位和财务成果的满意度,得知其竞争动力的来源,进而预测其改变战略的可能性及对其他企业行为的敏感性。

竞争者的目标是以其对其经营环境及对自己的认知为前提的。竞争者战略的假设有两类,第一类是对自己的市场地位、力量、发展前提等方面的假设;第二类是竞争者对自己所在产业及产业内其他企业的假设,包括产业结构、产业发展前景、产业潜在获利能力等。了解竞争对手对产业的假设,一方面可以了解对手对产业的认识及采取的相应的战略类型,另一方面还可以了解企业的认知方式。

对竞争对手现行战略的分析,主要是要了解企业的所做所想,具体包括:市场占有率、产品或服务销售渠道、研发能力、定价情况、影响成本的要素、所采用的战略类型等。

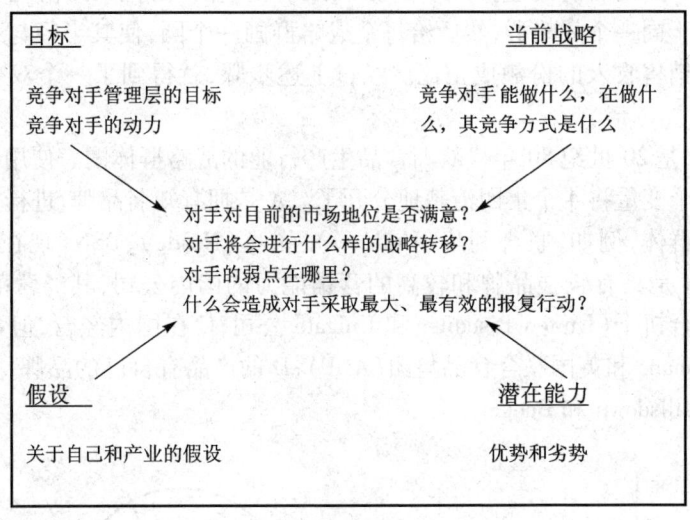

图3-4 竞争者分析模型

能力分析是竞争对手分析过程非常重要的一项内容。能力决定了企业对战略行动做出反应的可能性、强度、性质和时间选择。能力分析包括核心能力、增长能力、反应能力、应变能力等。

通过以上四个方面的分析,我们就可以预计竞争对手可能的行为动向。

三、战略群体分析

产业分析的一个重要方面是要确定产业内所有主要竞争对手的各方面的战略特征,波特将之称为"战略群体"。具体地说,一个战略群体是指一个产业内在某个战略方面采用相同或相似战略的各企业所组成的集团。它们具有相似的能力,满足相同细分市场的需求,提供具有同等质量的产品和服务。通过战略群体分析使企业的管理者能够以最接近的竞争对手的绩效为基准,针对价格、产品或服务、品牌、顾客忠诚、赢利水平和市场份额进行分析。

(一)战略群体的特征

波特在《竞争战略》一书中,提出了用于识别战略群体特征的一些变量。这些变量包括:产品的服务质量、产品或服务的差异化及多样化程度、组织的规模、各地区交叉的程度、细分市场的数量、所使用的渠道情况、品牌的数量、营销的力度、纵向一体化的程度、技术领先程度(领先者/追随者)、研究开发能力、成本定位、能力的利用率、价格与设施设备水平、所有制结构、与政府和金融界等外部利益相关者的关系,等等。

在识别战略群体时,首先要从以上变量中找出两到三个变量,[①]然后按上述差别化特征将产业内所有的企业列于一张双因素变量图上,把大致落在相同战略空间的企业归于同一个战略群,然后给每个战略群画一个圆,使其半径与各战略群所占整个行业销售收入的份额成正比。经过上述步骤,就得到了一个双变量的战略群体图。

图 3-5 是 20 世纪 80 年代欧洲食品生产行业的战略群体图。使用地区覆盖和营销力度两个变量将 4 个集团清楚地分开了。A 是拥有知名品牌,进行全球化经营的跨国公司群体,例如,联合利华(Unilever)、雀巢(Nestle)、BSN(现在的达能)和 Grand Met;B 是具有较强品牌和较高的营销能力的国内公司,其经营范围比 A 要小,例如,联合饼干(United Biscuits)和 Unigate 公司;C 在国内经营,但不是市场领导者,如 Colmans 和英国联合食品集团(ABF);D 的产品有自己的品牌,且致力于降低成本,如 Hillsdown 和 Booker。

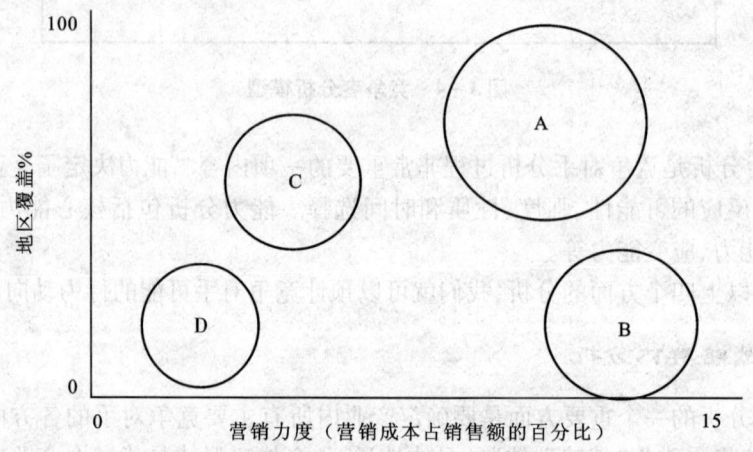

图 3-5　战略群体:20 世纪 80 年代欧洲的食品业

(二)战略群体分析

1. 战略群体内的竞争

在战略群体内,由于各个企业的优势不同会形成彼此之间的竞争。一般来说,

---

① 出于分析的方便,通常是找出两个关键变量。旅游企业中常用的变量有:价格或质量区间(高/中/低;豪华/中等/经济)、地区覆盖面、多元化程度、产品线宽度、分销渠道的应用、服务的程度(全部服务/有限服务)等。

各企业的经济效益主要取决于经济规模。规模大的企业就处于优势地位。另外,企业的资源与能力不同决定了它们的战略实施能力的差异。能力尤其是创新和学习能力强的企业会占优势,处于较为有利的地位。

2. 战略群体间的竞争

在一个产业中,如果存在两个以上的战略群体,它们之间可能就会为对方设置障碍,导致群体间的竞争。例如,里兹·卡尔顿、圣·瑞吉斯凯悦、喜来登等所在的豪华饭店群体与假日饭店、福朋饭店、诺富特等所在的中档群体的竞争。战略群体的竞争结构也决定了它们之间竞争与对抗的激烈程度。

3. 企业竞争对手的确认

在战略群体图上,战略群体之间相距越近,成员之间的竞争越激烈。同一个战略群体内的企业是最直接的竞争对手,其次是相距最近的两个群体中的成员企业。

思考与练习

1. 简述旅游企业外部环境分析的必要性和重要性。
2. 旅游企业外部环境分析的步骤有几个?
3. 用外部因素分析矩阵分析你所在城市的一家旅游企业,并对分析结果进行评论。
4. 旅游企业宏观环境分析包括哪几个方面?
5. 旅游企业产业结构分析内容通常有哪些?

第四章

旅游企业内部实力评估

开篇案例 地中海俱乐部

地中海俱乐部(Club Meti)是法国最大的旅行和旅游公司,成立于1950年,是第一家提供全包价度假产品的公司。现在全包价度假市场已经成为旅游业内增长速度最快的一个细分市场。地中海俱乐部将旅行、旅游以及饭店紧密结合起来,成为全球度假旅游者的首选。地中海俱乐部通过为客户创造体验来体现自身的实力。

Club Med

首先,地中海俱乐部不仅是饭店和休息场所,而且更像是一座有活动交际中心、剧院和集市等在内的村庄。

其次,不仅提供食物,而且向客户展示世界饮食精粹。

第三,不仅让客户体验新款的装备,而且还让他们学习一些新东西,例如,新型运动项目、艺术和手工艺等。

第四,不仅是夜生活,而是从昼至夜的狂欢和庆祝。

最后,不仅是做或不做某事,而且能结识各种各样的人。

一、公司的发展历史

1950年,在格拉德·伯利兹(Gerard Blitz)的倡导下,法国几个大自然的爱好者,为了创造一种度假的方式,使人们有机会回归大自然,创办了地中海俱乐部。当时的理念是在风景优美的地方成立度假村,并在度假的时候能完全地休闲,不受外界的干扰。那时,俱乐部的度假村十分简陋,由帐篷或小屋构成,在以后数年里,又修建了更多的村庄和滑雪场,公司逐渐发展成为一个有限责任公司。

从1963年起,公司由一个非常热衷于此项事业的法国人领导,他叫吉尔伯特·

特里加依（Gilbert Trigano），他把自己的一生都献给了地中海俱乐部。在他的管理下，俱乐部在世界各地开放了度假村，这些俱乐部以其豪华和提供各种社会与娱乐活动而著称。由于业务的多样性，在1982年公司将它的商业和管理职能分别下放到不同的地区，即欧洲、非洲、美洲、亚洲和印度洋和大西洋，并且成立了两个独立的法人单位——Club Med S. A.和 Club Med Inc.。

为了提高其市场占有率，俱乐部还收购了几个小旅行社。为了适应不同消费者的消费需求，俱乐部进一步丰富其服务内容，如俱乐部饭店、城市俱乐部等。最近，俱乐部还启用了两艘豪华游轮，即地中海1号、地中海2号来组织游客巡游。

二、地中海俱乐部的核心能力——体验营销

地中海俱乐部总部设在法国巴黎，采取会员制方式经营，目前在35个国家拥有116个度假村。每一个度假村都能使客人的假期更愉快，并为其留下可以回味一生的完美体验。

1. 地中海俱乐部的创立起源于参与式体验

1950年，曾经是比利时水球冠军的伯利兹邀请他的几百个朋友在地中海地区的一个度假区享受阳光沐浴，为期一个月，价格非常适中。他们将之称为"Club Med"。从一开始，这种参与式的旅行度假方式就获得了成功。俱乐部的第一次活动是在西班牙的马洛卡岛组建了一个2 500人的度假村。在度假村中，人们睡在帐篷的睡袋里，轮流做饭，洗碗碟。地中海俱乐部的成立，源于满足都市人度假时逃离所熟悉环境的愿望，为他们营造一种与日常生活截然不同的人际氛围和环境。在这种环境中，成员不受阶层、规则的约束。

2. 地中海俱乐部的定价全包式

地中海俱乐部是一个集往来路程、住宿、用餐、运动和娱乐于一身，一价全包式的全球连锁休闲运动度假村。地中海俱乐部所提供服务的目标是把人们带到一个天堂一般的地方，那儿没有日常生活的烦恼，人们可以尽情放松自己，在这些梦境一般的地方，社会差别消失，人们可以享受到充分的自由。一价全包迎合了这种需求，减轻了会员的烦恼，使他们可以全身心地投入假期的体验中去。

在地中海俱乐部，除非有特别的注明，否则假期里将包括一切：机票、接送、三餐、用餐时红白酒等饮料、运动项目与课程、四岁以上小朋友的儿童俱乐部、娱乐以及12 000美元的旅游保险等。

3. 地中海俱乐部高素质的员工——G. O.

地中海俱乐部最大的特色莫过于它的高素质员工G. O.，即法语"Gentil Organisateur"（英语为 Gentle Organizer，和善的组织者或亲切的东道主）的缩写，他们是度假村品质的象征。在任何一个地中海俱乐部都有来自不同国家或地区的G. O.，所以几乎世界上任何一个国家的游客都可以得到自己熟悉的语言帮助。G. O. 不同于

一般饭店的服务人员,他们从来不穿套装制服,也不收小费。他们是教练、保姆、演员以及朋友。他们教会员潜水、游泳、射箭、打网球和高尔夫球,或在儿童俱乐部照顾会员的小孩;白天在海上教授扬帆,晚上则摇身一变而成舞台上的主角;他们与客人共进餐宴,做他们的朋友也是玩伴。总之,他们就是灵魂人物,活力的来源,地中海俱乐部的精髓所在。

在地中海俱乐部的每个度假村中,最重要的人物就是村长(Chef de Village)。他们全身充满传奇,以个人独特的风格带领所有的 G.O. team 为会员规划出精彩而欢乐的假期。

4. 地中海俱乐部体验产品的创新

在地中海俱乐部中,会员被亲切地称为 G.M.(Gentle Member)。如果说 G.O. 是村子的主人,那 G.M. 就是可爱的客人。地中海俱乐部的目的不只是让 G.M. 感到宾至如归,更要让 G.M. 感觉像个大家庭,忘掉阶层等级,远离都市束缚,感受到自由自在。地中海俱乐部不断适应顾客的需求,进行产品的创新。

(1) 运动、自由

从高尔夫球场到射箭场,从网球场到乒乓球厅,从游泳池到会议室,从儿童活动室到 SPA 厅,在这里人和人之间不会有隔阂,没有会与不会,也没有语言障碍,只要参与,就是胜利者。地中海俱乐部提供的是一个国际村的环境,其 G.O. 多半会多国语言以及丰富的肢体语言。语言在地中海俱乐部不会成为交流与沟通的隔阂。

(2) 儿童俱乐部

到地中海俱乐部来玩的人,年纪最小只有 4 个月大,最大的则有 104 岁。地中海俱乐部针对小朋友设计了专门的少年俱乐部(Kids Club Med,8~12 岁)、儿童俱乐部(Mini Club Med,4~7 岁)以及幼儿俱乐部(Petit Club Med,2~3 岁),每一个俱乐部都有独立设计的课程和活动项目。

(3) 运动俱乐部

地中海俱乐部以"世界最大的运动俱乐部"而知名。依各村条件的不同,水上活动有风浪板、帆船、独木舟、滑水等;陆上活动有射箭、回力球、网球、篮球、足球、排球、高尔夫球、健身房、有氧舞蹈、马戏学校或攀岩等。

(4) 公司旅游

地中海俱乐部的度假村都坐落在世界最美丽的地方,来到度假村内,紧张的心情会得到放松。所有的设施、教学、活动规则与晚间娱乐活动等,让员工既充实又充满欢乐。地中海俱乐部企业旅游包括团体、会议及奖励旅游。地中海俱乐部以其全包式的行程及定制化的活动策划能力而赢得了众多世界知名企业的青睐。

资料来源:www.clubmed.com。

体验品作为地中海俱乐部的核心能力使公司在旅游业内取得了独特的竞争优势,在本章中我们将主要介绍旅游企业内部实力评估的方法、核心能力与竞争优势的关系、价值链分析等。

第一节 旅游企业的资源与核心能力

通过对企业的外部环境进行扫描和分析来识别机会、发现威胁还是不足为旅游企业提供竞争优势的。旅游企业要想利用外部环境中的机会,避免威胁,战略管理者还须审视组织本身,识别出自身的优势和劣势。

一、旅游企业的资源、能力、核心竞争力与竞争优势

旅游企业的资源既可以是有形的,也可以是无形的。旅游企业的能力是指旅游企业利用其资源的效率。旅游企业要在激烈的市场竞争中有所发展,必须开发与增强自己的核心竞争力。核心竞争力是某家旅游企业的独特能力,是相对于竞争对手而言的。它是在旅游企业的资源与能力的基础上形成的,三者的关系及与竞争优势的关系见图4-1。

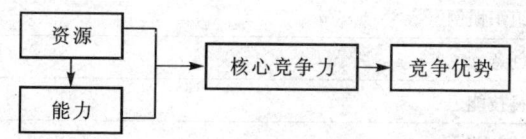

图4-1 资源、能力与核心竞争力及与竞争优势的关系

从图4-1可以看出,资源、能力及核心竞争力是竞争优势的来源。资源是能力的来源,企业能力则是企业核心竞争力的来源,核心竞争力是企业竞争优势的基础。旅游企业利用资源和能力来创造核心竞争力。因此要开发核心竞争力首先要对资源和能力进行分析。

(一)旅游企业资源

如上所述,一个组织必须将其资源投入生产和服务过程。有形的资源包括各种存货、原材料、机械设备、建筑物、资本等,通常是可以量化的。无形资源则是指企业长期积累下来的资产,是植根于历史的。它们通常是有形资源的价值附加,以一种独特的方式存在,不太容易为竞争对手所了解和模仿。例如,知识、管理人员的思想、创新能力、管理能力、企业与人们交往的方式等,都是无形资源。表4-1和表4-2是有形资源和无形资源的分类。

对于旅游企业来说,其资源有许多不同于其他行业资源的特点。

首先,除了有形资源和无形资源以外,"无偿"资源是其旅游产品的一大组成部分①,这也是旅游业资源的一大特点。布尔(Bull,1995)认为,旅游业的基础是"无偿"资源、公共部门资源和私人部门资源的混合体。因此,对于旅游企业来说,其大多数旅游产品是由"无偿"资源和稀缺资源共同构成的。

表4-1 有形资源

财务资源	企业的借款能力
	企业产生内部资金的能力
组织资源	企业的报告系统以及它正式的计划、控制和协调系统
实物资源	企业的厂房和设备以及先进程度
	获取原材料的能力
技术资源	技术的含量,如专利、商标、版权和商业机密

资料来源:迈克尔·A.希特等.战略管理:竞争与全球化.北京:机械工业出版社,2002:97~98.

表4-2 无形资源

人力资源	·知识
	·信任
	·管理能力
	·组织惯例
创新资源	·创意
	·科技能力
	·创新能力
声誉资源	·客户声誉
	·品牌
	·对产品质量、耐久性和可靠性的理解
	·供应商声誉
	·有效率、有效益、支持性的和双赢的关系和交往方式

资料来源:迈克尔·A.希特等.战略管理:竞争与全球化.北京:机械工业出版社,2002:97~98.

其次,旅游企业资源具有移动性和不可替代性。旅游企业资源不可移动性有两层含义:旅游企业的资源无论在时间上还是空间上都是不可移动的,这是由旅游的特性——异地性所决定的;旅游企业资源所有权具有不可转让性。在旅游者消

---

① 经济学家眼中的无偿资源通常是指那些可以天然获取的资源,如空气、海洋、气候等。这些资源可以无限获取,并不需要一个分配机制将其配置给消费者。而有形资源与无形资源供给是有限的,属于稀缺资源。有学者曾经指出,世界上几乎不存在真正的无偿资源,因为这些资源在经过人类活动的开发以后,可以满足人们的特定需求,消费者要获取它,就必须支付一定的价格。如海滨度假地、温泉胜地等,其资源都是天然获取的。

费过程中,基本上不发生所有权的转让,旅游者购买的只是一段时间的使用权。不可替代性是指在旅游企业中,有些资源很难被另一种资源所替代。旅游企业通常不太可能像制造业那样用运营资源来取代人力资源,从而提高生产效率。旅游企业主要生产服务产品,服务质量的好坏则与服务人员的数量和服务技巧有关,因此,旅游企业传统上被认为是劳动和服务密集型产业。

第三,旅游企业资源具有消费的共享性。消费的共享性,又称非排他性。一方面,由于旅游资源在消费的过程中,并不发生所有权的转移,所以旅游企业向旅游者提供的是共享使用权。另一方面,旅游资源又是有限的、稀缺的。这就使得旅游企业的资源在面临广泛的、经常性的需求时,很容易造成资源的冲突与竞争。在实物资源和运营资源受到容量的限制时,要在短期内增加资源的供给容量是很困难的。这些特点决定了旅游企业的经营者在中短期只能靠影响需求而不增加供给来与其有效的供给者匹配,通常的做法是通过价格机制或进行各种促销活动。

第四,旅游资源具有相互依赖性。正如我们在第一章所提到的,许多旅游企业利用的资源不是该企业所拥有的或能够控制的资源。旅行社与饭店、景区、交通运输部门的关系就很好地说明了这一点。

(二)旅游企业的能力与核心竞争力

1. 能力

正如前面所提到的,旅游企业的能力是指旅游企业利用和分配资源的效率,具体地说,是企业将现有的有形和无形的资源整合起来,以达到某种预期的状态。能力使企业能够利用其洞察力和智慧并利用外部机会,从而建立持久性的优势。要想获得竞争优势,关键要将其能力建立在开发、积累信息和知识以及企业内部员工交流信息与知识的基础上。旅游企业能力的获得,可以通过内部开发进行,也可以从外部通过与供应商、批发商和顾客的合作而获得。

企业的许多能力建立在企业员工的技能与知识的基础上,尤其是员工某一方面的专长上。越来越多的企业也认识到企业人力资本所拥有的知识是最重要的能力,它最终将会成为企业竞争优势的来源。如图4-2所示,企业的能力在职能领域会得到体现和发展。

对于旅游企业来说,其能力也主要体现在产品、服务及其提供方式方面。如在我国,一家具有出境权的组团社所具有的能力表现在销售产品和服务的方法即销售渠道的选择;出境旅游权;与各旅游供应商密切配合,共同为游客提供一次难忘的经历;在旅游目的地为客人安排舒适的住宿与饮食等。

2. 核心竞争力

核心竞争力(core competence)又称独特的能力(distinctive capability),是指能为企业带来相对于竞争对手的竞争优势的资源和能力。核心竞争力这个概念首先是由普拉哈拉德和哈默于1990年发表在《哈佛商业评论》上的"The Core Compe-

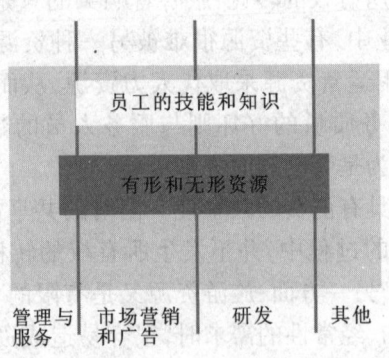

图4-2 企业的能力

tence of the Corporation"一文中提出来的。核心竞争力通常表现为企业经营中的累积性的学识,尤其是关于如何协调不同生产技能和有机结合多种技术流的学识。

资源、能力与核心竞争力既相互联系,又有明显的不同。并不是企业的所有资源、知识和能力都能形成持续的竞争优势,都能发展成为核心竞争力。就某个企业的能力来说,在与行业内其他企业所拥有的能力相比时,没有特别之处,不能为企业带来更好的绩效。而核心竞争力一定是那些能为企业带来相对于竞争对手来说更好的绩效的资源或能力。核心竞争力是在资源和能力的基础上形成和发展起来的,其形成要经历企业内部资源、知识、技术等的积累、整合过程。只有通过这一系列的有效积累与整合,形成持续的竞争优势后,才能为获取超额利润提供保证。[1]

核心竞争力有以下几个特点:

(1)有价值。核心竞争力必须能够提高企业的效率,可以帮助企业在创造价值和降低成本方面比竞争对手做得更好。

(2)异质性或稀有性。核心竞争力是企业所独有而未被当前或潜在竞争对手所拥有的。只有当企业创造并发展了那些与竞争对手共有的能力使其成为独有的能力时,才能为企业带来竞争优势。

(3)不可模仿性。如果该能力易被竞争对手所模仿,或通过努力很容易达到,则它就不可能给企业提供持久的竞争优势。从这个意义上说,企业应该更加重视那些内化于整个组织体系、建立在系统学习经验基础之上的专长和知识,因为它们相对于那些建立在个别专利或某个出色的管理者或技术骨干基础之上的专长,具有更好的、更持久的竞争力。

(4)难以替代。一般产品、能力很有可能受到替代品的威胁,但核心竞争力应

---

[1] 凯(Kay,1993)认为核心竞争力或独特的能力有四种来源:架构(组织内部或周围的关系网络)、声誉、战略资产以及创新。参见埃文斯著.旅游战略管理.沈阳:辽宁科技出版社,2005:52~53.

当是难于被替代的。

(5)可扩展性。核心竞争力可以通过一定的方式衍生出一系列的新产品或新服务。它犹如一个"技能源",由此向外发散,为消费者不断提供新的产品或服务。

二、旅游企业价值链

价值链最早是由美国战略管理学家波特于1985年提出的。企业的业务经营活动可以分解成一个个模块,每个模块在企业价值增值方面的作用是不同的。通过分析每个模块对企业价值增值方面的作用,可以使企业清楚哪些活动是能够为其提供竞争优势的。

(一)旅游企业价值链的特点与内容

虽然传统的价值链分析主要是针对制造业的,但由于价值链在分析企业经营活动中所显示出来的优点,已经有越来越多的旅游研究者将价值链应用到旅游业中。图4-3就是一个旅游企业的价值链。

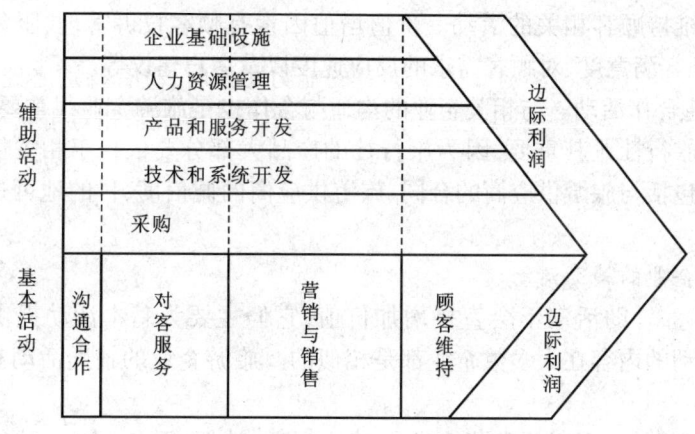

图4-3 旅游企业的价值链

从图4-3可以看出,企业的业务活动通过价值链可以分为基本活动和辅助活动。基本活动是指那些直接为产品或服务增加价值的各种活动,而辅助活动本身并不增加产品或服务的价值,它通过为基本活动提供各种支持,间接地为产品或服务增加价值。

1. 旅游企业的基本活动

正如本书第一章所提到的,旅游企业属于服务业,具有与制造业截然不同的特点。其区别主要体现在基本活动方面。因为在旅游业中,旅游者要想得到大部分旅游企业的服务,就必须到旅游企业的"工厂"——服务场所中去,而且旅游生产与消费是同步进行的,旅游者本身也成了旅游产品的一个组成部分。这些特点决定了传统制造业基本活动中的"外部物流"在旅游企业的基本活动中显得相对不太重要,或者这部分活动存在较大的外部性,需要各相关企业的密切配合,所以要么超出了旅游企业的控制能力范围,要么将其界定为企业与其他旅游企业的合作活动。① 反映在价值链所体现的活动方面,旅游企业的基本活动主要由四部分组成:对客服务活动、营销与销售活动、顾客维持活动及沟通合作活动。下面以一家旅行社为例,分别说明这四种活动及有助于企业价值增值因素。

(1) 对客服务活动。对客服务活动又称现场服务活动,如旅行社为游客在旅游目的地所提供的食、住、行、游、购、娱等各种服务。价值增值因素包括娱乐活动、好的住宿位置、素质高的导游及陪同人员等。

(2) 营销与销售活动。在充分了解游客需求的基础上,针对目标市场开发出新产品,开展一系列广告和促销活动,选择合适的渠道,发展和支持销售队伍等。价值增值因素有分销渠道的选择、给渠道的佣金水平、销售成本、常客促销计划、宣传手册的展示、客户档案的管理等。

(3) 顾客维持活动。为了给旅游企业带来持久的、稳定的价值增值,旅游企业必须从事与维持顾客相关的活动。价值增值因素有顾客投诉管理、服务过程的管理与监督、顾客满意度、对顾客需求的反应速度以及客户建议等。

(4) 沟通合作活动。与相关企业的沟通与合作也是旅游企业很重要一项活动。这项活动对旅行社尤其重要,因为旅行社的产品大部分要依托于相关供应商。价值增值因素包括与旅游供应商的合同、旅游供应商的诚信度、目的地可进入性的改善等。

2. 旅游企业的辅助活动

如前所述,辅助活动不会直接增加价值,它们主要为基本活动提供必要的支持。辅助活动的内容在大多数企业都是相似的。旅游企业的辅助活动有如下5个方面:

(1) 基础设施。基础设施指企业的总体管理、计划、财务、会计、法律支持等所有对整个价值链起支持作用的活动。其价值增值因素有整个企业的决策的速度与质量、基础设施的成本、与政府的关系等。

(2) 人力资源管理。人力资源管理包括员工与管理人员的招聘、遴选、培训、职业发展以及工资薪酬等方面。价值增值因素有授权、员工与管理者的素质、团队工作、人力资源的外包情况等。

---

① 由于旅游消费与生产的同步性,使得旅游产品无法预先生产出来,再经过物流系统送到旅游者手中,从这个意义上说,旅游企业不需要有外部物流活动。但旅游者又是旅游产品的一分子,它作为产品的一部分存在输入和输出的问题,从这个意义上说,旅游者如何退出消费系统(离开该旅游企业)安全到另一家旅游企业或返回客源地就是外部物流要研究的问题。这除了旅游企业间密切配合以外,还有赖于旅游企业所在地区可进入条件(包括交通条件)的改善,这些都是外部性很大的产品,通常需要当地政府的投入。

(3) 产品与服务开发。产品与服务开发主要是指新产品、新服务和新市场的发现与开发。价值增值因素包括新的细分市场、新产品、新的目的地、新概念的推出。

(4) 技术和系统开发。技术和系统开发主要涉及对现有产品、渠道进行改进的技术及相应的系统的开发。价值增值因素有计算机预订系统、收益管理、自助登记与结账系统、同声传译系统等。

(5) 采购。采购指购买旅游企业生产产品和服务所需要的原材料的行为。更低的价格、更好的、更完善的合同条款将会为旅游企业带来价值的增值。

（二）旅游企业价值链分析

波特认为，一个企业的价值链及其所反映的各项活动的展开的方式往往可以反映出企业业务、内部运作、企业战略、企业执行战略的途径以及各项活动的基本经济特性的演变。由于以上方面的不同，企业之间的价值链也是不同的。事实上，一个企业的价值链植根于一个更大的活动体系之中。这个体系包括上游供应商的价值链、下游销售商或分销商的价值链。因此，要分析一个企业在终端市场上的竞争力，我们应该分析将产品或服务送至最终顾客的整个价值链体系，而不是仅仅分析企业自身的价值链。

1. 旅游企业自身的价值链分析

对旅游企业的价值链进行分析，主要是根据图4-3所划分的业务活动进行的。在分析基本活动时，主要是要找出企业有潜力去获取和创造价值的活动。不管是基本活动还是辅助活动的分析，都必须考虑竞争对手的能力。企业的资源或能力作为竞争优势的来源，必须能够促使企业以一种优于竞争对手的方式来运作，或者以一种竞争对手不能运作的方式来运作，并创造价值。这样，旅游企业才拥有捕捉价值的机会，并为顾客创造价值。从波特传统价值链的思想中可以看出，价值链分析的基本思想是通过价值链分析，企业了解自己的成本地位，并找出能够促进业务执行层战略的多种方法，最终为企业创造价值——利润。随着营销环境的变化，人们逐渐认识到要为企业创造价值（利润），首先要为顾客创造价值；而要为顾客创造价值，则要关注员工的价值。尤其是在服务业中，劳动力是总成本中一个重要组成部分，同时它也是使一家企业区别于另一家企业很重要的一个方面。因此，旅游企业的价值链分析，应该将员工的素质与价值分析作为其中的一个较为重要的方面来进行。而这一切，首先要考察企业为顾客创造了多大的价值，这些价值是不是目标顾客所关注的。第一章开篇案例中，雅高集团在推出Formula 1所进行的顾客价值创新，重组了自己的价值链，也充分考虑了目标顾客的价值。

2. 旅游企业价值链体系分析

图4-4展示的是处于行业中的旅游企业的价值链构成情况。在分析旅游企业的价值链时，应该充分考虑供应商与分销商的价值链。供应商的价值链意义体现在，供应商活动的成本与质量会影响到旅游企业的成本或差别化的能力。旅游企

业为降低供应商的成本或提高供应的有效性而采取的一系列活动同样也会提高其自身的竞争力。前向渠道(分销商)或渠道联盟价值链的重要性则体现在三个方面:一是旅游企业的产业和活动属于服务业,其无形性使得顾客在消费之前对其产品或活动的信息掌握较少,他们在决策之前倾向于依靠分销商——旅游专家的意见;二是分销商的成本和利润将会成为最终的顾客所支付价格的一部分;三是分销渠道或渠道联盟所开展的活动会影响到最终顾客的满意度。

以上论述表明,旅游企业必须同其供应商或分销商密切合作,改造或重新设计它们的价值链,共同进行价值创新,以提高它们的共同竞争力。反过来,一家企业的相对成本地位和整体竞争力既和整个行业的价值链体系有关,也和顾客的价值链有关。

图4-3和图4-4只是展示了一般企业的价值链与价值链体系的构成情况。实际上由于旅游企业本身的复杂性,具体到单个的旅游企业时,其价值链中活动的组成结构及其价值链中各项活动的相对重要性会随企业在价值链中的地位不同而不同。例如,一家国际知名品牌的饭店集团下属的成员饭店,由于集团拥有庞大的销售和预订网络,其最重要的活动和成本往往在其经营运作之中,如进店和离店、设施设备的日常维修和保养、客房服务和餐饮服务,等等。而对于一家处于旅游胜地的饭店来说,其主要活动可能会依赖于分销商。对于旅游批发商来说,其主要活动则是产品的设计和供应商的活动。

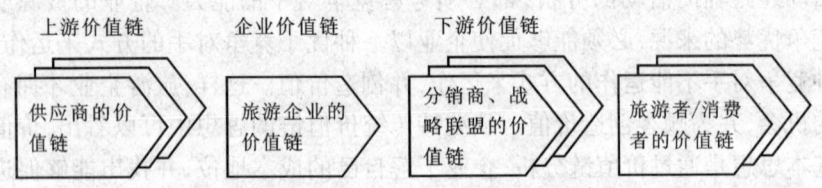

图4-4 旅游企业价值链体系

资源来源:改编自迈克尔·波特. 竞争优势. 北京:华夏出版社,1997.

需要注意的是,在对旅游企业价值链进行分析时,要综合考虑其内部活动之间的相关性,即旅游企业价值链与供应商、分销商和顾客价值链的链接问题。表4-3列举了旅游企业内外部链条的分类情况。

表4-3 旅游企业内外部链条分类

内 部 链		外 部 链	
活动类型	例　子	活动类型	例　子
基本活动-基本活动	各职能部门的合作	后向价值链	旅游经营商与饭店集团之间的联系

续表

内　部　链		外　部　链	
活动类型	例　子	活动类型	例　子
基本活动－辅助活动	计算机销售管理系统	前向价值链	旅游经营商与旅游代理商之间的联系
辅助活动－辅助活动	新技术培训	水平价值链	饭店或航空公司通过战略联盟形式在营销、采购等方面进行合作

注：①后向价值链是指旅游企业与上游企业如供应商价值链的联系；前向价值链是指旅游企业与下游企业，如分销商的价值链的联系；水平价值链是指旅游企业与业内其他企业价值链的联系；

②资料来源：改编自耐杰尔·埃文斯等．旅游战略管理．马桂顺译．沈阳：辽宁科学技术出版社，2005：60．

（三）旅游企业活动的外包

经过价值链分析，如果发现旅游企业的资源和能力不是竞争能力和竞争优势的来源，旅游企业应该找出那些与不能创造价值并获得价值相关的基本和辅助业务活动，并研究将这部分业务进行外包（outsourcing）的可能性。

外包最早来自于制造业，与企业如何获得零件、成品及服务的方式有关，是指从外部提供者处购买一种创造价值的服务的行为。外包可以使一个企业将优势集中在它的核心竞争力上以创造价值。现在，外包趋势也越来越多地被其他行业所采用。旅游企业中运用外包的现象也是很普遍的，如旅行社，尤其是小型旅行社会决定是否拥有车队或拥有汽车的数量；经济型饭店可以将洗衣、客房清扫等业务外包出去。

事实上，极少有企业拥有在所有基本和辅助业务活动中实现竞争优势所要求的资源和能力，通过培育较小数量的核心竞争力，企业建立起竞争优势的可能就会增加。另外，企业将那些自身缺少能力或盈利性较差的部分外包出去，便可以专注于能创造价值的核心竞争力的培养。这一点，对于以中小企业为主的旅游企业是非常重要的。

第二节　旅游企业内部分析的内容与方法

上一节，我们主要介绍了旅游企业的资源、能力、核心竞争力及与竞争优势的关系，对旅游企业价值链分析做了初步介绍。本节，我们将给出一个有关旅游企业内部分析内容和方法的框架，然后对资源学派的观点加以总结和评价。

一、旅游企业内部分析的内容与方法

（一）旅游企业内部分析的内容

旅游企业内部分析的内容包括许多不同的方面，如组织结构、企业文化、资源条件、价值链、核心能力分析等。从资源的广泛定义来说，这些都属于旅游企业的资源。按照一个企业的成长过程，内部环境分析又可分为成长阶段分析、历史分析和现状分析三个方面。我们主要介绍企业历史和现状分析的内容与指标。

在对旅游企业内部环境进行分析时，"平衡计分法"为我们提供了很好的框架。哈佛商学院罗伯特·S.卡普兰和复兴全球战略集团创始人兼总裁大卫·P.诺顿对在绩效测评方面处于领先地位的12家公司经过为期一年的研究后，发明了"平衡计分法"，并最早发表于1992年1月2日的《哈佛商业评论》。虽然大多数学者将平衡计分法视为一种战略绩效评估工具，但它已经被越来越多地运用于战略分析和战略实施过程中。

平衡计分法为我们提供了一种基础的广泛的分析方法。如图4-5所示。

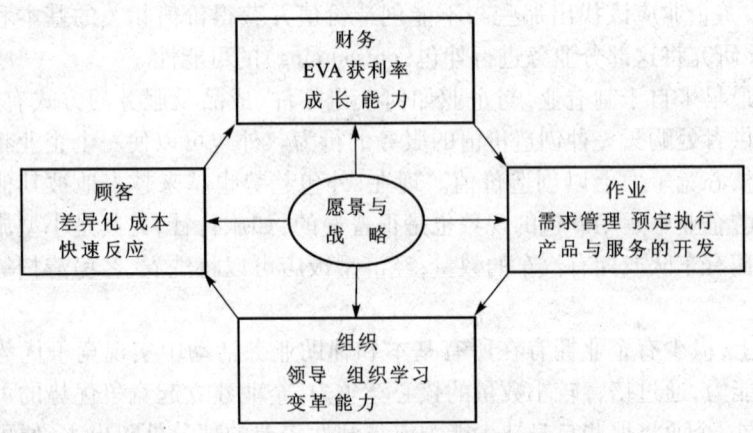

图4-5　平衡计分法的四个层面

平衡计分法的逻辑是这样的，企业要为股东提供更优厚的回报，依赖于企业为顾客创造更高价值时所具有的竞争优势。企业要为顾客提供更高的价值，必须具有相应的作业或运作能力。而开发具有竞争优势的作业能力，通常又需要一个具有创造力的、多样化的、拥有熟练技术能力以及在一定激励水平下的员工组织。其中的关系如图4-5所示。对旅游企业内部资源进行完整的分析必须包括以下四个层面：

1. 财务层面

根据企业现行的EVA（economy value - added，经济附加值）模式，是否能够产生高于总资金成本的财务报酬？企业的获利率是多少？企业的成长能力对其财务绩效有何意义？

2. 顾客层面

企业能否通过产品和服务的差异化、低成本或快速反应等途径，为顾客提供较高的价值？

3. 作业层面

作业层面也称内部业务流程层面。该层面关注的是企业核心流程为顾客创造价值的效率与效果。哪一部分活动是顾客价值最重要的来源？应如何进行流程重组与改造？

4. 组织层面

组织层面主要关注企业适应环境的能力、员工对企业文化的认同感、企业的学习能力与变革能力等。

在本书第十章——旅游企业战略评价与控制中，我们还会就平衡计分法的方法进行详细的介绍。

（二）旅游企业内部分析的方法

除了第一节所介绍的价值链分析法以外，还有许多关于企业内部分析的方法。我们主要介绍两种，波士顿矩阵法和经验曲线法。

1. 波士顿（BCG）矩阵法

波士顿矩阵法由波士顿咨询集团在1970年创立，提供了在不同的产业进行运作与竞争的企业集团（多为事业部制或多部门制组织结构）业务分析的方法。BCG矩阵从两个维度评价现有业务（产品和服务）的市场份额和成长性，通过考察各分部对其他分部的相对市场份额地位和产业增长速度而管理其业务组合。表4-4为世界最大的饭店公司2002—2004年市场份额情况。

表4-4 世界最大的饭店公司的市场份额

世界排名			饭店公司名称	客房数		
2002年	2003年	2004年		2002年	2003年	2004年
2	1	1	洲际集团	514 873	536 318	534 202
1	2	2	圣达特集团	536 097	518 747	520 860
3	3	3	马里奥特集团	463 429	490 564	482 186
4	4	4	雅高集团	440 807	453 403	463 427
5	5	5	精品国际集团	373 722	388 618	403 806
6	6	6	希尔顿饭店公司	337 116	348 483	358 408
7	7	7	最佳西部国际集团	308 911	310 245	309 236

续表

世界排名			饭店公司名称	客 房 数		
2002年	2003年	2004年		2002年	2003年	2004年
8	8	8	喜达屋集团	226 970	229 247	230 667
11	11	9	凯悦集团	92 278	89 602	147 157
9	9	10	卡尔森集团	141 923	147 624	147 093

资料来源:改编自 Hotels 杂志 2004 年和 2005 年 7 月刊以及各集团网站。

如图 4-6 所示,BCG 矩阵的 x 轴代表相对市场份额地位。其中位值一般设为 0.5,表示企业的市场份额为本行业领先公司的一半。y 轴代表产业增长率,用销售额增长百分比来表示,其范围由 -20% 到 20% 不等,中位值为 0.0。这样就可以把企业现有业务分为:金牛型(高市场份额,低成长性)、瘦狗型(双低)、明星型(双高)、问题型(高成长,低市场份额)。集团公司可以根据不同的业务采取不同的战略组合。

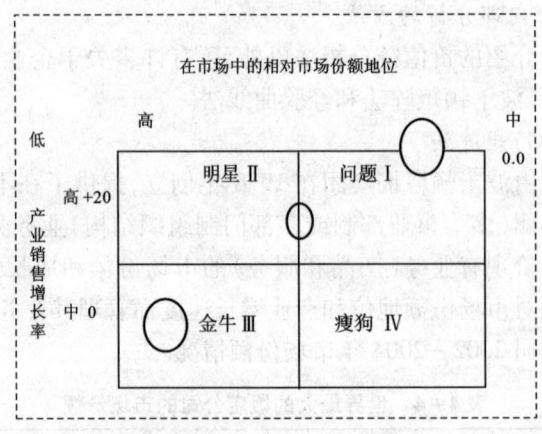

图 4-6 波士顿矩阵

2. 经验曲线法

经验曲线法又称经验效益法,是指企业在生产某种产品或服务的过程中,随着累积产品产量的增加,生产单位产品的成本下降,后来泛指随着经验的增加,单位产品(服务)成本的下降。人们从经验曲线中发现,每当经验翻一番时,单位产品成本总是以一个恒定的百分数下降。例如,当经验翻一番时,产品成本要降到原单位产品成本的 x(%),一般称 x(%) 为学习率。

用数学公式表示的经验曲线为:

$$C_q = C_n (q/n)^{-b}$$

式中　q——现时的经验(累积产量);
　　　n——以前某时的经验(累积产量);
　　　c_q——第 q 个产品的单位成本(考虑到通货膨胀因素并加以调整);
　　　c_n——第 n 个产品的单位成本(考虑到通货膨胀因素并加以调整);
　　　b——常数,其数值大小取决于学习率 x,不同的学习率对应不同的常数。

由经验曲线公式可以看出,当企业或组织学习率一定(常数 b 一定)时,单位产品成本的降低幅度取决于现时经验 q 与以前经验 n 的比值 q/n。q/n 的值越大,则单位成本降低得就越多。

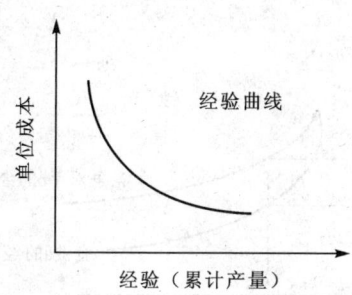

图 4-7　经验曲线示意图

企业的经验效益一般有以下几方面的来源:①劳动效率的提高;②劳动分工与工作方法的重新设计;③新的生产与服务方法的引进;④生产设备效率的提高;⑤产品和服务的标准化与重新设计;⑥资源利用效率的提高。

随着经验的增加,单位产品和服务的成本将会降低,这是经验曲线所揭示的规律。较低的产品和服务成本能使企业获得高于行业平均的收益,同时,在激烈的价格竞争战中企业可降低产品售价,掌握竞争中的主动权。通过经验曲线和经验效益的分析,旅游企业可以追求以经验效益为基础的成本领先战略。经验曲线的分析会出现以下三种情况:

(1)如果旅游企业 a 与竞争对手 b 在起点成本和学习率上均相同,要追求成本领先优势只有靠增加经验,充分规模经济,才能使单位产品成本较竞争对手降低得更多,如图 4-8 所示。

(2)如果旅游企业 a 与竞争对手 b 的学习率相同,企业除增加经验(累积产量)外,还可以不同的产品或服务成本起点进入竞争。即使与竞争对手经验相同时,由于较低的产品成本起点,企业的单位产品成本也会较竞争对手为低,如图 4-9 所示。

(3)即使在与竞争对手的初始经验相同的情况下,旅游企业的学习能力不同,也会形成其单位产品或服务的成本与竞争对手的竞争优势,如图 4-10 所示。

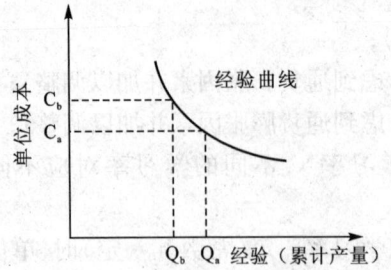
图4-8 学习率与起点成本相同的经验曲线

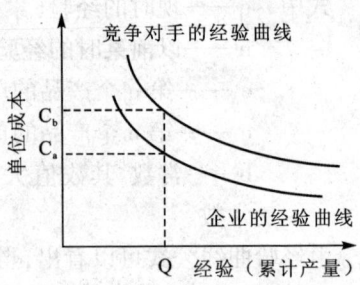
图4-9 不同起点成本的经验曲线

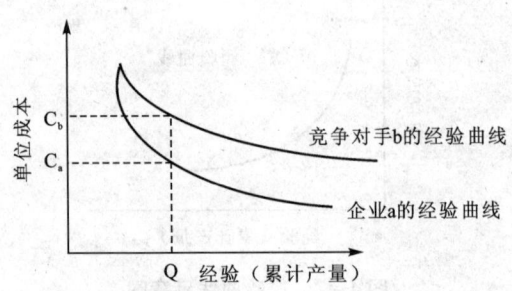
图4-10 不同学习率情况下的企业经验曲线

需要注意的是,正如我们前面所提到的,经验曲线和经验效益法的前提是企业所面临的市场是同质市场,企业间的竞争主要是价格竞争。而当市场更注重于产品或服务的性能、特点等非价格因素时,追求以经验效益为基础的成本领先战略的企业,就处于非常不利的竞争地位。

二、旅游企业内部因素分析(IFE)矩阵

在第三章中,我们介绍了 SWOT 分析方法中的外部环境中的机遇与威胁的分析方法,并引入了外部因素分析(EFE)矩阵。与之相对应,内部因素分析矩阵是对旅游企业内部战略管理分析的总结。它总结和评价了企业各职能领域的优势与劣势,并为确定与评价这些职能之间的关系提供了基础。与外部因素分析矩阵和竞争态势矩阵相似,IFE 矩阵分析也可以按五个基本步骤来进行:

第一步,识别出内部战略条件中的关键战略要素,按优势和劣势分别列出,数量在 10~20 个之间为宜。

第二步,为每个战略要素赋予一个权重以表明该要素对于企业经营战略的相对重要程度。权重取值范围从 0.0(表示不重要)到 1.0(表示很重要),必须使各要素权重值之和为 1.0。无论关键要素是内部优势还是内部劣势,对企业绩效有较大

影响的因素应该得到较高的权重。战略要素的权重系数因企业所在行业的不同而不同。

第三步,对各要素进行评分。分别用1、2、3、4分来表示,劣势用1分或2分表示:1分代表重要劣势;2分代表次要劣势;优势用3分或4分来表示:3分代表次要优势;4分代表主要优势。战略要素的评分因企业不同而有差异。

第四步,根据各要素的权重和评分计算出各要素的得分。将每一要素的权重与相应的评价值相乘,即得到该要素的加权评价值。

第五步,计算企业内部战略条件的综合加权得分。将每一要素的加权评价值加总,就可求得企业内部战略条件的优势与劣势情况的综合加权评价值。

表4-5 Monkey River Village 内部因素分析矩阵

关键内部因素	权重	评分	加权分数
优势			
1. 基层组织	0.05	4	0.2
2. 距离机场较近	0.1	4	0.4
3. 知识丰富的导游员	0.05	3	0.15
4. 与相关机构的关系	0.05	3	0.15
5. 友好的当地居民	0.075	4	0.3
6. 广阔的自然资源	0.1	4	0.4
劣势			
1. 内部冲突与竞争	0.025	2	0.05
2. 缺乏为了更好地利用资源所需要的培训	0.075	1	0.075
3. 不能随时供电	0.15	1	0.15
4. 森林与海滨的过度开发	0.15	2	0.3
5. 产品的宣传与沟通不力	0.075	1	0.075
6. 缺乏市场控制	0.1	1	0.1
	1		2.35

需要说明的是,无论 IFE 矩阵中有多少个战略要素,最终计算出的总加权分数的值域是[1,4],平均分为2.5分。一般来说,总加权分数低于2.5分的企业内部状况处于劣势,反之,超过2.5分的企业则处于强势。如果某种因素既构成优势又构成劣势,将会在 IFE 矩阵中出现两次,并分别被赋予不同的权重和评分。

表4-5是第三章提到的 Monkey River Village 内部资源因素分析矩阵。可以看出,该地区的主要优势在于基础组织、距离机场的位置、当地居民的友好以及良好的自然资源。主要劣势在于电力的供应以及森林与海滨的过度开发。总加权分数2.35说明该景区的总体内部优势略低于平均水平。

三、资源分析与竞争优势(资源基础学派的观点)[①]

20世纪80年代,波特等人认为,企业的竞争优势来自于外部。他们强调需要识别出可获利的市场然后通过在这类市场上进行行业分析而寻求竞争优势。波特的理论虽然具有一定的说服力,但他不能解释处于同一行业中的不同企业盈利性存在差异的原因。

在这种背景下,资源基础学派应运而生。早在1937年,科斯(Coase)就提出,通过形成一个组织并运用某些权力指导资源的运用,就可以节省某些市场成本,这是对企业资源最早的认识。曾经为资源基础学派做出贡献的学者有维尔纳菲特、巴尼、鲁梅特、迪里克斯和库尔、舍马克、普拉哈拉德和哈默尔、格兰特、康纳、凯等。

(一)基于资源的持续竞争优势

资源基础观点的本质是使企业关注所拥有的各种资源。资源基础学派认为,了解行业情况是很重要的,但企业要找到适合自己特点的战略,创造和维持竞争优势,需要拥有相对于竞争对手的独特资源。但是,对于到底有哪些资源会为企业带来竞争优势,资源基础学派内部的观点和看法并不太一致。Richard Lynch 进行了总结,将它们归纳为七个要素,如图4-11所示。

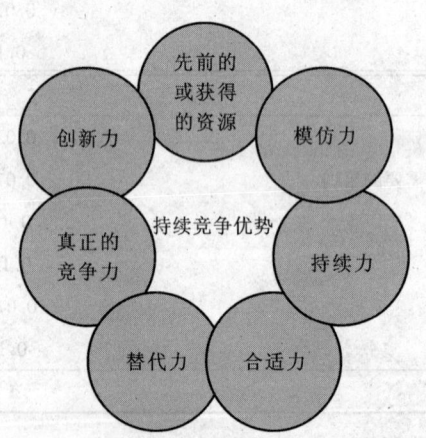

图4-11 基于资源的持续竞争优势的七个主要要素

先前或已获得的资源的重要性体现在,企业在某个领域内如果已经有了良好的基础,通常要比刚进入一个全新领域的企业更容易获得成功,或者至少可以为企业提供一个成功的起点。品牌、声誉和经验等提供了企业竞争的强势基础。从这

[①] Richard Lynch. 公司战略. 周煊等译. 昆明:云南大学出版社,2001:266~277.

个意义上来说,百年老店在竞争中相对于刚刚创立的品牌或历史不是那么悠久的企业来说,就具有某种很强的竞争优势,从而构成了企业未来战略的基础。创新力是指企业在创新方面要比竞争对手有更强的能力。创新的重要性体现在它可以为企业提供竞争优势真正的突破点,竞争者在长期与企业的竞争中将遇到很大的困难。真正的竞争力是指仅仅识别出企业的强势资源是不够的,这种资源必须与竞争对手的资源比较时才具有竞争力。也就是说,企业的强势资源不仅是行业特有的,而且也必须是相对于竞争对手而言的。替代力和模仿力在介绍核心竞争力时已经有过论述。资源的合适性是指资源必须能够将它自身的优势传递给公司而尽量不能让竞争对手及他人获得。一方面,资源具备优势并不意味着它的所有者——企业会获得这一优势;另一方面,企业可以通过为其产品或服务及其生产方法申请专业的方法来保证其资源的合适性。要获得并维持竞争优势,企业的资源还必须具有经久力,即资源必须能够持续一定时间。

上面提出了基于资源的持续竞争优势的七个主要要素,但实际上,一家企业要获得竞争优势没有必要具备所有的要素,所需具备要素的多少,取决于其自身的资源状况与结构。

(二)资源创造持续竞争优势的途径——独特能力的作用

约翰·凯教授强调了一个企业所有的资源所具有的独特能力在创造竞争优势中的重要性。他认为,独特能力与企业资源中的结构、声誉以及创新能力有关。

1. 结构

结构(architecture)是指企业内部和外部的各种网络化的联系和合同协议。结构赋予企业对内部和外部市场变革和信息交换进行积极反应从而创造知识和规范的能力。因此,与其他企业或组织的长期联系可以创造竞争对手不能模仿的战略收益。如,企业与政府部门之间的洽谈及签署的巨额合同,可以形成企业独特能力,竞争对手是无法模仿的。

2. 声誉

通过声誉(reputation)企业可以向顾客传递对其有利的信息。要建立声誉需要企业与顾客保持长期的联系。一旦建立,它就会提供一种难以模仿的优势。

3. 创新

有些企业由于它们的组织结构、文化、生产或服务的流程以及收益方面的原因会使得他们比竞争对手更容易实现创新(innovation)。有些企业在难以获取竞争优势时也会采取创新的战略。

以上是约翰·凯提出的一个企业要使自己的资源与竞争对手相比更具有特色的三个途径。

(三)资源基础学派评述

资源基础学派将人们研究企业竞争优势的视角由外部转向了企业内部,试图解决同一行业的企业绩效差异的原因,它虽然有很大的优势,但本身也存在着很大的劣势。

首先,虽然资源基础学派非常强调资源的重要性,但其忽略了资源的动态性,并没有指出资源在企业中是如何发展和变革的。

其次,资源学派过于单一地强调资源的建设,而不顾企业在动态环境中的市场定位,会在一定程度上损害企业的竞争力。

最后,资源基础学派忽视了人力资源在企业战略发展过程中的影响和作用问题。

思考与练习

1. 旅游企业资源具有哪些特点?
2. 请以你所在的城市或地区的旅游企业为例,分析其资源与能力的优势和劣势。
3. 简述价值链分析的原理及在旅游企业中的应用。
4. 旅游企业价值链有哪几类?
5. 核心竞争力有哪些特点?
6. 简述旅游企业内部分析的内容。

第五章

旅游企业战略管理三维关联分析

开篇案例　巴黎迪斯尼乐园

把握游客需求,为他们营造欢乐氛围,提高员工素质和完善服务系统,是迪斯尼的经营理念和质量管理模式。一个多世纪以来,迪斯尼以卡通人物构造的神话世界为载体,向人们传输了一种欢乐的文化信息。正如迪斯尼的创始者沃尔特·迪斯尼所说:"它所带给你的将全部是快乐的回忆,无论是什么时候。"

迪斯尼公司是一个以影视娱乐业务起家的公司。迪斯尼的业务包括影视娱乐、传媒、主题公园、消费品授权等四大体系。其中,媒体网络和主题公园是其核心业务,二者所占份额超过80%。迪斯尼乐园业务还是美国迪斯尼最主要的利润来源之一,但是迪斯尼乐园业务在进行国家扩张过程中,也遭遇到了战略危机。

一、巴黎迪斯尼乐园建造背景

1955年,投资1 700万美元,占地30公顷的迪斯尼乐园在美国加利福尼亚州开放,到1982年,加州迪斯尼乐园创收高达34亿美元;1972年,迪斯尼世界在佛罗里达州建成,成为迪斯尼公司新的赚钱机器;1983年,迪斯尼公司又走向日本,建成了占地200英亩的东京迪斯尼公园。

1983年,日本人提出开设东京迪斯尼乐园的想法。但是美国人没有果断地投资运营,而是采取了保守策略。他们授权日本人自己运营,授权费是门票收入的10%和销售食品、饮料、纪念品收入的5%。随着乐园开业,成群结伙的日本人涌入迪斯尼乐园。到1990年,每年游客人数达到1 600万,比加利福尼亚迪斯尼乐园的游客人数还多1/4。乐园营业收入高达9.88亿美元,利润达1.5亿美元。日本家庭对于迪斯尼乐园的疯狂程度远远超出了美国人的想象。这让他们在日本蒙受了巨大的利润损失。而迪斯尼在商业上接二连三的成功,使他们决定把迪斯尼在美国和日本成功的套路移嫁欧洲,在欧洲再建一座迪斯尼乐园,便可能创造迪斯尼的第四个奇迹。

二、巴黎迪斯尼乐园的筹备

在欧洲寻找建设迪斯尼的场所时,迪斯尼公司决策者考察了欧洲 200 多个地方,最后选中了巴黎。巴黎所具有的优越的地理位置成为影响选址的关键因素。驱车 2 小时内到达巴黎的人数为 1 700 万,驱车 4 小时内到达巴黎的人数为 4 100 万,驱车 6 小时内到达巴黎的人数为 1.09 亿,乘飞机 2 小时内到达巴黎的人数为 3.1 亿。巴黎原本就是欧洲最大的旅游活动胜地,是欧洲游客最集中的地方,每年吸引 2 000 多万游客。同时,建造迪斯尼乐园将为法国创造至少 3 万个就业岗位,因此,法国政府将对该项目给予大力支持。迪斯尼公司决策者预计第一年将会有 1 100 万欧洲人光顾迪斯尼乐园。因为在此之前每年有 2 700 万欧洲人光顾美国迪斯尼乐园,购买商品的总金额高达 16 亿美元。迪斯尼公司的管理者们认为这个数字还可能保守了。更令其自信的是,欧洲人比美国人有更长的假期。比如,法国和德国雇员的假期一般来说是五个星期,而美国雇员的假期只有两个星期至三个星期。而后,他们决定将欧洲迪斯尼乐园建成为一家总投资高达 44 亿美元的主题公园,占据巴黎以东 20 英里的 5 000 英亩土地,配有 6 家饭店共 5 200 个房间。迪斯尼还将开发一个商用综合楼群,它的规模仅比巴黎境内法国最大的拉·迪芬斯公司稍微小一点。计划将建成购物中心、公寓住房、高尔夫球俱乐部和度假村。在这项工程中迪斯尼公司拥有 49% 的股份,这部分股份中,迪斯尼公司投资了 1.6 亿美元,其他投资者投资了 12 亿美元,剩下是政府、银行和融资租赁公司以贷款形式进行投资。乐园开放以后,公司获得 10% 的门票收益和 5% 的来自食品和其他商品的收入。

三、巴黎迪斯尼乐园的经营情况

巴黎迪斯尼乐园于 1992 年 4 月开业,此前迪斯尼乐园展开了一场大规模的宣传和公关活动,旨在把迪斯尼神话般的经历展现给欧洲人。不少游客被迪斯尼乐园的开业仪式和迪斯尼乐园的职员的热情所深深打动。而一些法国左派示威者们则用鸡蛋、番茄酱和写有"米老鼠回家去"的标语来抗议。一些法国知识分子将迪斯尼乐园和米老鼠视为对欧洲文化的污染,称为"可恶的美国文化"。自从 1992 年开放以来,巴黎迪斯尼乐园的收入并没有达到预定的目标。

巴黎迪斯尼乐园建成后,其成人票价是 42.25 美元,比美国迪斯尼乐园的价钱高。迪斯尼宾馆一个房间一晚的价钱是 340 美元,相当于巴黎最高档的宾馆的价钱。但是,巴黎迪斯尼乐园开放时正值欧洲经济处于大萧条时期。欧洲游客因此就比美国的游客节俭得多。许多人自己带饭,也没有上迪斯尼乐园的宾馆。并且,游客在迪斯尼乐园里逗留时间比预期的要短。迪斯尼公司的决策者们简单照搬了美国迪斯尼乐园的数据,认为佛罗里达迪斯尼乐园的游客们通常要住四天,认为欧洲的游客们至少会住上两天。实际情况却是,许多游客一大早来到乐园,晚上在宾馆住下,第二天早晨先结账,再回到乐园进行最后的探险。这使宾馆的住房率降低了50%。虽然他们在吸引游客方面的确获得了成功,自开业以来每月吸引了近100万的游客,但由于票价高,欧洲游客大都缩短在景区逗留的时间,避免住酒店,自带食品和饮料,谨慎地购买迪斯尼的商品。

1993年,巴黎迪斯尼亏损8 780万美元,并且数字仍在不断地增大。更为棘手的是还有40亿美元的贷款。时至今日,巴黎迪斯尼乐园仍有亏损的现象。2002年,巴黎迪斯尼乐园营业收入为10.531亿欧元,与2001年相比下降了2.1%;亏损额高达5 600万欧元(约合6 600万美元),与2001年相比增加了70%。而自迪斯尼落户巴黎之后,欧洲人参观主题公园的热情空前高涨,在1992年到1996年之间,欧洲排名在前十位的主题公园游客人数平均增长了42%。法国最大的主题公园——未来乐园,游客的增长率超过巴黎迪斯尼乐园,达到115%。

巴黎迪斯尼乐园所面临的问题体现了旅游企业进行战略危机管理的重要性。本章将主要介绍旅游企业危机与旅游企业战略危机的区别、旅游企业三维分析与战略危机管理的关系等。

第一节 旅游企业战略管理三维关联分析概述

一、旅游企业三维关联分析

如前所述,旅游企业针对其经营方向、外部环境和内部实力这三种要素来制定、选择、评价和调整自身的经营战略。而其战略的确定和战略目标的实现通常也是由上述三维向量因素决定的。一般来说,它们关系表现为:

$$E = f(S, e, d, a) \tag{5.1}$$

式中　E——旅游企业战略效果,表示其战略目标的实现程度;

　　　S——企业的战略;

　　　e——旅游企业的外部环境因素;

　　　d——旅游企业的经营方向;

　　　a——旅游企业内部实力;

　　　f——战略实施过程(包括战略评价、控制与调整等)的一个函数。

在旅游企业的实践中,战略 s 又是三维变量的函数,即存在:

$$S = S(e, d, a) \tag{5.2}$$

式5.2表明,随着经营方向和内部实力的变化而做出制定、调整或转移等方面的变化;而经营环境的变化要求旅游企业的战略管理进行范式转变。综合式5.1和式5.2可得:

$$E = f[S(e,d,a), e, d, a] \tag{5.3}$$

由此可见,E 是变量 e,d,a 的复合函数,将式 5.3 简化得到:

$$E = F(e, d, a) \tag{5.4}$$

式 5.4 是三维变量影响战略效果的较为直观的函数表达式,其中 F 综合了 S 和 f 的函数,即所有决定战略实施效果的规则,如企业的组织结构、企业文化等因素。其中,与旅游企业战略相适应的组织结构与企业文化等对战略实施有着正的强化作用,而不适应的则对战略实施起着负的强化作用。旅游企业在制定战略和实施战略前就应认识到组织结构和企业文化等因素对战略的潜在作用,并且应提前采取一定措施使其与战略相一致,或使它们处于可控范围之内。

总之,影响旅游企业战略实施效果的主要变量是经营方向、外部环境和内部实力三个维度,而这三个维度之间也存在一定的如图 5-1 所示的互动关系。

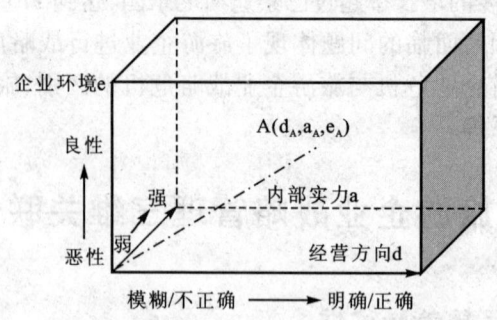

图 5-1 旅游企业战略的三维关联

如图 5-1 所示,经营方向按企业经营目标与其他二维向量的关系,在模糊/不正确和明确/正确之间变化;企业环境按与旅游企业经营的关系,以及其自身的变动程度,在良性和恶性之间变化;企业内部实力也在强与弱之间变化。在三维结构中,外部环境是变动最大的变量,影响旅游企业经营方向的确立和内部实力的提高,是一种外生变量。

反之,一定时期内的经营方向和企业实力可为旅游企业带来的经营成果,将对旅游企业的内外部环境产生一定的影响,可以改变环境的变动趋向,特别是企业内部环境。

二、三维关联的战略定位功能

传统战略管理理论认为企业所处的行业结构是稳定的、可识别。因此,战略管理就成为企业在行业中的定位问题,而战略分析的重点也就自然地置于对业已存在的稳定的组织的分析上。其战略模式的制定,通常也是基于对各种技术经济关系的线性假定和比较静态分析,并且结构参数的微小变化导致最终平衡状态结果的小的改变。但现实世界中的经济系统是混沌的、动态的和变化不定的,要对战略效果进行长期预测是不可能的。

因此,旅游企业战略的制定者、实施者以及评估者,都应该认识到战略所具有的复杂性和动态性,充分利用外部环境、经营方向和内部实力的三维关联分析方法来处理战略问题,确保战略与企业经营目标的一致,为企业带来巨大的收益,同时为战略的创新准备条件。

(一) 两个极点的旅游企业战略定位

从三维图中,在较为靠近原点的地方,企业环境复杂,变化不定,对企业来说是一个恶性的环境,企业内部实力弱,经营方向不太明确或与经营目标相比不正确。在这种情况下,旅游企业通常采取紧缩性的战略,处于逆境中的企业如能及时退却,可以减少损失,等待时机东山再起。

当三维向量分别沿正向方向达到良性、明确/正确、强的位置时,三维坐标确定的区域是另一个极端。这时企业正处于一个快速扩张发展的最佳时机。相应地,其战略也宜采取扩张性战略。

(二) 三维关联互动与旅游企业战略定位

在旅游企业的实践中,由三维向量所确定的战略更多地处于上述两个极端之间。宏观、微观环境处在一种无序的混沌状态,经营方向需要适时调整,企业内部实力也在强与弱之间徘徊。因此,旅游企业在制定和实施战略时,必须持有动态演变的指导思想,密切关注这三维向量的变动,根据企业的经营目标进行相应的战略调整或战略转移,使企业战略与企业目标保持一致。

另外,旅游企业可以有选择地针对三维变量的变动趋势,进行适当的引导与利用,使之趋向于最优极点。例如,在图 5-1 中,我们可以看到,由良性、明确/正确和强所确定的区域是企业发展和赢利的最佳时点,旅游企业可以通过对局部施加影响,使三维变量的变动趋势向最优极点靠近,为战略的顺利实施和创造良性实施效果准备条件。

总之,旅游企业战略目标的实现效果是由企业的经营方向、环境和内部实力三个变量共同决定的。

第二节 旅游企业战略危机预警与管理

一、旅游危机与旅游企业战略危机

在第一章中我们就提到,旅游企业所处的行业是一个敏感性非常强的行业,政治、经济、文化环境中发生的任何一点波动,都会对旅游企业的经营带来影响。从近年来日益猖狂的恐怖主义,到 SARS、登革热,再到伊拉克战争,没有一次事件不影响旅游业。上述突发事件对旅游者和旅游企业的经营所带来的影响,称为旅游危机。

(一)旅游危机及类型

具体地说,旅游危机是指影响旅游者信心,妨碍旅游业正常运转的任何不曾预见的事件。世界旅游组织将旅游危机定义为"影响旅行者对一个目的地的信心和扰乱继续正常经营的非预期性事件"。[①]

旅游危机有许多种表现形式;既包括那些对目的地形象的影响远甚于对基础设施的影响的洪水、飓风、火灾或火山爆发等事件,也包括将会对目的地的旅游吸引力产生影响的国内动荡、意外事件、犯罪、疾病等事件,还有诸如汇率的剧烈波动等经济因素。这些事件和因素造成的旅游危机大体可分为两类:外部危机和内部危机。其中,前者又可以分为两类:实体环境和人文环境造成的危机。进一步细分,旅游危机可以划分为三大类,九个具体分类,如表5－1所示。

表5－1 旅游危机的类型

主要因素	具体环境	危机类型	危机实例
外部因素	实体环境	自然灾害	地震给饭店、餐馆等造成损失;火山爆发吓跑游客;飓风摧毁海边的财产
		技术失败	石油泄漏给海滨度假地造成污染,使游客不再前往该地
	人文环境	对抗/冲突	工会组织罢工破坏了正常的营业;某些特殊利益团体坚决抵制快餐
		恶意行为	恐怖主义袭击;食品污染;黑客对计算机预订系统进行病毒攻击;街道犯罪
		流行病	疯牛病和口蹄疫等疾病使人们对食品安全和健康问题的关心度提高;SARS通过人际接触传播
		战争	第二次海湾战争、伊拉克战争使大批国际旅游者无法前往中东地区旅游
内部因素	管理失败	价值观扭曲	游轮向海洋排放废油,视经济效益高于一切,而不考虑对环境的影响
		欺骗	餐馆在知道食物被污染后,仍然提供给顾客
		经营不善/渎职	公司挪用公款、接受贿赂

资料来源:Otto Lerbinger, 1997; Stafford, Yu, and Armoo, 2002.

实体环境是指由自然灾害导致的危机,长期以来一直是旅游业的威胁。例如,1999年土耳其发生的Izmit大地震,对当地的旅游业产生了破坏性的影响。技术失

[①] World Tourism Organization, Crisis Guidelines for the Tourism Industry, May, 2003.

败主要是指由于人类应用了易污染和破坏旅游活动的环境的科学和技术所导致的事故。例如，油轮泄漏会污染度假海滩，使大量游客无法前往该度假地。

　　人文环境包括对立、恶意行为，流行病和战争。对立是以两个群体之间的不一致为特征，典型代表为工会和管理阶层，或企业与消费者。航空职员的罢工以及对于某种产品和服务的抵制是常用的对立的策略，通常会给旅游企业带来短期危机。恶意行为是指由个体或群体实施的针对某一个企业组织或整个行业的犯罪行为或极端策略。恶意行为可能是由街道犯罪或与产品有关的犯罪行为引起的，如破坏产品、敲诈勒索、公司间谍和恐怖主义等。这些极端措施旨在摧毁一个企业的业务或一个国家的经济系统。流行病指感染并导致人类和动物死亡的病毒的突然发作。旅游者不敢去疫区旅游，不敢食用受感染地区的牛肉或家禽，如 SARS 和口蹄疫的爆发。战争会对企业的社会活动造成破坏。军事冲突，不论是内部冲突还是国家之间的外部冲突都会立刻阻断前往战事国的旅行。第二次海湾战争和伊拉克战争就是很好的例子。

　　管理失败是由于旅游企业内部因素所导致的危机。比较典型的有价值观扭曲、欺骗和渎职，通常会导致各种丑闻和公共关系的危机。不切实际的财务目标和公司治理的失败通常会导致企业高层管理人员不道德的甚至是犯罪的行为。虽然这些危机属于短期危机，但如果处理不当，也会造成企业倒闭。

　　(二) 旅游企业战略危机的概念

　　旅游企业战略危机是指由于外部环境突变或内部条件（包括经营方向和内部实力）的改变，旅游企业的战略没有对此做出应变或应变不当而导致旅游企业无法实现既定目标。企业战略危机是企业战略管理失误或者战略管理过程的波动所产生的危机。由于企业内外部环境的动态性和复杂性，企业长期性的战略很难与其环境条件或内部条件等保持一致，战略危机的出现是必然的。由此我们不难看出旅游危机与旅游企业战略危机的区别。战略危机主要是指旅游企业未能有效地预测到危机发生的可能性，或在应对旅游危机时，未能从战略上做出反应，或反应不当。旅游企业战略危机广泛存在于战略管理的全过程——战略分析、战略制定、战略实施和战略评价。本节主要侧重于战略分析过程中的战略危机预警和管理。

二、三维关联的旅游企业战略危机预警

　　战略危机预警管理，包括对旅游企业战略管理过程中管理行为的预警和预控的管理，即建立对战略管理活动的识错、防错、纠错和治错的机制，具体包括监测、诊断、警报方式、信息、早期控制、对策库和失误矫正等。有调研发现，许多企业认为"战略危机预警"是大企业的事情，中小企业感觉战略危机预警似乎与自己没有关系。

　　如前所述，旅游企业所处环境的复杂性和动态性决定了其经营战略是一个动

态的战略。在战略制定阶段要进行多个战略的比较和选择,战略实施阶段进行战略评价和战略调整以及战略的创新。由于战略具有动态性,在总的战略目标不变的前提下,战略和战略效果会经常变动。虽然战略变动较容易通过人为实施加以完成,但战略效果却很难控制和观察。由于战略的惯性和人们反应的滞后性,人们实际感觉到战略效果往往为时已晚,尤其是战略的负效应更加明显。因此,要想通过战略的实施达到我们预期的效果,需要采取前馈控制的方法,三维关联分析对战略的实施就起着前馈的预警功能。

如图 5-2 所示,设 A、B 两点,它们的坐标分别为 (d_A, a_A, e_A),(d_B, a_B, e_B)。考虑到战略的动态性,引入时间变量 t,则 (d_A, a_A, e_A) 是初始时刻 t_0 的三维向量,(d_B, a_B, e_B) 是 t_1 时刻的三维向量的组合。

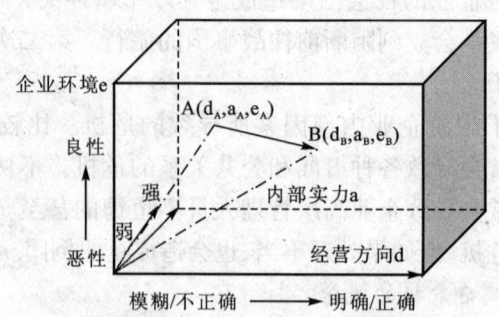

图 5-2　旅游企业战略的三维关联的战略预警功能图

(一)旅游企业战略危机的预警指标系统

设在 A 处战略 S 刚刚开始实施,经过时间 $\Delta t(\Delta t = t_1 - t_0)$,影响战略运行的三维变量到达 B 点。由于变量 d,e,a 均为可测的或可估计的(假定它们均为无量标变量),因此它们在时刻 t_0 和 t_1 的值都可知。

1. 三维变量的变动幅度和战略效果的变动量

$$\Delta d = d_B - d_A; \Delta a = a_B - a_A; \Delta e = e_B - e_A;$$

以 A 点为基准点,算出各维变量的变动率 r:

$$r_d = \Delta d / d_A \tag{5.5}$$

$$r_a = \Delta a / a_A \tag{5.6}$$

$$r_e = \Delta e / e_A \tag{5.7}$$

根据以往的经验,旅游企业可以确定函数规则 F,则在 t_0 时刻,$E_A = F(d_A, a_A, e_A)$;在 t_1 时刻,$E_B = F(d_B, a_B, e_B)$,变动幅度为

$$\Delta E = E_B - E_A \tag{5.8}$$

E 的变动率为:

$$r_E = \Delta E / E_A \tag{5.9}$$

2. 战略效果的三维弹性系数

战略效果的经营方向的弹性系数为：

$$I_d = \frac{\Delta E / E_A}{\Delta d / d_A} = \frac{\Delta E}{\Delta d} \cdot \frac{d_A}{E_A} \tag{5.10}$$

战略效果的内部实力的弹性系数为：

$$I_a = \frac{\Delta E / E_A}{\Delta a / a_A} = \frac{\Delta E}{\Delta a} \cdot \frac{a_A}{E_A} \tag{5.11}$$

战略效果的企业环境的弹性系数为：

$$I_e = \frac{\Delta E / E_A}{\Delta e / e_A} = \frac{\Delta E}{\Delta e} \cdot \frac{e_A}{E_A} \tag{5.12}$$

（二）三维关联的战略危机预警

1. 具有安全变动幅度的战略危机预警

旅游企业可以根据自身的或行业的实践数据和对未来发展形势的判断与预测，对上述预警指标的安全变动幅度给予假定：

（1）假定可以承受的经营方向变动的上限为 $\Delta d_{max} > 0$，则当 $|\Delta d| > \Delta d_{max}$ 时是危险的，意味着企业需要进行变革；当 $|\Delta d| \leq \Delta d_{max}$ 时是安全的；

（2）假定可以承受的内部实力的变动上限为 $\Delta a_{max} > 0$，则当 $|\Delta a| > \Delta a_{max}$ 时是危险的，意味着企业需要进行变革；当 $|\Delta a| \leq \Delta a_{max}$ 时是安全的；

（3）假定可以承受的环境的变动上限为 $\Delta e_{max} > 0$，则当 $|\Delta e| > \Delta e_{max}$ 时是危险的，意味着企业需要进行变革；当 $|\Delta e| \leq \Delta e_{max}$ 时是安全的；

（4）假定可以承受的战略效果的变动下限为 $\Delta E_{min} < 0$，则当 $\Delta E < \Delta E_{min} < 0$ 时，三维变量的变动所造成的战略效果是不利的，对企业发展是相当危险的；当 $\Delta E_{min} < \Delta E < 0$ 时，战略效果是不利的，但可以通过调整得以改善；当 $\Delta E_{min} > 0$ 时，意味着企业战略效果是有利的，需要进一步提高。

根据三维变量的变动和战略效果的变动，以及三维变量之间的互动关系，旅游企业可以对正在实施中的战略进行动态管理，并随着实施时间的推移实现对战略及其效果的实时监控，较为从容地在战略危机到来之前研究应对措施，避免战略危机为企业带来恶性效果，努力引导企业经营战略沿着对企业有利的方向发展。

2. 弹性的战略危机预警

为方便起见，我们将影响战略效果的三维变量的弹性系数 (l_d, l_a, l_e) 总称为 l。战略危机的弹性预警指标主要反映战略效果的三维变量弹性，根据经济学中关于弹性的理论，当 $|l| > 1$ 时，表示富有弹性；当 $|l| = 1$ 时，为单一弹性；当 $|l| < 1$ 时，为缺乏弹性；当 $|l| = 0$ 时，为完全无弹性；当 $|l| = \infty$ 时，为完全弹性。

（三）三维关联的战略危机预警在旅游企业中的运用

上述弹性系数预警指标有助于旅游企业管理者对战略的变化进行动态的检

测,并根据弹性系数具体数值的大小,预知战略在不同时期的危机及其发生的概率。

(1)对于新成立的旅游企业来说,战略效果的经营方向弹性系数 l_d 通常比其他两个弹性系数大,因此,确立正确的经营方向尤为重要。这种情况同样也适用于快速成长中的旅游企业,其经营方向处在一个动荡徘徊的过程中,经营方向错误导致的危机时常会发生,预防和化解危机的着眼点是使企业战略沿着有利于企业发展的方向调整或转移。例如,第二章的案例"假日的战略定位"中,假日集团在20世纪70年代的兼并浪潮中实施多角化经营后,造成公司利润的逐年下降。八九十年代开始,假日从多角化领域撤退,并进行了相应的品牌细分,终于化解了其战略危机。

(2)在一个竞争激烈的市场或行业中,旅游企业要想立于不败之地,关键在于自身实力的增强。这时,战略效果的内部实力弹性系数 l_a 在这三个弹性系数中应该是最大的。战略危机预警的重点是对企业内部实力的评价、内部实力的变化和根据变化趋势采取的预防措施。假日集团也提供了一个很好的例子。在经历了二三十年的发展后,20世纪80年代,假日集团股票价格较低,时刻面临被恶意收购的危险。为了寻求自身的长远的发展,在经历了一系列的财务结构调整后,假日于1988年被英国的巴斯集团收购。被收购后的假日集团债务负担大大减轻,专心于饭店管理业务,提出了新的发展构想和使命,以实现公司的目标。

(3)对于从事全球经营业务的跨国公司,其战略效果的环境弹性系数相比其他两个弹性系数而言就比较大。这类旅游企业应该优先关注环境因素的变化对其业务的影响,建立完善的战略危机预警系统,化解潜在的不确定因素带来的危机。

总之,旅游企业可以根据实践数据或对未来的预测与判断获取各变量的变动率和战略效果的变动率以及三维变量的弹性数据,建立战略危机的预警指标。在这些预警指标的指导下,实施战略危机预警,不断修正和调整企业的战略,消除或化解危机,使整个战略管理过程成为一个柔性过程。这样,战略既能适应初始的环境、经营方向和内部实力,又能根据三维变量的变动得到相应的调整,从而带来持续的良性战略效果。

三、三维关联的旅游企业战略危机管理

以上对旅游企业的战略危机预警系统进行了简单的介绍,实际上,在企业发展的道路上,危机是随时随地存在着的,通常也是不可避免的。在处理危机时,企业的高层应该对影响战略效果的三维变量重新进行审视,并针对新的环境、内部实力和经营方向对战略进行适时调整。该部分内容涉及第三篇——战略的实施与控制,在此只作简单介绍。

一般在处理战略危机时,旅游企业首先要识别出危机类型,找出问题的关键所

在,然后做好沟通工作,采取果断措施。

1. 重新审视公司的发展战略,并做出相应的组织架构和运营流程的调整。
2. 完善公司治理结构,建立合适的管控和沟通体系,实行新的战略导向和绩效评估体系。
3. 文化变革,打破旧的传统,提倡新的公司文化和价值体系。
4. 领导者必须表现出进取、坚韧、真诚的作风来应对危机,勇于做出决策并执行。

思考与练习

1. 什么是旅游企业三维关联分析?
2. 旅游危机与旅游企业战略危机有何不同?
3. 简述三维关联的战略危机预警在旅游企业中的应用。

第三篇　旅游企业战略选择

　　战略分析的主要目的是帮助旅游企业了解企业外部环境中存在的机会和威胁,以及企业相对于竞争对手的优势与劣势。明确企业目前所处的状况是旅游企业进行战略选择的先决条件。在第三篇中,我们将讨论旅游企业为了未来的发展所实施的战略选择。

　　战略选择通常涉及三个阶段:
(1)提出企业未来发展可供选择的战略方案;
(2)评价备选方案;
(3)确定一项最可行的方案。

　　从企业整体或各个业务单位的角度看,旅游企业的发展既可以通过内部增长——发展战略来实现,也可以通过外部增长——竞争与合作战略来实现。而在多数情况下,这两种类型的战略是综合运用的。企业总体战略经过层层分解最终是由各职能部门来实现的。在本篇中,我们主要介绍旅游企业的发展战略、竞争与合作战略以及职能战略。

第六章

旅游企业发展战略

开篇案例 金陵饭店——中国民族饭店品牌

一、南京金陵饭店概述

南京金陵饭店,是我国较早的国有五星级大型现代化商务饭店。自1983年开业以来,饭店坚持"结合国情,先仿后创",成功建成了融世界一流水准和中国特色为一体的金陵饭店管理体系,走出了中国人创建世界一流饭店之路,被誉为"中国饭店管理的一颗明星"和"全国旅游饭店业的一面旗帜",是"世界一流饭店组织"(The Leading Hotels of the World)的成员。2007年4月,在《21世纪经济报道》主办的第四届"中国饭店金枕头奖"评选中,金陵饭店荣膺"2007中国十大最受欢迎商务饭店"第二位;11月,金陵饭店再度入选由国际高端IT领先媒体《信息周刊》评出的"2007中国商业科技100强",并由2006年排名的第48位上升到第20位,成为旅游饭店行业仅入围的两家企业之一。2007年11月20日,国际旅游业权威杂志《商旅》主办的"2007 Business Traveler China 第三届最佳商旅评选"在北京隆重揭晓,金陵饭店三度荣膺"中国最佳商务饭店",成为其中唯一连续两年入选的民族饭店品牌。金陵饭店创造了中国人管理现代化国际饭店的独特模式和"金陵"这一具有国际影响力的著名饭店品牌。它利用品牌、人才、技术和市场优势,成立了我国首家国家级国际饭店管理公司——金陵(国际)饭店管理公司,至今已成功管理了国内19家高中档饭店。

股市方面,如表6-1所示,通过对其盈利的分析预测,金陵饭店2008—2010年的EPS(每股收益)分别为0.25元、0.27元、0.30元,结合我国酒店行业上市公司的成长特征,业内一致认为金陵饭店具有良好的前景与发展势头。

二、金陵饭店的战略选择——集团化

通过不断提升自身的核心竞争力,金陵饭店作为国有企业在不断升级的市场

竞争中获得了长足的发展。19年来,饭店累计接待海内外宾客360万人次,实现营业收入50多亿元;饭店在10年内提前还清了4500万美元的建设贷款,为国家赚回了一座面积6.4万平方米、拥有37层主楼和17层裙楼、600多套客房的大型五星级饭店,形成近20亿元的总资产,并创造了一个由中国人自己管理现代国际饭店的独特模式和一块"含金量"十足的"金陵"品牌,在国内外享有盛誉。

表6-1 金陵饭店营业状况(2007年)

项目/年度	2006A	2007A	2008E	2009E	2010E
主营业务收入	341.48	409.23	487.49	589.38	684.64
酒店营运业务	202.14	215.00	232.20	255.42	280.96
商品贸易业务	130.49	180.34	234.44	304.77	365.73
其他业务	8.86	13.90	20.85	29.19	37.95
主营业务成本	156.89	202.23	244.20	308.14	364.33
主营业务税金及附加	11.89	12.95	15.11	18.27	21.22
主营业务利润	172.70	194.05	228.18	262.98	299.09
营业费用	49.16	51.89	59.47	70.73	82.16
管理费用	65.97	70.08	78.00	91.35	102.70
财务费用	1.39	-1.68	-1	0.5	0
营业利润	56.10	73.39	91.71	100.40	114.24
投资收益	5.54	12.40	16.00	16.80	17.68
营业外收支	2.32	2.83	3	3	3
利润总额	63.91	88.52	110.71	120.20	134.92
所得税	19.93	28.54	30.06	32.94	36.33
少数股东权益	0.48	1.44	1.55	1.70	1.88
净利润	43.99	59.98	76.39	82.94	93.09
总股本(百万股)	190.0	300.0	300.0	300.0	300.0
每股收益摊薄(元)	0.23	0.20	0.25	0.27	0.30

结合在品牌、资金和管理等方面的优势,金陵饭店主要选择多元化发展和输出无形资产两种模式来进行集团化发展。

1. 多元化发展战略

金陵饭店在搞好饭店主业的基础上,坚定"酒店+商业地产"联动发展模式,凭借资金实力、人才资源、技术优势和管理经验等积极实施了多元化拓展战略,使下属的多种经营企业迅速发展壮大。公司IPO项目金陵饭店扩建工程已进入拆迁阶段,预计2009年末将按期投入营运。控股酒店贸易相关的江苏金陵贸易公司、江苏金陵精品商贸有限公司及作为茅台、张裕地区总代理的江苏苏糖糖酒食品有限公司是公司发展上下游产业战略的体现。迄今为止,公司已拥有近30家全资、控股和参股企业,其中包括金陵五星实业有限公司、金陵饭店广告公司、金陵商务旅行社、金陵饭店购物中心、金陵百货、金陵旅游商场、金陵国际装饰设计公司等。此外,金陵饭店还积极投资房地产业。2002年,多种经营企业营业收入占全店总收入的73%,成为饭店保持市场领先地位、形成强大竞争实力的重要因素,见表6-2。

表6-2 公司主要控股、参股情况

公司名称	注册资本（万元）	持股(%)	经营定位	净利润(万元)	
				2006年	2007年
南京新金陵饭店有限公司	27 800	59.33	实业投资管理、酒店服务、自有房屋租赁、物业管理等		暂无
江苏金陵贸易有限公司	1000	90	酒店物资采购与国内贸易	79.9	440
江苏苏糖糖酒食品有限公司	500	由公司控股子公司江苏金陵贸易有限公司持股52.2%	中外名酒、饮料、食用油脂、食糖等商品的经销业务	41.09	342
江苏金陵精品商贸有限公司	50	90	在高星级酒店中开设精品商店	8.74	0.6
南京金陵置业发展有限公司	2200	30	房地产开发与销售	5089.4	3680
南京金陵酒店管理有限公司	1111	26.78	受托管理酒店和投资经营经济型酒店业务;目前在管成员酒店66家(其中高星级酒店53家,经济型酒店13家)	40.65	174

数据来源:公司公告。

2. 无形资产输出战略

金陵饭店不断创新服务和管理内容,在引进国外先进管理经验的基础上融入自己的精华,将独特的服务内涵与文化特色融入饭店管理中,形成了融国际水准和中国特色为一体的"金陵饭店管理模式",走出了中国人创建世界一流饭店之路。

1993年,金陵(国际)饭店管理公司成立以来,先后在全国7个省15个城市和景区受托管理了19家高星级饭店,为国内多家饭店培训了大批管理人员。这些饭店大都在短期内脱颖而出,成为当地最好的饭店。其中宁波南园饭店和九寨沟大饭店分别荣膺浙江省和中国景区首家五星级饭店。金陵饭店融国际先进管理经验和中国国情为一体的管理模式得到了市场的广泛认可。

3. 全方位的集团化运作

伴随着集团化步伐的加快,金陵饭店已经不满足于原有的委托经营的单一扩张方式,新的集团化步骤正在紧张酝酿、运行当中。2002年9月,江苏省政府正式批准金陵饭店改建为国有独资集团有限公司。金陵饭店集团公司根据省政府授权的资产及经营范围,以饭店核心资产和主营业务重组上市为中心,积极推行体制改革和机制创新,强化资本运作,实施品牌连锁和国际化经营,提高集团公司的核心竞争力、市场影响力和持续发展能力,实现国有资产的优化配置和规模化经营,将集团公司建设成为江苏省具有国际影响力的、跨地区、多领域发展的大型旅游集团。

首先,稳步推进企业体制改革。通过资产重组、产权转让、产权置换、并购及股权交易等方式,优化资产结构和资源配置,推进集团公司及控股、参股企业的现代企业制度建设。一方面,通过资产经营和资本运作,加快存量资产重组、优化步伐,实现产权多元化,促进国有资产向高效益领域流动。另一方面,对饭店主业进行股份制改造,引入民营资本和战略投资者,提高赢利能力和成长性,积极争取金陵饭店股份公司早日上市,通过并购参股、委托管理、特许联号、境外投资等方式,2005年年末,已将"金陵"旗帜下的全国高中档饭店拓展至50~70家。

其次,实施运行机制创新,增强核心竞争力。集团公司及控股、参股的子公司将明确股东会、董事会、监事会、经理层的职责和议事规则,通过规范法人治理结构,形成决策、执行、监督的分权与制衡体系,完善适应集团发展的运行机制,包括决策机制、经营机制、激励与监管机制、质量保证体系等。公司将形成有利于人才成长、积聚的培养、培训机制,建立科学合理的绩效考核体系,健全贡献与收入相适应的分配激励机制,努力构筑集团公司的人才高地。

第三,通过省政府授权范围内的国有资产经营、管理、转让、投资、企业托管、资产重组以及经批准的其他业务,集团公司将把触角延伸到企业外部的旅游景区开发、房地产与贸易市场、股票、证券、外汇等资本市场以及科技开发、生物工程和医药等高新技术领域,以市场为导向,实现资本集聚和资本扩张,实现国有资产的优化配置和集约化经营。股份公司将以品牌经营为中心,通过股票上市、连锁经营、委托管理及控股收购等资本运营方式,走组建知名品牌连锁饭店集团的道路,实现资本收益最大化。

总之,金陵饭店的不凡业绩源于其异常清晰的战略思维和超乎寻常的应对能力。作为"中国旅游饭店业的一面旗帜",它在成功演绎了中国民族饭店业崛起"路线图"的同时,还让我们学会了运用恰当的战略来发展自身,应对机遇与挑战。

第一节 旅游企业一体化战略

市场中的旅游企业,为了获取特定的规模经济,可能会采取横向一体化的行为;而出于效率或非效率的考虑,在进行"购买"还是"生产"的决策中,可能会选择纵向一体化行为;如果是出于分散风险的考虑,往往会采取混合一体化行为。

一、纵向一体化战略

2004年4月,由北京国资委牵头,首都旅游集团、新燕莎控股企业、全聚德集团企业宣布合并重组,成立一家新型旅游商业集团。这是自北京国资委成立后最大的一起国有资产重组案例,总资产超过150多亿元,年经营收入总额近100亿元,年实现利润超过6亿元,已站在全国旅游企业集团前列。合并重组后集团将逐步对饭店、旅行社、餐饮、汽车服务、旅游商、会展和景区景点"七个板块"进行业务整合,形成若干个专业企业,形成首都旅游板块的概念。这三家企业合并后,食、住、行、游、购、娱一体化的综合性旅游产业服务链将会被打造成型。国际上对旅行社行业有两种分工体系:垂直分工和水平分工。日本及欧美的旅游发达国家采用垂直分工,即按批发商、零售商的上、下游关系分工,如美国运通、日本交通公社等。批发商规模大,自行研发产品;零售商规模小,代理销售批发商的产品。而国内目前采用的水平分工是按照国内旅游、国际旅游的经营范围划分的,所有企业都要研发、销售产品。新成立的首都旅游企业集团将产业链的上游和下游的业务整合到一起,这样的战略在战略管理上称为纵向一体化战略,是一种向垂直分工模式转变的有益的尝试。

(一)纵向一体化的概念

纵向一体化又称垂直一体化,是指将企业的活动范围后向扩展到供应源或者前向扩展到最终产品的最终用户。纵向一体化在同一个行业之中扩大企业的竞争范围,但它没有超出原来行业的界限,唯一的变化是行业的价值链体系之中企业的业务单元跨越了若干个阶段。纵向一体化战略可以使企业获得对销售商和供应商的控制。

纵向一体化可以是参与行业价值链的所有阶段的整体一体化,也可以是进入整个行业价值链的某些阶段的部分一体化。纵向一体化的方式可以是在行业活动价值链中除企业已经开展经营活动外的其他阶段,由企业自身创办有关的经营业务;也可通过并购一家已经开展某些活动的企业来实现。简言之,纵向一体化的实现方式有:①企业内部壮大;②与其他企业实现契约式联合联营;③兼并、收购其他企业。

(二)纵向一体化的分类

纵向一体化有前向一体化和后向一体化之分。

1. 前向一体化

前向一体化(forward integration)战略是指获得分销商或零售商的所有权或加强对它们的控制。在很多行业,销售代理商、批发商、零售商是独立的,由于与同一产品的相互竞争的品牌打交道,常常能够赚取最大的利润率。企业如果采取前向一体化战略,建立自己的销售及分销渠道,往往能够给企业带来稳定的经济效益。比如,一些著名的旅游景点可以通过成立具有自主品牌的旅行社、饭店或运输企业来直接面对消费者,这样就不必受制于其他旅行社,使自己获得稳定可靠的客源。

适合采用前向一体化战略的情况包括:

(1)企业现在利用的销售商成本高昂或不能满足企业的销售需要。

(2)现在利用的经销商或零售商有较高的利润。这意味着通过前向一体化,企业可以在销售自己的产品中获得高利润,并可以为自己的产品制定更有竞争力的价格。

(3)通过自己建立网站开展网上直销,可以降低交易成本,提高交易效率,增加交易机会。

(4)可利用的高质量销售商数量很有限,采取前向一体化的企业将获得竞争优势。

(5)企业参与竞争的产业明显快速增长或预计将快速增长;企业具备了直销自己产品所需要的资金和人力资源。

(6)当稳定的生产对于企业十分重要时,通过前向一体化,企业可以更好地预见对自己产品的需求,从而进行稳定的生产。

2. 后向一体化

后向一体化(backward integration)战略是指获得供货方企业的所有权或加强对它们的控制。生产者和零售商均需要从供货方得到原材料和商品。若企业产品在市场上拥有明显的优势,可以继续扩大生产,打开销售。但是由于目前的供货方不可靠、供货成本太高或不能满足企业需要,影响企业的进一步发展。因此,企业可依靠自己的力量,扩大经营规模,采用后向一体化战略,由自己来生产材料或配套零部件;也可以向后兼并供应商或与供应商合资兴办企业,组成联合体,统一规划和发展。比如,旅行社与一些旅游景点合资成立共同的旅游开发企业,这种行为对旅行社而言就是后向一体化策略。

后向一体化有利于降低企业面对那种不失一切机会抬价的强大供应商时所面临的脆弱性,或者提高产品或服务的质量,改善企业客户服务的能力,增加那些能够提高客户价值的特色,或者从其他方面提高企业最终产品的性能,或者更好地掌握对战略起关键作用的技术,增加企业以差别化为基础的竞争优势。

以下是一些适合采用后向一体化战略的情况:

(1)企业处在其供应商客户优先秩序的下端,很可能会每一次都得等待供应商送货。

(2)企业当前的供应商成本很高,不可靠,不能满足企业对零件、部件、组装件或原材料的需求。

(3)企业所需的原材料量很大,足以获得供应商所拥有的规模经济,而且在不降低质量的前提下可以赶上或超过供应商的生产效率。

(4)供应商数量少而需求方竞争者数量多。

(5)企业所参与竞争的产业正在迅速发展。

(6)企业具备自己生产原料所需要的资金和人力资源。

(7)价格的稳定性至关重要,这是由于通过后向一体化,企业可稳定其原料的成本,从而稳定其产品的价格。

(8)供应商利润丰厚,这意味着它所经营的领域属于十分值得进入的产业。

(9)企业应该尽快地获取所需资源。

(10)由供应商供应的产品是本企业产品主要的构成部分,具有相当可观的利润率,且进行后向整合所需要的技术很容易掌握。

(三)纵向一体化的战略优势

纵向一体化具有下列七大优势:

1. 经济性

如果产量足以达到有效的规模经济,对于企业来说,最通常的纵向一体化战略就是联合生产销售、采购、控制和其他经济领域的企业,以实现经济性。

2. 提升差别

对一家原料生产商来说,前向整合进入产品的生产和制造可以提高产品的差别化,可以为厂商提供脱离价格竞争为导向的市场竞争。通常在整个行业价值链中离最终消费者越近,企业就越有机会打破类似于商品化的竞争环境,通过设计、服务、质量特色、包装、促销等方式对自己的产品进行差别化。产品差别化可以降低价格的重要性,提高利润率。

3. 稳定性

由于上游与下游单位都知道其采购和销售关系是稳定的,因而能够建立起彼此交往的更有效的专业化程式,而这在供应商或顾客是独立实体的情况下是行不通的。同时,关系的稳定性将使上游企业可以根据下游企业的特殊要求,在产品的质量、规格等方面加以调节,这种调节可以使上下游单位的配合更为紧密,从而大大提高企业整体效率。

4. 实物期权

在某些情况下,纵向一体化的另一个利益是提供了进一步熟悉上下游单位相关技术的机会。这种信息或技术的获得对基础事业的开拓与发展非常重要。纵向一体化可以通过在管理层控制的氛围内,提供一系列额外的价值来改进本企业区别于其他企业的能力,为未来的发展提供宝贵的实物期权。

5. 可控性

可控性是指通过纵向一体化可以确保供给和需求。纵向一体化确保企业在产品供应紧缺时得到充分的供应,或在总需求很低时能有一个产品输出渠道。在能够实现提高生产能力利用率或者加强品牌形象的情况下,制造商可以自己投资建立分销机构、特许特约经销商、网络零售连锁店等来获取很大的利益。但是,一体化能保证的需求量以下游需求单位所能吸引上游单位的产量为限。很明显,如果上游单位的需求不旺,下游单位的销量也会很低,对相应的内部供应商的产量需求也很低。因此,一体化战略可以减少企业随意终止交易的不确定性。

6. 统筹性

如果一个企业在与其供应商或顾客进行业务往来时,供应商或顾客有较强的讨价还价能力,且它的投资收益超过了资本的机会成本,那么即使整合不会带来其他益处,企业也值得整合。通过整合抵消议价实力不仅降低供应成本(通过后向整合),或者提高价格(前向整合),而且可以通过消除与具有很强实力的供应商或者顾客所做的无价值的活动,使企业经营效率更高。抵消议价实力的后向整合还有另一个潜在益处,就是将提供投入的供应商的利润内部化能够表明这种投入的真实成本。企业可以调整其最终产品的价格以提高整合前两个实体的总利润。企业可以通过改变下游单位的生产过程中所需的各类投入的组合来提高企业效率。

7. 防卫性

如果竞争者是纵向一体化的企业,那么一体化就具有防御意义。竞争者的广泛一体化能够占用许多供应资源或者拥有许多称心的顾客及零售机会。在这种情况下,没有纵向一体化的企业面临必须抢占剩余供应商和零售商的竞争局面,甚至面临被封阻的处境。与没有纵向一体化的企业相比,整合企业通过纵向一体化还可以得到某些战略优势,如较高的价格、较低的成本和较小的风险,从而提高了产业的进入壁垒。

(四)纵向一体化的劣势

纵向一体化有下列一些缺陷:

1. 需要克服移动壁垒的成本

对于保护自己对技术和产品设施的现有投资,纵向一体化的企业有着既得利益。但纵向一体化要求企业克服移动壁垒,在上游或下游产业的竞争都需要付出成本,不如克服规模经济、资本需求以及由专有技术或合适的原材料而具有的成本优势所引起的壁垒。

2. 需要相当数量的资本投资

纵向一体化要耗费资本资源,建立一个独立实体部门则需要不少的资本投入。纵向一体化提供企业在行业中的投资,有时甚至还会使企业不足以将企业的资源调整到更有利用价值的地方。

3. 降低运作的灵活性

和某些独立实体签约相比,纵向一体化提高了改换其他供应商及顾客的成本。在投资下降的产业中,一体化战略还会削弱企业进行多元经营的能力。所以,全过程一体化企业对新技术的采用要比部分一体化企业或非一体化企业要慢一些。

4. 减缓了对市场的响应速度

由于企业面临更多的业务,在市场变化时,企业需要调整的部门更多,涉及的环节也更多,调整的速度必将更为缓慢。

5. 封阻了和供应商及顾客的交流

不管是前向一体化还是后向一体化,都会迫使企业依赖自己的内部活动而不是外部的供应源,这样所付出的代价可能随着时间的推移而变得比外部寻源要高昂,同时降低企业满足顾客产品种类方面需求的灵活性,封阻获得供应商及顾客的研究技能的通道,可能切断来自供应商或顾客的技术流动和信息沟通。纵向一体化意味着一个企业必须自己承担发展技术实力的任务。然而,如果企业不实施一体化,供应商经常愿意在研究和工程等方面积极支持企业。

6. 加大了平衡的难度

纵向一体化有一个在价值链的各个阶段平衡生产能力的问题。价值链上各个活动最有效的生产运作规模可能不大一样,在每个活动交接处都达到完全的自给自足是例外情况而不是一般情况。对于某项活动来说,如果它的内部能力不足以供应下一个阶段的话,差值部分就需要从外部购买。如果内部能力过剩,就必须为过剩的部分寻找顾客;如果产生了副产品,就必须进行处理。整合体中上游单位与下游单位的生产能力必须保持平衡,否则就会出现问题。纵向链中有任何一个有剩余生产能力的环节或剩余需求量的环节,就必须在市场上销售一部分产品或购买一部分投入,否则将牺牲市场地位。

7. 增加了对技术和管理的要求

不管是前向整合还是后向整合,都需要拥有完全不同的技能和业务能力。普通的管理方式和普通假设不一定适合于纵向相关业务。

8. 增加了经营杠杆

纵向一体化增加了企业固定成本。如果企业在某一市场上购买某一种产品,那么所有成本都是变动的。但如果企业整合企业自己生产的产品,即使因某些原因降低了产品需求,企业也必须承担生产过程中的固定成本。关联业务中任何一个引起波动的因素也在整个整合链中引起波动,而经营周期、市场开发等都可能引起波动。因此,纵向一体化放大了企业经营杠杆,使企业面临在生产、销售上较大的波动和周期变化,从而增加了企业经营风险。

9. 弱化激励

纵向一体化意味着通过固定的关系来进行购买与销售。上游企业的经营机理可能会因在内部销售而不是为业务进行竞争而有所减弱。反过来,在从整合体内部另一个单位购买产品时,企业不会像与外部供应商做生意时那样激烈地讨价还价,因此内部交易会减弱激励。

(五)纵向一体化的判据

如上所述,纵向一体化的战略既有显著的优点也有不容易忽视的缺点。在实践中,是否需要纵向一体化取决于以下几方面因素。

第一,能否提高对战略起着至关重要作用的活动的业绩,降低成本或者加强差别化。

第二,能否协调更多活动阶段之间的投资成本、灵活性和反应时间以及管理杂费所产生的影响。

第三,能否创造竞争优势。

纵向一体化问题的核心在于,企业要想取得成功,必须首先确定哪些能力和活动应该在企业内展开,哪些可以安全地转给外部去完成。如果不能获得巨大利益,那么纵向一体化就不太可能成为诱人的竞争战略选择。就旅游企业来说,由于其本身是一个以中小型企业为主体的产业,受自身规模的限制,业内企业纵向一体化的现象并不是很普遍。本节所提到的案例的一体化,就是国有资产在国资委的牵头下实施的。

二、横向一体化战略

2001年1月10日,美国航空业亚军——美洲航空宣布收购濒临破产的环球航空(以下简称"环航")。这一计划在获得美国政府反垄断主管部门的批准后,于2001年4月9日完成。美航空业出现大整合,并影响全球航空业的未来发展。

环球航空系美国商业航运史上首屈一指的老牌企业,具有75年的历史,与1991年倒闭的泛美航空企业以及东方航空企业等大企业齐名。"环航"自1988年以来一直处于亏损状态,它分别于1992年和1995年两次申请破产。由于经营不善,"环航"在1995年进行大规模重组后,经营业绩仍没有多大起色。到了1999年,"环航"成为全美几大航空企业中唯一亏损大户,亏损额达3.53亿美元。

2000年,在高油价和支付飞机租赁费用的双重压力下,"环航"出现了严重的资金短缺。尽管企业收入有所增加,但前3个季度的亏损额达1.15亿美元。鉴于企业的困境,1月10日,"环航"无可奈何地再次申请破产保护,这样便被"美洲"收购。收购完成后,美洲航空公司取代美国联合航空公司,成为当时世界上最大的航空公司。

近年,美国航空界掀起多次并购浪潮。最早有西北航空和大陆航空合并成功的案例。2000年5月,"联航"宣布收购"美航",交易总额达43亿美元。业内人士认为,此次"美洲"收购"环航"将再次掀起并购高潮。

美洲航空的收购战略显然与上述纵向一体化战略不同,它收购的是竞争对手环球航空,并不是其上游或下游的企业,这样的收购战略称为横向一体化(horizontal integration)战略。

(一)横向一体化的概念

横向一体化战略又称水平一体化战略,是指获得与本企业竞争企业的所有权或加强对其控制,以促进企业实现更高程度的规模经济和迅速发展的一种战略。横向一体化已成为当今战略管理的一个显著的趋势,在很多产业中已成为最受管理者重视的战略。竞争者之间的合并、收购和接管促进了规模经济和资源与能力的流动,通过并购可以获取竞争对手的市场份额,迅速扩大市场占有率,增强企业在市场上的竞争能力。另外,由于减少了一个竞争对手,尤其是在市场竞争者不多的情况下,可以增加讨价还价的能力,因此企业可以更低的价格获取原材料,以更高的价格向市场出售产品,从而提高企业赢利水平。当今世界企业并购浪潮一浪高过一浪。据《中国并购报告》一书的统计,2000年全球并购案例达854例,平均每天发生2.4起。并购的结果是企业规模越来越大,市场占有率越来越高,企业的核心竞争力得到提高。

推动横向一体化的因素包括:企业对市场份额、效率、定价力量、更大规模经济收益的追求,经济全球化趋势、法规管制(包括反垄断法管制)的减轻,互联网、电子商务以及股价高涨,等等。

适合采用横向一体化战略的一些情况为:

(1)在不违反垄断法的情况下,企业可以在特定地区获得一定程度的垄断。

(2)规模的扩大可以提供很大的竞争优势。

(3)企业具有成功管理更大的组织所需要的资金与人才。

(4)市场经济日益发达,生产结构性过剩。

(5)需要改变规模小、产地多、成本高、资源浪费严重、项目重复建设等现象。

(二)横向一体化的战略优势与陷阱

1. 横向一体化的战略优势

(1)规模经济。横向一体化通过收购同类企业达到规模扩张,这可以使企业获取充分的规模经济,从而大大降低成本,取得竞争优势。同时,通过收购,往往可以获取被收购企业的技术专利、品牌等无形资产。例如,法国的雅高集团在进军北美市场时,收购了Motel 6等已相对成熟的品牌。

(2)减少竞争对手。横向一体化是一种收购企业竞争对手的增长战略。通过实施横向一体化,可以减少竞争对手的数量,降低产业内相互竞争的程度,为企业的进一步发展创造一个良好的产业环境。

(3)较容易的生产能力扩张。横向一体化是企业生产能力扩张的一种形式,这种扩张相对较为简单和迅速。

2. 横向一体化战略的陷阱

(1)政府法规限制。横向一体化容易造成产业内的垄断结构,因而各国法律对此做出了限制。

(2)收购一家企业往往涉及收购后的整合与管理协调问题。由于收购企业与被收购企业在历史背景、人员组成、业务风格、企业文化、管理体制、营销渠道等方面存在着较大差异,因此这些方面的协调非常困难,这是构成横向一体化能否成功的一大关键问题。

横向一体化是通过企业与并购企业之间的一种合作协议而实现的,我们将会在第七章中详细介绍并购的动因、程序以及并购过程中应该注意的问题。

第二节 旅游企业多元化战略

多元化战略是与专业化经营相对应的企业经营战略。旅游企业在发展中决定实施多元化战略,就意味着企业将要重新调整拥有的资源,并利用组合对人力资源进行新的定位。但多元化进入的程度,与原企业业务在资源和能力的运用上有较强的关联性。本章分别从多元化战略的概念和基本类型入手,重点探讨了三种不同的多元化经营类型的动因、适用情况等。

一、多元化战略概述

多元化战略又称多样化经营或多角化经营,是指企业为了获得最大的经济效益和长期稳定经营,开发有发展潜力的产品或者丰富充实产品组合结构,在多个相关或不相关的产业领域同时经营多项不同业务的战略,是企业寻求长远发展而采取的一种成长或扩张行为。企业多元化经营战略是由著名的战略大师安索夫于20世纪50年代提出来的。

在世界企业发展史上曾出现过5次兼并浪潮。其中20世纪60年代的兼并以大规模的非相关多元化为主,形成联合大企业。但实践证明,管理幅度过广造成效率不高,有一半以上的联合大企业效益下降乃至亏损;在70~80年代出现的第四次兼并浪潮中,相关多元化兼并成为主流;90年代开始的第五次兼并浪潮,则在相关多元化基础上,更出现了加强核心业务能力的趋势。

近年来,企业多元化经营一直是理论界和企业界研究的一个重要课题。从目前看,存在两种截然不同的观点:一种认为利用现有资源,开展多元化经营可以规避风险,实现资源共享,产生 1+1>2 的效果,这是现代企业发展的必由之路。另一种认为企业开展多元化经营会造成人、财、物等资源分散,管理难度增加,效率下降。其实多元化作为经营战略和方式而言,其本身并无是非可言,运用这种战略成败的关键在于企业所处外部环境及所具备的内部条件是否符合多元化经营的要求。

从总体上看,由于企业越来越难以管理,多元化经营的流行程度正在下降。20世纪60年代和70年代企业热衷于多元化经营,其出发点在于避免对单一产业的依赖。但80年代的战略思维出现了逆转,多元化经营正面临着威胁。尽管多元化经营在有些时候仍不失为一种适当的、可引发成功的战略,但彼得和沃特曼(Waterman)还是建议企业"固守自己的本行",不要离开自己擅长的基本领域太远。由此,企业界正出售或关闭其不能赢利的部门以集中精力于自己的核心业务。

一般情况下,多元化经营战略的选择是按照专业型、主导集约型、主导扩展型、关联扩散型、非关联型顺序进行的。与之相适应,企业的发展过程是:集中发展核心产品——相关多元化经营——非相关多元化经营,很多企业多元化经营之所以失败就是选择多元化的方式和途径不合理。

多元化经营分为三种基本类型:集中多元化经营、横向多元化经营和混合式多元化经营,下面分别加以讨论。

二、集中多元化战略

集中多元化战略(concentric diversification)是指增加新的但与原有业务相关的产品与服务。近几年,西方国家兼并浪潮又起,一个最显著的特点就是以相关行业为主,尽可能追求业务的相关性。这里,相关性是指能够共享在共同市场、营销渠道、生产、技术、采购、管理、信用、品牌、商誉和人才等方面相关业务之间的价值活动。当企业将多元化经营建立在具有相关性的活动上时,其成功的机会就会较大。之所以容易成功,主要原因是企业的竞争优势可以扩展到新领域,实现资源转移和共享,在新行业容易站稳脚跟,发展壮大。多元化经营战略的理性方式应是:在核心专长与核心产业支撑下的有限相关多元化经营战略。

集中多元化经营强调企业从内外搜寻、获取稀缺资源以支撑其核心竞争力。根据内部化理论,企业通过集中多元化经营不仅获得了稀缺资源,而且降低了交易费用,减少了不确定性。更重要的是,将稀缺资源置于企业的直接控制之下,从而更好地保证核心竞争策略的实施。

集中相关多元化可以带来战略协同进而产生竞争优势。相关多元化使企业在各业务之间保持了一定的统一度,从而产生战略协同性,取得比执行单个战略更大、更稳固的绩效,致使相关多元化产生 1+1>2 的效果,并成为竞争优势的基础。

战略协同性产生的利益越大,相关多元化的经营优势也就越大。战略协同转化为竞争优势主要依靠两方面:一是不同业务的成本分摊产生较低成本;二是关键技能、技术开发和管理诀窍的有效转移和充分利用。

适合于采用集中多元化经营战略的情况包括以下六种:

(1)企业参与竞争的产业属于零增长或慢增长的产业;

(2)增加新的、相关的产品将会显著地促进现有产品的销售;

(3)企业能够以有高度竞争力的价格提供新的、相关的产品;

(4)新的、相关的产品所具有的季节性销售波动正好可以弥补企业现有生产周期的波动;

(5)企业现有产品正处于产品生命周期的衰退阶段;

(6)企业拥有强有力的管理队伍。

世界上大多数旅游企业集团都是通过集中多元化,自我拓展逐渐壮大的,我国旅游企业在多元化过程中也多采用这种方式,并大都取得了成功。一般模式为,最初以饭店业为主,然后再向商业、服务业、房地产业、金融保险业等领域拓展,或者最初以旅行社为主,随着业务发展的需要逐步建立旅游交通、旅游开发、旅游餐饮类的企业群。

三、横向多元化战略

横向多元化战略(horizontal diversification)是指向现有用户提供新的与原有业务相关的产品或服务。这种战略不像混合式经营那样具有很大的风险,因为企业对现有用户已比较了解。例如,网上大型书商亚马逊通过进入玩具和消费电子产业而积极地实行横向多元经营战略。目前人们可以在 amazon.com 网站购买到由300家厂商提供的摄像机、照相机、DVD 唱机、电视机以及玩具等商品。

技术的爆炸性发展使得企业不可能仅凭有限领域的服务和产品来满足不断变化的市场需求,客户更需要提供配套的、完整的系统集成式的解决方案。在这种情况下,企业必须开展其核心领域以外的产业,通过横向多元化经营提供多元化的一揽子服务,最终加强其核心竞争力。IBM 在困境中看准市场在电脑技术飞速发展的背景下对整体服务的需求,从一家"营建+操作系统"提供商拓展为电子商务软硬件的集成服务提供商,重塑蓝色巨人的故事就是一个通过相关产业加强核心竞争力的成功案例。

适合采用横向多元经营的情况包括以下五种:

(1)通过对既有客户增加新的、不相关的产品,企业从现有产品和服务中得到的盈利可显著增加。

(2)企业参与竞争的产业属于高度竞争或停止增长的产业,其标志是低产业盈利和低投资回报。

(3) 企业可利用现有销售渠道向现有用户营销新产品。
(4) 新产品的销售波动周期与企业现有产品的波动周期可互补。
(5) 企业在既有业务或产品线上进行拓展的边际成本很低。

四、混合式多元化战略

混合式多元化战略（conglomerate diversification）亦称不相关多元化或联合大企业式的多元化战略，是指增加新的与原有业务不相关的产品或服务。集中化多元经营和混合式多元经营的主要区别就在于前者是基于市场、产品和技术等方面的共性，而后者则更出于盈利方面的考虑；不相关多元化战略涉及多元进入任何行业或业务，只要该行业或业务有确定的和有足够吸引力的财务收益，寻求战略匹配关系则是第二位的。

（一）混合式多元化战略的动因

尽管相关多元化会带来战略匹配利益，很多企业却选择了不相关的多元化战略。其主要动因是：加速企业成长、充分利用现有资源和优势、加强核心竞争力、调整产业结构。这四点不但是混合式多元化经营的根本原因，也是混合式多元化经营的战略目标。这四大多元化经营战略目标并不是完全独立和相互排斥的，它们殊途同归，最终都将实现企业和股东价值最大化。在不相关的多元化中，不需要寻求与企业其他业务有战略匹配关系的经营领域。混合式多元化可以进入有着丰厚利润机会的任何行业。如果说相关多元化是一种战略驱动方式，那么不相关多元化对于创造股东价值则基本是一种财务驱动方式，它通过灵活地调度企业的财务资源和管理技能，把握财务上具有吸引力的经营机会，是一种创建股东价值的财务方法。例如，上海锦江集团下属企业、上海新锦江商贸有限企业、上海锦江房地产企业、上海锦江航运企业等产业之间基本不相关，属于混合多元化。

培育企业新的增长点也是混合式多元化经营的一大动因。当所处的行业步入成熟并即将衰退的时候，企业就必须思考两条道路：一条是通过技术上、市场上、管理上的不断创新，使行业从一条生命曲线过渡到另一条上升的曲线上；另一条道路是将企业引导到别的新兴行业，用现有的资源创造未来的现金流入。多元化经营目标就是要在恰当的时候，将企业引入更具发展潜力的行业而脱离原来饱和、衰退的行业。此外，不相关多元化有时也是一项合乎要求的企业战略，当一个企业需要多元化以远离一种危及的或没有吸引力的行业，并且没有可以转移到邻近行业的明显的能力时，这一战略当然值得考虑。另外，通常企业的所有者对于投资几项不相关业务比投资于几项相关业务有着更强的偏好，这也成为混合式多元化经营的一种缘由。

（二）混合式多元化经营的竞争优势

混合式多元化经营的竞争优势主要有以下三种：

（1）在一系列不同的行业中，经营风险得到分散。与相关多元化相比，这是更好的分散财务风险的方法，因为企业的投资可以分开在有着完全不同的技术、竞争力量、市场特征和顾客群的业务之中。

（2）通过投资于任何有最佳利润前景的行业，将来自低增长和低利润前景业务的现金流量转向并购或扩大具有高增长和高利润潜力的业务，可以使企业的财力资源发挥最大作用。

（3）企业获利能力可以更加稳定。除非整个市场都不景气，一个行业的艰难阶段可以被其他行业的昌盛阶段部分抵消。理想的情况是，企业某些业务的周期性下降可以与多元化进入的其他业务的周期性上浮取得平衡。当企业的经理们能够洞察到价值被低估但具有利润上升潜力的廉价目标企业且实施并购时，股东财富就能增加。

（三）混合式多元化经营的弊端

第一，难以很好地管理多种不同业务。不相关多元化的致命弱点是它强烈要求企业的管理人员要充分考虑不同行业中完全不同的经营特点和竞争环境，并有能力做出合理的决策。一个企业所涉足的经营项目越多，多元化程度越高，企业的总经理们越是难以对每个子企业进行监控和尽早地发现问题，也越难以形成评价每个经营行业吸引力和竞争环境的真正技能，判断由各个业务层次的经理们提出的计划和其战略行动的质量也更加困难。

第二，无法获得战略匹配带来的协同竞争优势。不相关多元化战略对于单个业务单元的竞争力量没有什么帮助，每项经营都是在靠自己的努力建立某种竞争优势。由于没有战略匹配关系带来的协同优势，不相关的多种经营组合的合并业绩并不比各业务独立经营所获的业绩总和多。相比之下，相关多元化对于营建股东价值提供了一种战略方法，因为它是基于探求不同业务价值链间的联系以降低成本，转移技能和专门技术以及获得其他战略匹配利益，其目标是将企业各种业务间的战略匹配关系转变为各业务子企业靠自己无法获得的额外竞争优势。

（四）混合式多元化经营的风险

多元化经营面临七个方面的风险：

1. 来自原有经营产业的风险

企业资源总是有限的，多元化经营往往意味着原有经营的产业受到削弱。这种削弱不仅是资金方面的，管理层注意力的分散也是一个方面，它所带来的后果往往是严重的。然而原有产业却是多元化经营的基础，新产业在初期需要原有产业的支持。若原有产业受到迅速的削弱，企业的多元化经营将面临危机。

2. 市场整体风险

支持多元化经营的一个流行说法是"鸡蛋不要放在同一个篮子里"。然而，市场经济的广泛关联性决定了多元化经营的各产业仍面临共同的风险，"鸡蛋只不过放在了稍大的篮子里了"。至今没有足够的证据表明,高度多元化的经营企业的合并利润,在萧条时期或经济困难阶段比多元化程度较低的企业的利润更加稳定或更少受到衰退的影响。在宏观环境的影响下,企业多元化经营的资源分散反而加大了风险。对于今天的企业而言,外部环境已经发生了巨大的变化。短缺经济在绝大多数领域基本结束,部分行业生产相对过剩。在此情况下,绝大多数企业处于微利经营甚至无利、亏损经营的状态。企业如果无视环境的变化,一味地为了多元化而多元化,不但达不到目的,反而会给自己带来更大风险。

3. 行业进入风险

行业进入不是一个简单的"买入"过程。一方面,企业在进入新行业之后还必须不断地注入后续资源,去融入这个行业并培养自己的员工队伍,塑造企业品牌。另一方面,行业的竞争态势是不断变化的,竞争者的策略也是一个变数,企业必须相应地不断调整自己的经营策略。所以,进入某一行业是一个长期、动态的过程,很难用通常的投资额等静态指标来衡量行业的进入风险。

4. 行业退出风险

企业在多元化投资前往往很少考虑退出的问题。然而,如果企业深陷一个错误的投资项目却无法做到全身而退,那么很可能导致全军覆没。一个设计良好的经营退出渠道能有效地降低多元化经营的风险。

5. 内部经营整合风险

新投资的产业会通过财务流、物流、决策流、人事流给企业以及企业的既有产业经营带来全面的影响。不同的行业有不同的业务流程和不同的市场模式,因而对企业的管理机制有不同的要求。企业作为一个整体,必须把不同行业对其管理机制的要求以某种形式融合在一起。多元化经营的多重目标和企业有限资源之间的冲突,使这种管理机制上的融合更为困难,使企业多元化经营的战略目标最终被内部冲突化为泡影。

6. 财务风险

企业若有一两个大的战略错误,如错误判断行业的吸引力,或在新并购业务的经营中遇到意外问题,或对于一家困难的子企业的转危为安过于乐观,就会使企业盈利下降并降低母企业的股票价格。

7. 文化冲突

有时,从战略角度看好像合理的多元化行动却被证明缺少文化匹配。制药企业就有这方面的经历。当它们多元化进入化妆品和香水经营中时,发现与开发神奇的药物治愈疾病这一崇高任务相比,员工对于这类产品"轻浮"的本质缺少尊重。制药企业的医学研究和香水的化学合成技术之间缺少共同的价值观和文化和谐,化妆品经营的风尚营销导向也与制药企业的营销模式格格不入,因此无法获得像进入有着技术分享潜力、产品开发融合关系和销售渠道部分重叠的业务时所能得到的结果。企业文化的冲突对于企业经营往往是致命的。

(五)混合式多元化经营战略的实施要点

混合式多元化经营作为一种战略,本身并没有问题,但其实施必须具备一定的条件,也必须综合考虑以下因素:一是企业规模和实力。多元化经营战略通常是大型企业的一种选择。二是主业市场需求增长情况。任何产品都有市场寿命周期,企业总要寻找新的经济增长点。三是主业市场的集中度。它反映了一个行业的垄断程度。四是关联度。关联度越高,多元化程度越低,新旧产业之间联系密切,成功的把握性往往较大。

在具体操作上,一旦一家企业实行了多元化经营,并在大量不同的行业中经营着业务,企业战略的制定者们就要审视以下问题:

1. 确定混合多元化经营战略目标

企业在选择混合多元化经营战略时,首先要考虑多元化经营的战略目标。清楚了解企业多元化经营战略目标及其合理性,旨在为探察不相关多元化业务组合中的强势和弱势,以及决定对战略进行细微改进或重大变动做好准备。

2. 预测和判断拟进入行业所处阶段

任何产品都要经历投入期、成长期、成熟期和衰退期 4 个阶段。在行业或产品周期的不同阶段,产品经营的难易程度是不同的,企业所采取的战略也要有所选择。企业开拓新领域要力争进入处于投入期或成长期的行业或产品中,避免进入成熟期或衰退期的行业或产品中,这是由竞争能力、发展潜力和行业壁垒所决定的。

3. 检验行业吸引力

评价企业多元化进入的每一行业的吸引力包括:市场规模和市场增长率、竞争强度、显现的机会和威胁、需求波动情况、投入的资源需求、与企业既有价值链和资源能力匹配关系、获利能力、环境因素、利润率和投资回报率、风险度等。

4. 测度企业自身竞争力

竞争力包括但不局限于下列各项:相对市场份额、相对于竞争对手的获利能力、靠成本进行竞争的能力、技术和革新能力、在质量和服务上能与行业对手匹敌的能力、与关键的供应商或顾客进行讨价还价的能力、品牌识别和信誉。企业其他的竞争力指标还包括有关顾客和市场的知识、生产能力、供应链管理技能、营销能力、足够的财务资源和被证明有效的管理技巧。

5. 甄选目标企业

寻求不相关多元化的企业几乎总是通过并购一家已建立的企业来进入新领域,而很少采用在自己企业的结构内组建新的子企业的形式。之所以做出多元化经营决策而后进入某一行业,是因为这一行业可以找到"好的"可并购的目标企业。

6. 确定优先排序

在历史业绩和未来预期基础上,将拟开展的业务从最高到最低优先级进行排序,再根据资源配置的优先权将业务单元进行排序,确定优先排序的目的是将企业资源投至有最大机会的领域,然后决定每一业务单元的战略姿态应是侵略性扩张、设防保卫、彻底修整、重新定位,还是剥离。

第三节　旅游企业国际化战略

一、国际化与全球化

全球化比国际化层次更高、意义更广。如果一个国家与数个国家的经济往来可以称之为国际化,那么全球化则将范围扩大到全球。这一概念的风行使许多人对之加以误用,因此可能当某企业谈到全球化战略时,实际上指的是国际化,说的只是一切与国外市场有关的、一般意义上的业务。

我们必须区分全球化战略与"多种国内市场"或"多种本地化市场"的国际化战略。后者对每一个国家或地区的竞争相对独立,而前者则采用跨国家和地区的整合协调战略。跨国企业是指跨越国界进行商务活动的企业,它在多个国际市场经营,在不同的业务上采取不同的国际战略。

二、旅游企业的国际化动因分析

跨国企业的管理者们面对着众多挑战。他们面对的是不同的政治体制、法律规范和风俗习惯。这些差异不仅带来了问题,也同时创造了机会。这一点正是企业要在世界范围内扩大经营的主要动机。我国旅游企业扩张进入国际市场有以下一些原因:

(一)经济的全球化和国内旅游市场的全面开放

根据我国加入世界贸易组织的承诺,2005年包括旅行社在内的我国旅游企业已全面开放。我国旅游企业只有积极参与国际市场竞争,开发和利用国际资源,针对不同市场采用不同的跨国经营战略,才能争取到国际旅游市场份额,弥补国际旅游市场收益的损失,才能在开放动态的国际旅游市场中优化资源配置,加速企业成长,形成良性的国际旅游分工与合作态势。

(二)我国旅游企业自身改革与发展的需要

跨国经营要求企业必须按照国际经济规则和市场规律运作,依靠自身的人、财、物、信息等资源公平竞争。虽然在总体上我国旅游企业基本实现了由服务接待型向产业经营型的转变,管理水平和服务质量有了很大提高,但仍有不少旅游企业未按照"产权清晰、权责明确、政企分开、管理科学"的要求建立现代企业制度,不能适应市场经济环境。跨国经营将促使旅游企业加大改革力度,扭转竞争力不强、经济效益低下的局面。

(三)旅游产品的特性和旅游消费行为的影响

旅游产品销售的实现必须通过生产经营者向消费者的空间移动,这就决定了旅游收益主要是在旅游目的地(旅游产品生产地)获得的。旅游消费者受其民族情结、文化认同等因素的影响,愿意购买和消费本国旅游企业的产品和服务。因此我国旅游企业要想从竞争激烈的旅游市场上占领更多的份额,就必须顺应国际化的潮流,在本国以外的旅游目的地建立分支机构,就近向消费者销售旅游产品。

(四)我国出境旅游市场的形成与发展。

据世界旅游组织预测,到2020年,我国将成为世界第四大客源产生地。目前相当可观的出境旅游市场规模及未来巨大的发展潜力,为我国旅游企业跨国经营提供了难得的市场机遇,成为我国旅游企业开展跨国经营活动的根本动因之一。

三、旅游企业国际化经营的战略路径

企业参与国际竞争,必须特别关注国内和国外购买者的需求、分销渠道、长期的增长潜力、市场驱动因素以及竞争压力等方面的差异。除了要考虑国家之间的基本差异外,还要考虑其他一些国际竞争所独有的形势性因素:国家之间制度和政策不同带来的成本变化、外汇汇率的变动、东道国的贸易政策、国际竞争的模式。企业必须分析自己的竞争优势所在,根据优势选择并决定合适的战略路径。旅游企业可选择的国际化经营战略路径包括:

(一)发放许可证——特许经营和管理合同

如果一家企业的技术诀窍很有价值或者其专利产品很独特,但是既没有内部能力也没有内部资源去外国市场上进行有效的竞争,那么可以通过给国外的企业发放许可证,让它们去使用企业的技术或品牌,生产和分销企业的产品。在这种情况下,国际收入等于许可证协议的版税收入,而企业至少可以通过版税等实现收入。世界上许多饭店联号一直在向私人转让特许经营权,这样做的结果,使得饭店集团的规模越来越大。一家多元化的跨国企业能够通过多元化,使用其已经建立的品牌的其他业务来获取范围经济和营销方面的利益。在第七章有对旅游企业特许经营与管理合同的详细介绍。

(二)海外投资

目前跨国企业的投资方式主要包括股权式合资、非股权式合作、独资、跨国收购与兼并等。在向海外投资过程中,企业将面临许多问题,诸如采用什么样的创建方式,是兼并企业还是收购企业,如果采用收购方式,是全部收购还是部分收购;企业的资本构成怎样,是独资企业还是合资经营;支付方式是什么,是现金方式还是非现金方式;投资地区及市场如何选择,等等。

如果企业的主要目标是开拓和巩固国外市场,通过海外投资可以绕过关税壁垒,扩大出口,企业可以通过在一段时期内保本或微利经营,并提供完善的售后服务,努力实现市场份额的扩张。

如果企业的目标是转移国内闲置的或者未被充分利用的技术、设备,则要在投资的要素中充分考虑企业投资的各项成本,如劳动力、土地、运输、关税、汇率等,以降低成本,保证国内母体的利润水平。

如果企业的投资目的在于获取国外最新的经济和贸易信息或者获取国外先进的技术和管理经验,那么就应在海外企业的投资地点上选择发达国家经济、技术、信息集中的地区,为国内业务的发展提供更好的保障,以提高管理和技术水平。

如果企业的海外投资是从分散和减少经营风险角度出发,那么就应在投资国别上选择风险较小的国家或地区。

如果企业的海外投资是基于利用国外的优惠政策,那么就应对所在国的各项吸引外资政策加以研究,尽可能地充分利用,以最大限度地减少成本。

如果企业的海外投资是出于企业全球化战略的考虑,那么就应从充分利用国内和国际市场,从利用国内和国际资源的战略高度来组织企业的海外投资,制定出战略规划、战略布局、战略实施和战略管理方法,在国际市场组织资金周转、技术开发、生产经营、市场营销,将既定的企业战略付诸实施。

(三)战略联盟

战略联盟指企业之间超出一般业务往来,而又达不到合并程度的、在一定时期一定范围内的合作方式,通过合作将各自的特定力量组合起来共同努力去实现某一目标。企业可以到海外建立销售、服务网络,直接参与国际化经营,培育自己的品牌和拳头产品,最终与跨国企业结成对等投入、共同研发、合作生产营销的国际战略联盟。

(四)全球跨国企业

全球跨国企业是这样一些企业,对它们来说,国内贸易和国际贸易的区分是没有意义的。餐饮企业中的麦当劳、肯德基,以及第一章表1-3所列出的饭店公司就是全球跨国旅游企业的典型代表。例如,在2004年,雅高集团全球饭店经营状况如下:法国(33.2%)、除法国以外的欧洲市场(22.1%)、北美(31.6%)、拉美(4%)、其他国家或地区(9.1%)。对这种企业而言,全球的每一地区都是重要的,在不同国家的经营运作意味着独立的利润中心,它们提供各自的产品和服务,面对各自的竞争对手。全球跨国企业同时具有全球性和本地化两方面的特征,即"全球本地化"。在业务范围和影响区域方面,放眼全球;在市场关系上立足当地。全球跨国企业能够在两条战线上同时展开生产经营活动,既植根于当地环境又能超越当地环境,不把自己局限于当地社会中,审时度势,敏锐捕捉真正全球性优势的广阔前景,以营销组合服务全球市场,从而可以获得最大的全球规模经济效益,实现最大限度地利用其全球化优势进行资源配置。

四、旅游企业国际化经营的优劣势分析

(一)国际化经营的竞争优势

旅游企业国际化经营的竞争优势主要有以下几个方面。

1. 寻求增长

为自己的产品和服务寻找到新的市场,进而提高企业的收入,增加收入与盈利是最普遍的企业经营目标,也往往是股东的期望所在,这是企业成功的标志。

2. 规模经济收益

通过全球化经营,而不仅仅在本国市场经营,可以实现规模经济收益。大规模生产和更高的效率可以实现更大量的销售和更低的价格。在国际竞争的情况下,一家企业的整体优势来自于企业全球的经营和运作,企业在本土拥有的竞争优势同企业来自于其他国家的竞争优势有着紧密的联系。一个全球竞争厂商的市场强势和以国家为基础的竞争优势组合成正比。埃克森企业的销售总额超过印度尼西亚、尼日利亚、阿根廷、丹麦这些国家的国民生产总值,规模经济收益由此可见一斑。

3. 享受到低关税、低税收及更为有利的政治待遇

很多外国政府提供各种优惠措施(补贴、市场进入优惠以及技术帮助等)以鼓励他国企业到本国特定的地区进行投资。

4. 提高声誉

如果一家企业参与国际竞争,它在国内市场相对于各个利益相关集团的力量和声誉便会明显提高。声誉的提高可以增大企业在与债权人、供应商、分销商以及其他重要集团进行交易时的谈判力量。

5. 降低成本

国际经营可以利用东道国独特的自然资源、廉价的劳动力、过剩的生产能力,减少企业产品成本,并将经营风险分散到更多的市场。工资率、劳动率、通货膨胀、能源成本、税率以及政府管理条例等因素往往会导致国家之间在制造成本方面的巨大优势。

此外,国外市场可能不存在竞争,或者竞争程度弱于国内市场。

(二)国际化经营可能的竞争劣势

开始、继续和扩大进行国际经营有许多现实的或潜在的劣势,主要表现在以下几个方面。

1. 陌生性和复杂性

企业在从事国际商务时要面对不同的和往往是对其知之甚少的东道国社会、

文化、人口、环境、政治、政府、法律、技术、经济及竞争因素。对一个横跨20 000公里、员工使用5种语言的企业进行管理，自然比对同处在一个屋檐下、使用同一种语言的企业进行管理要困难得多。进行国际化经营往往还需要对某些区域性经济组织进行了解，这也是困难的。这类组织包括欧洲经济共同体、拉丁美洲自由贸易区、国际复兴开发银行及国际金融企业。由于存在更多的变量与关系，国际企业的战略管理过程要更为复杂，而且，随着所生产的产品数量和所服务的地区数量的增加，上述因素的复杂性正在急剧增加。

2. 竞争对手难以把握

所在国当地竞争者的弱点往往被夸大，而他们的优势却往往被低估。在进行国际化经营时，由于信息不对称，对竞争者、消费者数量和特点及偏好的了解要更加困难。不同国家的购买者有着不同的期望、喜好、不同的款式和特色，这个国家的竞争和那个国家的竞争是相互独立的，一地区市场与另一地区市场存在很大的差别。从长远看，不能适应当地的环境条件，即使不至于完全失败，也会逐渐地减少市场份额，最后降到很低的水平。面对这种状况，纯粹的全球性企业可能会缺乏远见和反应迟钝，因此也就无法灵活、老练地应付东道国竞争者的挑战。

3. 文化冲突

各国间的语言、宗教、文化和价值体系方面均有所不同，这些会构成交流的障碍并带来人员管理方面的问题。地域、文化差异、国家差别及商务实践方面的不同往往使国内企业总部与海外机构间的沟通变得更为困难。由于不同的文化有不同的规范、价值观和职业道德，战略的实施也会更为困难。

4. 东道国的贸易政策

政府通过各种政策和措施来影响国际贸易以及在其国家市场上进行经营和运作的外国企业。东道主国政府可能设置进口关税额度，对那些外国企业在国内生产的产品设置一些当地的要求，对进口的商品进行管制。另外，外国企业还可能面临一系列有关技术标准、产品证书、投资项目的批准事宜。有些国家还会给予本国企业以补贴和低利息的贷款来帮助本国企业与外国企业展开竞争。

5. 外汇汇率的变动

国际化经营要涉及两种或更多种的货币系统，这会使商务活动更具有风险性。外汇汇率的多变性使地区和区域性成本优势变得不确定。汇率常常会发生20%~40%的变动，这么大的变动可能会将一个国家的低成本优势完全抵消，也可能使原来成本很高的地方变成一个有竞争力的地方。

另外，国际化经营可能会受到所在国民族主义势力的抵制。在海湾战争时期的科威特便发生过这种事情。

第四节 旅游企业虚拟经营战略

一、虚拟企业与虚拟经营

虚拟企业的概念由美国著名学者罗杰·内格尔在1991年首先提出,主要针对市场需求急速变化、产品周期日益缩短的现状,建议采取企业内部和企业间的资源灵活重组,以企业联盟体形式共同对付市场挑战。所谓虚拟企业,基本上是指企业把重心放在它们擅长的工作上,自己只做其擅长的工作,而把其他工作交给外部完成。虚拟企业也许没有固定的资产设备或全职员工,但都具有经营型企业应具备的其他要素。

所谓虚拟经营,是指以信息技术为基础,由多个具有独立市场利益的企业集团通过非资本纽带媒介生成的一种(类)相对稳定的或者临时性的产品生产、销售和服务的分工协作关系,包括合同制造网络与战略联盟等。虚拟经营在组织上突破有形的界限,企业虽有设计、生产、营销、财务等功能,但企业内部没有完整的执行这些功能的组织,企业只保留最关键的功能,而将其他功能虚拟化。实际上,虚拟经营是适应多变的需求与竞争环境的一种动态企业经营观的产物,以内外部资源的合理整合与使用为宗旨,以内部机构的精简和外部协作的强化为目标,以灵活与适应性为原则,通过建立供应商、顾客或竞争对手间的动态合作网络来创造财富和价值。

关于虚拟经营的概念我们要注意以下两点:

第一,从价值链的角度看,世界上无论大企业还是小企业,没有一家在所有的业务环节都具有竞争优势。所以,为保持和强化核心业务,使企业更具竞争力,企业可只保留最关键的核心业务环节,其他因本企业资源有限而无法做到的环节,让别人去做。虚拟经营的精髓是企业将有限的经济资源集中于关键性的、高附加值的功能上,而将次要的低附加值的功能虚拟化,从而发挥自身最大的优势并最大限度地提高竞争能力。例如,在20世纪90年代,美国饭店业最盈利的企业是一种称为廉价饭店(Budget Hotel)的企业,这些饭店是成本节约型的,它们基本是B&B饭店,只提供睡眠和简单的早餐,人力、设施设备基本上完全外包出去。

第二,虚拟经营作为一种全新的经营模式,是对传统企业自给自足生产经营方式的一种革命,是新型的、独特的经营模式和管理方式的融合。虚拟经营是企业为了实现其经营规模扩张的目的,以协作方式,将外部经营资源与本企业经营资源相结合所进行的跨越空间的功能整合式经营。虚拟经营所实现的是生产功能、销售功能、新产品开发功能、管理功能、财务功能的扩张,而不是生产设施、销售人员、科研机构、管理队伍、固定资产的扩张。总而言之,虚拟经营所实现的企业经营扩张是技术、生产、管理和销售等功能的延伸扩大,而不是追求这些功能的载体的最终占有。只要这些载体的功能与企业整合,为其所用,实现企业管理幅度的扩大、销售规模的扩大、新产品开发速度的加快、企业利润的增加,企业扩张的目的就实现了。在虚拟经营模式下,企业规模的大小不再主要以资产和组织规模的大小为衡量的尺度,而是主要以销售额、利润额的多少作为衡量的尺度。

二、虚拟经营竞争优势

(一)节约资源

企业实施虚拟经营时,由于仅保留最关键的功能,而将其他的功能虚拟化,一方面可以借助外部的人力资源来弥补自身智力资源的不足;另一方面可以把有限的资源集中在附加值高的功能上,从而避免出现企业的部分功能弱化而影响其快速发展,为企业扩张创造了多、快、好、省的途径。

(二)协同竞争

在一个虚拟组织中,组织成员之间是一种动态组合的关系,虽然也有竞争,但它们更注重于建立一种双赢的合作关系,相互之间以协同竞争为基础,资源和利益共享,风险共担,各展其长,各得其所。企业间从排斥性竞争走向合作性竞争已是竞争战略发展的必然趋势。

(三)对市场响应速度快

虚拟经营运作方式高度弹性化,核心企业的整体运作更有效率,能在最短的时间内对市场做出反应,且更为敏捷有效,实现了超越空间约束的经营资源的功能整合。

(四)退出成本低

虚拟经营采用的是拿来主义的办法,不需要前期的巨额投资,几乎没有摊销固定资产的负担,退出成本低。一旦市场发生变化,或者战略目标有所改变,可以解散原有虚拟组织,组成新的虚拟企业,创造新的竞争优势。

(五)财务优势

采用外包所需费用与目前企业自己生产开支相等,甚至有所减少。更为重要的是,实行业务外包的企业出现财务麻烦的可能性仅为没有实行业务外包企业的1/3。

(六)避免重复建设,提高了全社会的资源配置效率

虚拟经营不是以企业为单位进行资源配置,而是在全社会范围内优化配置,将虚拟经营节约的投资投向企业战略环节的建设,增强了企业的竞争能力,减少了"大而全"、"小而全"企业,提高了企业的专业化水平,有利于企业精细化管理。

(七)杠杆作用

虚拟经营对企业的发展有杠杆作用,把多家企业的核心资源集中起来为我所

用,通过虚拟联合,用最快的速度、最小的成本实现生产能力的扩张和放大。

(八)组织结构虚拟化、无边界化

由于企业的运作和管理由"控制导向"转为"利用导向",其内向配置的核心业务与外向配置的业务紧密相连,形成一个关系网络,企业组织结构将更具开放性和灵活性,其结果是出现了新型的现代企业组织结构——虚拟经营组织。

(九)中小企业对独立性的要求

虚拟经营注重对资源的利用,而不是控制资源。其显著特点之一是相关企业仍保持独立法人地位。一般而言,中小企业的所有者即是管理者,企业凝聚着业主的心血和浓厚的感情。作为自己事业的象征,业主都不会轻易让企业被外人控股。"宁为鸡首,勿为牛后"的感性理念,使业主们执着于企业作为一个独立整体的追求。他们愿意接受大企业的帮助,但大部分中小企业很难接受被其他大企业并购的命运。与资本运营策略要改变中小企业的所有权和独立法人地位相比,虚拟经营无疑更有利于中小企业放心大胆地利用外部资源。这一点在饭店业内也有所表现,对于众多的单体饭店来说,通过虚拟经营在保证所有权独立的基础上实现资源共享,如最佳西部饭店集团的成员饭店就是以这种形式组织而成的。

(十)企业"轻装发展"

虚拟经营通过外包,使企业高度凝练,相对超脱和轻盈,使企业眼光紧盯信息流、科研开发和市场网络的建立、完善与扩张,使有限的资源得以最大限度地发挥与利用。

三、虚拟经营的动因

(一)专业化分工的要求

任何一个旅游企业都不可能在满足顾客所有的旅途需求上做得十全十美,比如饭店,可能在提供住宿方面做得比较好,但是却不如一个运输企业更能满足旅客乘车的需求。二者联合起来可能使顾客的满意度得到大幅度提高,即使一些大企业和小企业之间也存在合作的空间。当今时代,大企业对中小企业之间的关系已由以往"弱肉强食"的"大吃小",逐渐演变为一种"共生共荣"关系。可见,专业化分工是中小企业虚拟经营组织的主要联系纽带,也是其实施虚拟经营的现实基础。

(二)市场变化快

如今国际市场变化太快,企业必须有非常敏锐的市场反应能力。大量中外企业的成功实践表明,企业应讲求轻薄、弹性,犹如堆积木,要做什么造型就选什么木块来组合,随时更换。在未来的企业竞争中,除了比谁拥有关键性资源外还要比谁的企业组织组合得快,不仅要在技术上领先一步,还要在经营规模上表现出相当的灵活性和柔性。

(三) 对资源利用的外向化

所谓外向化是指企业具有利用外部资源的趋势。资源的有限性与市场需求的无限性是企业始终面临的主要矛盾,而技术创新压力、规模的不断扩大和市场的瞬息万变使企业仅靠其内部资源已力不从心。因此,企业迫切需要突破有形组织结构的界限,充分利用外部资源。敏捷制造、虚拟制造等先进生产模式由此应运而生。

(四) 顾客需求个性化的挑战

买方市场的到来使用户的个性化特征越来越明显,这给中小企业带来了新的挑战。传统的生产方式是"一对多"关系,即企业开发出一种产品后,可组织规模化大批量生产,用一种标准化产品满足不同消费者的需求。在新形势下,企业必须有根据顾客的特别要求定制产品或服务的能力,即所谓的"一对一"的定制化服务。这迫切需要企业联合各方面的力量,发挥整体优势,以迅速满足消费者日益个性化的需求。

(五) "实时经济"的挑战

所谓实时经济是指在经济活动中,对需求反应的时间间隔几乎为零。用户不仅要求厂家按时交货,而且要求的交货期越来越短。若不通过虚拟经营在更大范围内调动整合资源,将很难满足用户的要求。

(六) 扩张驱动

对于资源有限的中小企业而言,采取纵向资源配置方式,大量建立和收购生产线是不现实的,操作成本和风险成本会上升。新的出路只能是通过虚拟经营实行内外大规模的资源整合、流动和重组。

四、虚拟经营运作形式

(一) 虚拟职能部门

虚拟经营不但可以对某些经营环节、某些非关键业务(如制造加工、售后服务等)通过外包虚拟化,也可以通过这种方式把行政办公、人力资源管理、财务管理等职能部门虚拟化,使这些部门成为虚拟职能部门。例如,目前已出现 E – CFO(在线首席财务官),使得企业可以通过 Internet 理财。

(二) 虚拟销售网络

所谓虚拟销售网络是指"不为我所有,但为我所用"的销售通道和网络,包括有形的或无形的、既有的或潜在的、真实的或逻辑的。国内一家企业通过互联网和传统媒体,利用经销权拍卖这种"公开、公平、公正"的方式在全国招商,在不到 100 天的招商活动中,就回笼 4.3 亿元订单,使该企业的产品走向全国 32 个省级市场、440 多个二级地市市场、1 万多个终端网点。

(三) 战略联盟

战略联盟是指企业(主要是大型企业)之间超出一般业务往来,而又达不到合并程度的,在一定时期一定范围内的合作方式,通过合作各企业将各自的特定力量组合起来共同努力去实现某一目标。旅游企业之间应改变以往的敌意竞争方式,采取合作联盟的竞争战略,这样国内外旅游企业可以资源共享、优势互补,共同开发旅游产品和服务,提高质量,缩短与国外旅游企业间的差距。旅游企业可与纵向企业和其他行业进行资源互通和互补,在提高竞争实力和旅游营销方面得到来自其他行业的协助和支持。图6-1是旅游企业的一个可行的联盟网络。

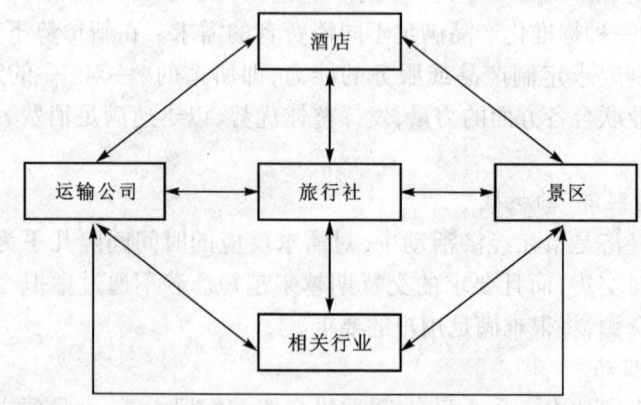

图6-1 旅游企业联盟网络

(四) 动态企业联盟

动态企业联盟是指不同行业的中小企业为达成共同利益目标,在不否定独立经营的前提下,快速组合,作为一个整体参与市场竞争,当其共同目标不存在时,各成员企业可迅速散伙,且不会带来太大的损失和风险。联盟可避免单个企业在市场竞争中孤军奋战,并可降低各种经营风险。中小企业集群化组合的显著特点更多的是联合行动,即组合成员共同出资、出力、出人,在技术、生产、加工、销售、采购、运输、金融、服务及后勤等方面进行联合,互相补充优势资源,取长补短,以促进联合企业不断提高经济效益。

五、虚拟经营的要旨

虚拟经营作为一种新型的高弹性的企业经营模式,对于提高企业的应变能力,促进产品快速扩张,发挥市场竞争优势,具有重要的作用。但是,企业在实施虚拟经营策略时必须注意处理下述几个方面的问题。

(一) 观念转变

虚拟经营是对传统企业自给自足生产经营方式的一种革命,实质上就是指借用、整合外部资源,以提高企业竞争力的一种资源配置模式。之所以说"虚拟",是因为虚拟经营模式突破了企业有形的组织界限,借用外部资源进行整合运作。"可以租借,何必拥有","不为我所有,但为我所用","是使用创造了价值而不是拥有创造了价值",可谓是对虚拟经营模式最形象的诠释。要在"借"字上做文章,想到"借",用于"借",善于"借",通过借船出海、借梯上楼、借鸡下蛋、借壳上市、借外脑拓内脑,达到全方位"借力造势"的目的。要最大限度地利用外部资源,改变传统的"凡经营必自产、凡生产必自备"的企业扩张模式,使"橄榄形"企业转向"哑铃形"企业。典型的做法是,企业着力于高端(研发)和终端(营销),而将中端外包。

(二)关键性资源的掌握

无论选择何种形式的虚拟,都必须建立在自身竞争优势的基础上,必须拥有关键性的资源,必须根据环境的要求把有限的资源应用到"创造财富的关键领域"上,如产品的设计能力、研发能力、销售网络等,以自身的核心优势为依托,确保自己居于主导地位,以免受制于人。对于一个企业来说,生产经营活动中的各个环节,哪些可以虚拟,哪些不可以虚拟,这是一个十分重要的问题,因为如果企业将自己的战略环节虚拟化,不仅达不到企业扩张的目的,甚至会使整个企业"虚脱"。

(三)知识产权的保护

企业实施虚拟经营,其产品加工采用"虚拟工厂"、"动态企业联盟"方式,企业只负责产品总设计和生产少数部件。这样一来,合作厂家很容易掌握关键技术,从而为仿制打开方便之门。这时重要的防范措施就是依靠专利等知识产权的保护,确保自己在"动态企业联盟"中的地位。

(四)核心竞争优势的确立

任何一种虚拟经营策略的实施,都要建立在自身竞争优势的基础上,都要有自己的核心竞争优势。有了这种优势才会有对资源的整合力量,实施虚拟经营策略也才会有可靠的基础,与虚拟对象的合作才能长期稳定,并能不断吸引新的虚拟对象加入队伍。企业在发展过程中已经形成的竞争优势环节是企业确定战略环节的重点。IBM企业已经形成了全球性的销售组织、维修服务体系,高信誉是其优势,因而该企业以此为战略环节,而对个人电脑的生产技术开发与零配件的生产则进行了虚拟。

(五)充分释放无形资产的能量

搞"虚拟经营"离不开无形资产。专利权、商标权、销售渠道、品牌、商誉、客户忠诚度、信息管理系统等无形资产是"虚拟经营"成功制胜的法宝。随着市场经济的发展,无形资产的作用越来越明显。它在企业资产中所占比重越来越大,先进的企业无形资产价值一般占总资产价值的50%~60%。一个企业拥有的无形资产数量多少、价值高低决定了企业在虚拟经营中的权重,波音、耐克、任天堂等企业的成功之道,足以说明这一点。

（六）价值链各环节的平衡

虚拟经营的关键,是以信息的网络化、经济的契约化为媒介,将有限的资源集中在附加值高的功能上,而将附加值低的功能虚拟化。同时为了保持优势,必须注意品质、成本及周期等其他能力的平衡。核心企业应是"头脑企业"而非"躯干企业",应是诸多资源的组织者、调度者,通过优化配置、整合力量来平衡时间、空间、人间、事间和功能间这"五间"之间的关系。

思考与练习

1. 何谓纵向一体化,它为旅游企业带来哪些战略优势和劣势？企业决定是否实行纵向一体化的根据是什么？
2. 多元化战略可分为哪几类？
3. 简述混合多元化经营的动因、竞争优势及弊端。
4. 我国旅游企业实施国际化经营动因有哪些？
5. 旅游企业国际化经营有哪些途径？
6. 国际化经营有哪些优势和劣势？
7. 企业为什么要进行虚拟经营？虚拟经营常见的形式有哪些？

第七章

旅游企业竞争与合作战略

开篇案例　Airtours 公司的收购成长之路

1972 年,戴卫·克劳森兰德(David Crossland)收购了 Pendle Travel 公司位于英国兰开夏郡的两家旅游代理公司,从而打造了 Airtours 公司最初的形态。1980 年,Airtours 公司开始组织假期包价旅游。1982 年至 1986 年间,由 Airtours 组织的包价旅游者数量从 26 000 增加到 290 000。良好的增长使公司于 1987 年上市,从此 Airtours 开始实施大规模的横向和纵向收购战略,短短几年中,就从一个市场新进入者迅速成为英国旅游产业中的巨人,再一次验证了收购战略对于企业快速扩大规模,获得优势的强大魅力。下表是 Airtours 的主要收购案例。

1987 年	公司股票上市
1989 年	在欧洲地区开展业务
1990 年	创办公司的一个航空分公司
1990—1991 年	开始在欧洲主要城市经营一日游旅游线路
1992 年	Pickfords 旅游服务有限公司成立
1993 年	公司尝试资本化问题 收购 Hogg Robinson 休闲旅游有限公司 210 个零售代理商
1993 年	收购 Aspro 旅行集团 Airtours 曼彻斯特出境大厅开通 为联合零售商店开展"Going Places"品牌活动
1993—1994 年	引进滑雪项目

续表

年份	事件
1994 年	以 8 000 万英镑收购斯堪的纳维亚休闲集团 宣布收购 MS Seawing 巡航游船,开展巡航旅游项目 宣布收购 MS Carousel 巡航游船,进一步开展巡航旅游项目 收购 Late Escapes 电话销售业务 收购 Winston Rees(World) Travel 公司
1995 年	收购加拿大最大的旅游经营商之一的 Sunquest Vacations 公司 获得最佳旅游公司称号
1996 年	收购 Spies 和 Tjaereborg 公司,在斯堪的纳维亚旅游经营业务中居于领先地位 收购西班牙的 Stella Polaris 饭店集团 Carnival 有限公司占集团的 29.6%
1997 年	获得飞行业务著名的墨丘利奖 收购 Suntrips 公司,从美国北加利福尼亚发展到后来以科罗拉多为基础的旅游公司 参股世界第四大巡航游船业务经营商 Costa Crociere 宣布 SLG 开始在波兰成立,并以统一的品牌开展业务,同时认购了 Gran Canaria 的医德旅游地——Bahia Frliz 的度假所有权,重新命名为 Airtours Gran Canaria
1998 年	收购了比利时最大的旅游业务经营商——太阳国际 SA 公司还收购了周末休闲专家——Creta 假日有限公司和大桥旅游服务有限公司 认购德国主要的旅游经营商——Fros GmbH(FTi)29% 的股权 收购旅游经营市场直销专家——直销假日有限公司 收购爱尔兰经营突尼斯旅游业务的领头羊——全景假日集团 宣布收购德国旅游经营商(FTi)以发展自己的航线计划 收购美国亚特兰大、佐治亚旅游经营公司假日专递公司 赢得曼彻斯特晚间新闻著名的"西北部商业年度奖章" 在著名的爱尔兰旅游业表彰大会上获得"最迷人的航空公司奖" 收购了英格兰北部的旅游业务代理商——环球旅行有限公司
1999 年	收购了把握旅游趋势的 BV 公司,这是一家特别擅长经营美国、加拿大、亚洲、澳大利亚、新西兰、非洲和南美洲旅游业务的荷兰公司 认购了 EVS Beteiligungs CmbH 40% 的股份,还认购了德国擅长经营假日市场直销业务的专业公司——Bergeu 收购了斯堪的纳维亚半岛的固定旅游线路业务经营商 Trivselresor Holding AB 公司 从德国旅游代理商 Real Group 公司收购了包括 155 个零售商店的 Allkauf 网络公司 赢得了英国著名的 TTG 大奖中的旅游经营者奖章 认购了佛罗里达"沙漠绿洲之湖"度假所有权的长期股份 收购了英国长途飞行订制旅游的专业经营商——Jetset Europe plc 公司

续表

2000 年	收购了斯堪的纳维亚休闲集团、荷兰休闲集团和 FTi 的股份 收购了丹麦的旅游经营商——Gate Eleven 公司 收购了波兰的旅游经营商——Italia 公司 出售并回租了 7 家西班牙饭店 与地中海东部地区的 Aqua Sol 饭店集团建立了战略合作伙伴关系
2001 年	以 2.37 亿英镑的价格收购了旅游服务商——世界的选择旅游网站(World Choice Inc) 以 100 万英镑的价格收购了澳大利亚汽车租赁公司——马路假期有限公司 以 4 900 万英镑的价格收购北美汽车租赁公司——Kemwel
2002 年	将 Airtours plc 品牌重塑为 My Travel plc 在英国、斯堪的纳维亚半岛和美国发展多渠道的分销能力 开发了第一个由英国旅游经销商经营的英国经济型航线——My Travel Life 将 Airtours International 和 Premiair 舰队品牌重塑为 My Travel Airways

资料来源:Airtours plc,2002。

Airtours 公司(后发展为 My Travel 公司)通过一系列的兼并收购,使企业得到了更多利益:

1. 市场份额迅速扩大

到 2001 年,该公司度假旅游业务已占到英国市场 15% 以上的份额,在该领域成为名副其实的行业领先者。

2. 产品范围迅速扩大

从上表中可以看出,Airtours 的收购具有很宽的范围,包括航空公司、游船公司、网站、旅游服务商、旅游零售商、饭店、度假地,等等,这使得公司的业务在很短的时间内得以多元发展。

3. 获利稳步上升

当集团的业务额以 20% 以上的速度增长时,整体利润并没有因大量的收购而受到损害,反而以一定的态势持续增长。股息的增长也保持了良好的态势。

Airtours 的例子说明,稳健而明智的收购是企业迅速做大的有效途径。在本章的学习中,我们会系统而详细地介绍旅游企业获得发展、赢得竞争的种种战略,收购是其中之一。

第一节 旅游企业的竞争战略

基本竞争战略是指无论在什么行业或什么企业都可以采用的战略。著名战略管理学家迈克尔·波特在《竞争战略》一书中认为,"当影响产业竞争的作用力以及它们产生的深层次原因确定之后,企业的当务之急就是辨明自己相对于产业环境所具备的强项和弱项",并且在此基础上可以利用三种基本战略进行竞争。这三种基本竞争战略是低成本战略、差异化战略和集聚战略(如图7-1所示)。企业要获得竞争优势,赢得市场和增长,一般可通过两种途径:一是在行业中成为成本最低的生产者,二是在企业的产品或服务上形成与众不同的特色,企业可以在或宽或窄的经营目标内形成这种战略。这些战略是根据产品、市场以及特殊竞争力的不同组合而形成的,企业可以根据生产经营的具体情况采用适合的战略。

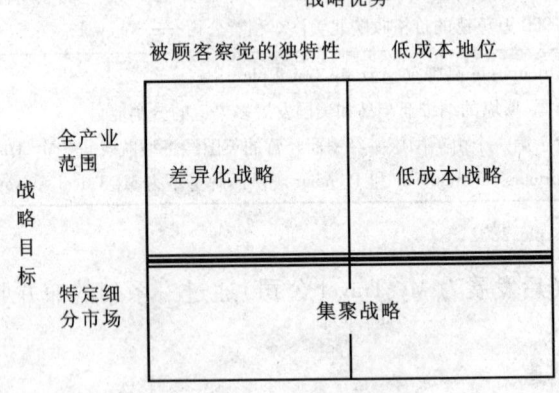

图7-1 三种基本战略

资料来源:迈克尔·波特.竞争战略.陈小悦译.北京:华夏出版社,1997.

根据针对的目标顾客而对三种基本竞争战略进行细致分析,我们可以进一步得到五种战略模式。

第一种,低成本领导战略。以很低的总成本提供产品或服务,吸引广大的顾客。

第二种,差异化战略。寻求有别于竞争对手的产品或服务差异,吸引广大的顾客。

第三种,最优成本战略。通过综合低成本和差异化的优势,为顾客支付的价格提供更多的价值,其目的在于使产品或服务相对于竞争对手拥有最优、最低的成本和价格。换言之,以较低的价格提供同对手相比质量相当或更好的产品及服务。

第四种,基于低成本的集聚战略,以某个特定的消费者群体为焦点,通过为这个细分市场的消费者提供比竞争对手成本更低的产品或服务来战胜竞争对手。

第五种,基于差异化的集聚战略,以某个特定的消费者群体为焦点,通过为这个细分市场的消费者提供比竞争对手更能满足其需求的定制产品或服务来战胜竞争对手。

不同的企业应采取不同的组织安排、控制程序和激励制度。大公司一般以成本领先或差异化为基点进行竞争,而小公司则往往以专一经营为基点进行竞争。

一、旅游企业低成本战略

(一)低成本战略的内涵

1. 概念

低成本战略又称成本领先战略(cost leadership),是指企业在内部加强成本控制,在较长时间内保持产品成本处于行业的领先水平,并以低成本作为向价格敏感的顾客提供产品或服务的主要竞争手段,使自己在激烈的竞争中保持优势,获取高于平均利润水平的战略。

2. 好处

1991年,塔克·贝尔餐馆(Taco-Bell)通过引进一系列的便宜到39美分的快餐食品而一跃成为快餐业领袖。新产品使人们平均所花费的用餐费用降低,从而获得了市场的迅速认可。总之,采用低成本战略,可以使企业有效地面对行业内五种竞争力量,以其成本优势,赢得竞争。

具体来说,实施成本领先战略可以为旅游企业带来的潜在好处包括:

(1)旅游企业可以向顾客提供等同于甚至低于竞争对手的价格,由于总成本低,相对于竞争对手来说,可以获得较高的利润;

(2)尤其适用于消费者对价格较为敏感的市场,因为在顾客对旅游企业产品需求价格弹性较大的情况下,通过低于竞争对手的价格,可以增加销量与市场份额;

(3)通过提供低于竞争对手的价格,旅游企业进入新市场的可能性较大;

(4)可以对拟进入旅游企业所在市场的企业形成壁垒。

3. 内涵剖析

对低成本战略的理解要注意以下几个方面:

(1)该战略有两层含义,第一,是指企业通过在内部加强成本控制,在产品开发、生产、销售、服务、广告等领域内把成本降到最低,从而成为行业中的成本领先者;第二,强调以很低的单位成本为价格敏感的顾客提供令其满意的产品。如果顾客对价格的敏感度较低,则低成本战略的作用就会大大降低。比如对于商务旅行者而言,方便、舒适、快捷是他们对航空服务的关键要求,而价格并不是他们考虑的重点问题。因此对这部分顾客而言,航空公司采用低成本战略是不适合的。

(2)低成本战略的目标应是获得比竞争对手相对低的成本结构,而非绝对的低成本。绝不能一味地片面追求低成本而忽视顾客的需要,或降低对产品质量的要求。美国的瓦卢喷气航空公司(Value Jet Airline)通过"节约每分钱"的战略使自己成为航空业的成本领先者。利用低成本战略该公司获得了前所未有的成功。然而,随着1996年该公司592航班在佛罗里达沼泽坠毁,其节省的风格受到严格审查。联邦调查官员发现瓦卢喷气航空公司的一些操作程序尤其是维护程序是不安全的,并最终决定关闭这家航空公司直至其安全隐患被排除。

(3)低成本战略一般要求企业成为整个行业的内唯一的成本领先者,而不是众多低成本企业中的一员。如果行业中有许多企业都成功地降低了自己的成本,那么他们面临的可能会是更加激烈的竞争局势。正像航空公司、饭店、汽车出租公司和餐馆业近几年所经历的那样,在一个竞争压力大的行业内打响价格战的话,最终没有企业可以从中获益。

(4)成本领先与产品特色的取舍。如果企业的产品在某些方面具有不可替代的特色,那么他应当慎重考虑是否采用低成本战略。因为低成本战略通常是与大批量生产联系在一起的,这种生产方式会有损于产品的独特性。一些著名的风景胜地发行的纪念品通常采用限量发行的方式以提高特有的纪念价值,从而获取较高的价格。如果发行过量的话,很可能使游客感到缺乏意义而变得一文不值。

(5)低成本的生产者未必要以最低的价格出售产品或提供服务。相对于竞争对手,他可以选择相同或稍低的价格,从而获得更多的收益。另外降价也应该考虑由此带来的销售的增长是否能够抵制利润的损失。有时降价会带来竞争对手的连锁反应,加大竞争强度,是得不偿失的。

(二)获取低成本优势的途径与方式

成本优势的来源因产业结构的不同而各有差异。它可以包括规模经济、专利技术、低成本产品设计、有利于分摊研发费用的销售规模、低管理费用、廉价的劳动力成本以及其他一些因素。实行低成本战略的企业不但要努力向经验曲线的下方移动,还必须探询成本优势的一切来源,看看是否存在值得改进的地方。实施低成本战略是一个循序渐进的长期过程,在这个过程中,每一处降低成本的改进都会增强企业的竞争力,从而为最终赢得竞争打下基础。

1. 实施途径

要获得成本优势,公司价值链上的累积成本必须低于竞争对手的累积成本。达到这个目的有两个途径:

一是比竞争对手更有效地展开内部价值链活动,更好地管理推动价值链活动成本的各个因素。西南航空公司通过采购统一的机型,从而大量的节约了飞机的维修成本和零部件购买成本,使企业获得有利的竞争地位。

二是改造公司的价值链,省略或跨越一些高成本的价值链活动,低成本是公司总价值链中各项活动作用的结果。比如现在有许多酒店、餐馆以及旅游景点将清洁、保安等业务外包出去,简化价值链环节,从而降低了运营成本。

2. 实施方式

企业在考虑实施条件时,一般从两个方面考虑:一是考虑实施战略所需的资源和技能,二是落实组织支持。一般而言,常见的低成本战略实施方式有以下几种:

(1)直接降低或节约产品成本

旅游企业可以在价值链各环节上进行成本控制。如产品设计开发阶段，可以通过模仿/复制其他企业的产品设计属性降低其成本。如旅行社可能会模仿竞争对手的网站设计与网站功能。产品与服务生产阶段，企业可以通过使用价格较低的资源来实现低成本或者干脆不提供不必要服务(no-frills)从而降低成本，提高劳动生产率。

(2)利用规模经济，提高生产能力利用率

规模经济是常见的经济现象。当产出扩大一倍而生产成本并没有随之上涨一倍时，就发生了规模经济效应。一家200间客房的酒店，其成本不会是一家100间客房酒店的两倍，而是会低一些。当所有其他条件相同的情况下，前者的每单位固定成本会比较低。同样，旅游企业也可以通过广告、促销，吸引大量客源，这样有利于分摊较高的固定成本。这是因为，当需求充足并且现有的生产能力被充分利用时，企业的固定成本将被更多的产出分摊，这样单位成本就会降低。相反地，当需求下降，固定成本只能被较少的产出分摊，那么单位成本就会上升。因此，通过更准确地对需求进行预测、备用产能扩张或更积极的价格政策，将企业的生产能力利用率保持在较高水平上，将能够使企业维持一个比同等规模或同等产能的竞争对手较低的成本结构。

(3)利用学习/经验效应

学习效应也是影响成本结构的一个要素。当一个员工通过不断重复而学会更有效地完成某项工作时，就产生了学习效应。学习曲线告诉我们，当一件任务被不断重复达到一定的预计次数后，完成它的时间就会大大减少。在理论上，累计产量每翻一番，所需完成的时间会降低一个固定的比例。比如，企业可能会发现生产第二个单位产品的时间会比第一个单位减少10%，而生产第四个单位的时间比第二个单位又减少了10%，同样的当生产第八个单位产品时所需时间又比第四个单位少10%。当旅行社开辟一条新的旅游线路时，它要花费的成本一般是成熟线路的若干倍。而随着业务的持续开展，成本将会很快的降下来。

(4)进行资源共享与协作协同

在公司内部同其他组织单元或业务单元最大限度地共享资源、分享机会也将降低总体成本。大型酒店集团旗下根据目标顾客往往会划分出许多类型的酒店品牌，如截至2013年4月份，万豪集团旗下有3 889家酒店，共16个品牌，比较知名的有里兹·卡尔顿酒店、JW万豪酒店、万豪酒店、万丽酒店、万怡酒店、华美达酒店以及盖洛得酒店等。虽然品牌各有差异，但公司内的不同产品线或不同业务单元通常共享同一个订单处理和客户账单处理系统，使用共同的仓储和分销设施，通常依靠相同的客户服务和技术支持队伍。

(5)加强与公司中或行业价值链中其他活动的联系，提高协作协同度

如果一项活动的成本受到另一项活动的影响，那么，在确保相关的活动以一种

协调合作的方式开展的情况下,可以降低成本。如旅行社降低服务成本的一个重要方式就是和旅游目的地的服务体系与服务设施进行有效合作,联合起来减少不必要的费用发生。

(三)低成本战略陷阱

任何企业都面临着将低成本的压力,因此低成本战略是最为广泛使用的战略模式。但是波特本人也承认,该战略有自己的缺陷,如果不能根据企业自身的实际情况而盲目实施的话,将会导致企业竞争地位的恶化。

通常而言,企业在采用低成本战略时,应充分意识到下列问题:

1. 产业技术上的突破可能会使这一战略失效,或竞争对手开发出更低成本的生产方法

例如,竞争对手利用新的技术,或更低的人工成本,形成新的低成本优势,使得企业原有的优势不复存在。技术上的突破可能为竞争对手打开降低成本的新天地,使得一个低成本领导者过去获得的在投资和效率方面的利益,顷刻之间变得一文不值。公司易于受到新技术的伤害,为使成本降低而投入的大量资本则会使公司陷入两难境地。

2. 竞争对手可能会进行模仿

当企业的产品或服务具有竞争优势时,竞争对手往往会采取模仿的办法,形成与企业相似的产品和成本,这会压低整个产业的赢利水平,给企业造成困境。成本优势的价值取决于它的持久性,如果竞争对手发现模仿领导者的低成本方法相对来说并不难或并不需要付出太大的代价,那么,低成本领导者的成本优势就不会维持很长时间,也就不能产生有价值的优势。1991年,英国航空公司将提前30天购买的机票价格下调33%,三角航空公司和泛美航空公司随之跟进。环球航空公司为应对竞争,更是将飞往伦敦的票价降低50%。英国航空公司的策略遭到坚决的抵制,从而失败了。

3. 顾客需求发生改变

顾客的兴趣可能会转移到价格以外的其他产品特征上,比如顾客对产品附加的特色和服务兴趣增加,对价格的敏感性在降低。同时,新的时尚变化也可能改变顾客使用产品的方式。如果顾客转向高质量、创造性的性能特色,更快的服务以及其他一些差别性的特色,那么企业对低成本的热忱就会大大降低。

4. 低成本可能会导致企业产品和服务质量的降低

如果企业过分地追求低成本,降低了产品和服务质量,就会影响顾客的需求,结果企业非但没有获得竞争优势,反而会处于劣势。企业若是太专注于降低成本,太热衷于追求低成本,就可能会使其产品或服务太"简单"太"干瘪"而吸引不了顾客。因此,低成本的产品必须包含足够的属性以吸引潜在顾客。

5. 成本控制过度导致利润率降低

一般来说,公司通过低成本获得竞争优势要把握两个基本前提,一是削价幅度低于成本优势的规模;二是产品销量的增加足以使在降低单位销售产品利润率的情况下增加总利润。

二、旅游企业的差异化战略

(一)差异化战略的内涵

1. 概念

差异化战略,又称差别化战略,是指企业为了使产品有别于竞争对手而突出一种或数种特征,以巩固产品的市场地位,借此胜过竞争对手的一种战略,其核心是取得某种对顾客有价值的独特性。同质市场上,企业为了强调自己的产品与竞争对手的产品有不同的特点,避免价格竞争,可以采用不同的设计、包装,或者附加某些功能以资区别。例如,客运公司在旅途中播放电影、提供点心。一些航空公司甚至还向乘客提供睡觉的单间、热水淋浴、定制早餐等服务。

2. 好处

实施差异化战略,可以培养顾客对品牌的忠诚,降低其对价格的敏感性,即使价格高于同类产品,顾客也不会停止购买。因此,差异化战略是使企业获得高于同行业平均利润水平的一种有效战略。差异化战略可以为旅游企业带来的潜在好处有:

(1)由于所提供产品具有独特性,可以收取较高价格;

(2)相对于竞争对手来说,顾客对所提供产品的需求价格弹性较小;

(3)可以获得高于行业平均水平的利润;

(4)对于拟进入该行业的企业形成壁垒。

3. 内涵剖析

对差异化战略的理解要注意以下几个方面:

一是差异化战略的具体内容反映在产品整体的不同层次上,既可以是核心产品、形式产品的差异化,也可以是延伸产品的差异化,还可以是从形式和延伸的差异化带来的产品实质的差异化。产品差异化的具体内容还反映在市场营销组合的不同因素上。

二是差异化战略适用的市场范围可大可小。在狭窄范围市场的情形下,差异化战略的对象是一小群有特别需要或嗜好的消费者,所以有时称为聚焦式的差异化战略。年轻而有活力的饭店客人比较重视饭店是否具备游泳池或者健身房,而年级较大的顾客则对饭店服务的便捷性和舒适度要求更高。

三是差异化战略是提供与众不同的产品和服务,满足顾客特殊的需求,形成竞争优势的战略。企业形成这种战略主要是依靠产品和服务的特色,而不是产品和服务的成本。但并不是说差异化战略可以忽略成本。如果企业形成产品差异化的成本过高，大多数购买者就会难以承受产品的价格。所以企业要想成功地实施差异化战略，就要以顾客的需求为核心，在价格、产品、服务、形象等不同方面进行需求组合。

四是不同的战略会导致不同程度的差异化。差异化不能保证一定会带来竞争优势，尤其是当标准化产品可以充分地满足用户需求，或竞争者有可能迅速地模仿时。最好能设置防止竞争者迅速模仿的障碍，以保证产品具有长久的独特性。成功的差异化意味着更大的产品灵活性、更大的兼容性、更低的成本、更高水平的服务、更少的维护需求、更大的方便性或更多的特性，产品开发便是一种提供差异化优势的战略。

五是由于差异化与市场份额有时是矛盾的，企业为了形成产品的差异化，有时需要放弃获得较高市场份额的目标。同时，企业在实施差异化的过程中，需要进行广泛的研究开发、设计产品形象，选择高质量的原材料和争取顾客等工作，代价是高昂的。最后，企业还应该认识到，并不是所有的顾客都愿意支付产品差异化后形成的较高价格。

(二)差异化战略的实施

实施差异化战略必须做好以下几方面的工作：

1. 研究顾客

首先必须仔细研究购买者的需求和偏好，了解他们认为什么是重要的，他们认为有价值的是什么，他们愿意支付的是什么。公司还必须使产品或者服务包含特定的顾客想要得到的属性，或者开发某种独特的属性来满足购买者的需求。顾客对差异化的喜好程度越高，这些顾客同公司的联系就越紧密，公司所获得的竞争优势也就越强。成功的差异化战略能够使企业以更高的价格出售其产品，并通过使用户高度依赖产品特征而得到用户的忠诚。澳大利亚的快达航空公司为他们的高级商务乘客开发出"个人电脑全能座椅"，成功地体现出差异化优势。由于意识到许多商务旅行者在旅途中都会携带笔记本电脑进行办公，该公司开发了提供持续电源的方法。在此之前，虽然笔记本电脑的内置电源可以持续大约三小时，但对于洲际航线十几小时的漫长旅途是远远不够的。快达航空希望他们提供的服务，能够被旅客认为是一种额外获得的利益。

2. 研究竞争对手

要获得持续性的竞争优势，企业应密切注视竞争对手的一举一动和产业中的各种变化，结合实际情况，有的放矢，有时甚至还要对潜在的对手进行分析研究。休斯敦一家海鲜餐厅的经理认为自己没有竞争对手，因为周边几英里内没有第二家海鲜餐馆。结果，几个月后，他的餐馆被淘汰出局。原来，顾客到了另外的竞争者那里，他们或者在附近的非海鲜餐馆就餐，或者驾车到更远地方的海鲜餐馆就餐。

如果在同一产业领域中,所有竞争者都懂得分析成功要素,努力实行强化经营职能性差异的竞争战略,那么结果将会是没有任何竞争者可以取得相对优势,因为同等的活动会互相抵消,使各竞争者无法凸显其独特优胜之处。在这种情况下,企业应把提供给消费者的产品的属性与竞争对手所提供的属性明显地区分开来,务必将自己的产品与竞争对手的产品作详尽的比较,寻求提升比较优势的途径,为企业定价和成本构成方面奠定竞争优势的基础。

3. 集中稀缺的宝贵资源重点出击,用于某一关键性的经营职能

一般来说,在不同的产业领域中,成功要素分别维系于竞争者如何发挥最具决定性的经营职能。经营职能性差异是差异化战略的核心指导思想,一家企业,即使其人力、物力与竞争对手相差无几,也可获得竞争优势,方法就是事先确定什么是提高市场占有率及赢利能力的最成功的要素,然后明智地将资源重新调度分配,从而改进在该要素方面的表现。

最具有吸引力的差异化方式是那些竞争对手模仿起来难度很大、代价高昂或时间很长的方式,这就是为什么持久的差异化同独特的内部能力、核心能力和卓越能力紧密相连。如果一家公司拥有竞争对手不易模仿的胜任能力和卓越能力,如果它的专有技能能够用来开展价值链中存在差异化的潜在活动,那么它就有了强大的持久的差异化基础。麦当劳最大的优势不是来自其独特的店面装潢和花式各异的快餐品类,而是其内部严格的管理操作流程。这些流程以文件的形式保存并推广在全球3万多家餐厅内,这是竞争对手所无法复制的,因此麦当劳取得了巨大的成功。一般来说,如果差异化的基础是新产品革新、技术的卓越性、产品质量的可靠性以及系统的客户服务,那么,差异化所带来的竞争优势就能够持续更长的时间,就能够变得更强大。

4. 旅游企业要注重在服务过程每个环节中提供差别化服务

旅游企业的管理者必须充分地理解创造价值的各种差异化途径以及能够推动独特性的各项活动,从而制定优秀的差异化战略和评价各种不同的差异化方式。公司可以从许多角度寻求差异化:提供在设计、技术、性能等方面优于竞争对手的产品;提供优质服务;使用优质的分销渠道;通过设计、创新、广告、常客计划等塑造强势品牌。一般来说,旅游企业可以通过人、物质环境和服务流程三个方面对服务过程进行差异化:企业可以聘用更具能力、更富责任心的员工;或者企业可以创建独特的服务环境;还可以设计一个独特的流程,例如凯悦酒店集团在某些酒店中为顾客提供自助入住与结账系统。

5. 成功的差异化战略对组织工作的要求

对组织工作的要求一般包括:对研究开发和市场营销功能强有力的协调,有能够确保激励员工创造性的激励体制和管理体制,以及提供能够吸引科学家和创造

性人才的宜人的工作环境。企业成功地实施差异化战略,还需要特殊类型的管理技能和组织结构。同时企业文化也是一个十分重要的因素,高技术的企业格外需要良好的创造性文化,鼓励技术人员大胆地创新。

(三)差异化战略的陷阱

对旅游企业而言,在采用差异化战略时,普遍存在着四大陷阱:

1. 对顾客需求的理解不到位

没有理解或者确认出顾客认为有价值的东西是什么。如果公司所强调的独特特色,顾客认为没有多大的价值,那么公司的差异化获得市场的反应就不会太大。比如对商务旅游者而言,便捷舒适以及实时的信息服务是其根本需要,一味地强调低价格反而会引起他们的反感。

2. 对产品或服务差异化价值的宣传不够

忽视向旅游者暗示或宣传差异化的价值,仅仅依靠产品内在属性来获得差异化。殊不知皇帝的女儿也愁嫁,好酒也怕巷子深,在这个普遍供过于求的买方市场,加之广告资讯泛滥,顾客的眼球和注意力越来越稀缺,若企业因宣传不力而导致客户不能感受到其产品的独特性和价值,则很难获得消费者青睐。

3. 顾客与公司对差异化价值的理解存在偏差

旅游者对某种特殊服务价值的认同与偏好不足以使其接受并支付高价格。价格的差别越大,旅游者转向低价格的竞争对手的可能性越高。企业形成差异化的成本过高,大多数旅游难以承受产品的价格,企业也就难以赢利。竞争对手的产品价格降得很低时,企业即使控制其成本水平,旅游者也会不再愿意为具有差异化的产品支付较高的价格。

4. 可能会被竞争对手模仿

竞争者可能会设法迅速模仿差异化特征。竞争对手推出相似的服务、旅游线路或者客房服务,都会降低差异化的特色。公司必须长久地保持产品的独特性,使这一独特性不被竞争公司迅速而廉价地模仿。如果竞争对手能够很快地复制所有或绝大部分公司所提供的有吸引力的服务属性,那么实施差异化应得的回报就会大打折扣。

三、旅游企业的集聚战略

(一)集聚战略的内涵

1. 概念

集聚战略,又称重点/集中战略、集中化战略、聚焦战略、专一经营战略,或称小市场战略,是指企业在详细分析外部环境和内部条件的基础上,把自己的生产和经营活动集中在某一特定的购买者集团、产品线的某一部分或某一地域市场上的一种战略。集聚战略并非单指专门生产某一产品,而是对某一类型的顾客或某一地区性市场作密集性经营,其核心是瞄准某个特定的用户群体,某种细分的产品线或某个细分市场。

2. 好处

(1)与投资于整个市场的战略相比,所需投资相对较低,更容易进入新市场;

(2)通过实施集聚战略,企业能够划分并控制一定的产品势力范围。在此范围内其他竞争者不易与其竞争,所以市场占有率比较稳定;

(3)通过目标细分市场的战略优化,企业围绕一个特定的目标进行密集性的生产经营活动,可以更好地了解市场和顾客,能够比竞争对手提供更为有效的商品和服务,以获得以整体市场为经营目标的企业所不具备的竞争优势。

3. 与其他竞争战略的关系

集聚战略与低成本战略和差别化战略的不同之处在于,前者的注意力集中于整体市场的一个狭窄的部分,而后者则是面向全行业,在整个行业的范围内进行活动。目标细分市场可以地域方面的独特性来界定,可以按照使用产品的专业化要求来界定,也可以按照只吸引小市场的特殊产品属性来界定。集聚战略的目的是比竞争对手更好地服务目标细分市场的购买者。

一些小型酿酒厂、当地面包厂、只提供住宿和早餐的B&B酒店、当地业主管理的零售时装店、专门从事汽车简单维修业务的营业点以及专门从事交通不太便利的短程航空飞行业务的航空公司,都是很好的实施集聚战略的例子。它们的经营规模只限于很窄的顾客群或者仅为当地顾客群提供服务。西南航空公司是采取集聚战略的典型代表。

4. 集聚战略的类型

从集聚战略聚焦的焦点来划分,集聚战略可分为三种:产品线集聚战略、顾客集聚战略以及地区集聚战略。从实施集聚战略的手段途径来划分,集聚战略有两种形式:低成本集聚和差异化集聚。

低成本集聚战略是指,以某个狭窄的购买者群体为焦点,通过为这个小市场上的购买者提供比竞争对手成本更低的产品或服务来战胜竞争对手。差异化集聚战略是指,以某个狭窄的购买者群体为焦点,通过为这个小市场上的购买者提供能够比竞争对手更能满足购买者的需求的定制产品或服务来战胜竞争对手。

这两种集中战略都有赖于目标市场与行业中其他细分市场之间的差异性。目标细分市场必须有特定需求的消费群体,或者服务于目标市场而与其他行业的细分市场相区别的产品。上述的差异性意味着以广泛的市场为目标的竞争者在该细分市场中缺乏竞争性。因此,集聚战略的经营者可赢得独有的竞争优势。企业一旦选择了目标市场,便可以通过产品差别化或成本领先的方法,形成集聚战略。就是说,采用集聚战略的企业,基本上就是特殊的差别化或特殊的成本领先企业。如果一家公司能够通过将其能力和资源集中在一个界定清晰的细分市场上而明显地降低成本,在专用产品或复杂产品上建立自己的成本优势,那么,通过聚焦来取得竞争优势就可以取得成功。四季饭店集团把目标市场定位在高价位的饭店客房服务上,而 Motel 6 瞄准的则是低价格的市场需要。低成本集聚方法可以防御行业中各种竞争力量,使企业在本行业中保持高于一般水平的收益,尤其有利于中小企业利用较小的市场空隙谋求生存和发展。当然,企业也可以通过差异化集中,在选定的目标市场上,确立自己的特色优势。

(二)集聚战略实施方式

集聚战略与其他两个竞争战略相比,由于集中和聚焦,使其"小而精"、"小而专"、"小而强"、"小而大"、"小而特"成为可能。因而,可以使企业在本行业中获得高于一般水平的收益。采取集聚战略的公司,拥有其服务于目标小市场的专业能力,使其防御五种竞争力量的基础坚实,因而,可以更有效地防御行业中的各种竞争力量。定位于多细分市场的竞争者可能不会拥有那种能够真正满足聚焦企业目标客户的期望。进入采取集聚战略企业所在的目标细分市场因为该集聚企业拥有服务该目标细分市场的独特能力而变得困难起来,因而,若想赶超聚焦企业的独特能力将会遇到诸多障碍,从而可以阻止潜在的新进入者。集聚战略企业服务于目标市场的能力也是替代产品企业必须克服的一个障碍。强大客户的谈判优势也会因为他们自己不愿意转向那些并不能如此满足自己期望的集聚战略企业而在某种程度上削弱。

实施集聚战略需要把握好以下几方面的问题:

1. 企业实施集聚战略的关键是选好战略目标市场

选择战略目标的一般原则是,企业要尽可能地选择那些竞争对手比较弱的目标市场和最不易受替代产品冲击的目标市场。拉·昆塔(La Quinta Inn)饭店集团曾经发现了一个被人忽视的市场——仅逗留一夜的商务旅行者市场。这些客人不进酒廊、不用饭店餐厅、不宴请客户,也不使用会议设施。由于不提供这些服务项目,拉·昆塔不仅节省了建筑成本,还降低了经营费用。他们把这些节省让利于顾客,从而使得这市场迅速扩大,赢得了丰厚的回报。

2. 对自己经营的产品有明确的定位

在快餐业中,温迪快餐一直强调不用冷冻肉、取下货架仍温热的形象;汉堡王则以火烤食物著称;莱利快餐的双向免下车外卖窗口则更是以低价确定自己的市场地位。定位是一个对自己竞争优势的识别过程,也是一个利用竞争优势的过程。西南航空公司的核心优势之一是其培养的热情、尽责的工作人员。公司将自己的服务定位于朴实诚恳的态度、热情周到的关怀上,从而得到乘客的好评。该公司的总裁指出,竞争者即使可以模仿到西南航空公司的低成本运作,但永远不能达到像该公司雇员那样的精神状态。

3. 在其目标市场上保持一定的竞争优势

由于其目标市场本身相对狭小,实施集聚战略的企业的市场份额的总体水平还是较低,重点集聚战略在获得市场份额方面有某些局限性。因此,企业选择重点集聚战略时,应该在产品获利能力和销售量之间进行权衡和取舍,有时还要在产品差别化和成本状况中进行权衡。

4. 不能同时实施差异化集聚和成本领先集聚两种方法

采用集聚战略的企业多数规模较小,在采用重点集聚战略时往往不能同时进行差别化和成本领先的方法。如果采用集聚战略的企业要想实现成本领先,则可以在专用品或复杂产品上建立自己的成本优势,这类产品难以进行标准化生产,也就不容易形成生产上的规模经济效益,因此也难以具有经验曲线的优势。如果采用集聚战略的企业要实现差别化,则可以运用所有差别化的方法去达到预期的目的,与差别化战略不同的是,采用集聚战略的企业是在特定的目标市场中与实行差别化战略的企业进行竞争,而不在其他细分市场上与其竞争对手竞争。

(三) 集聚战略的风险

企业在实施集聚战略时,可能会面临以下风险:

第一,由于技术进步、替代品的出现、价值观念的更新、顾客偏好变化转向市场中的大路货商品等多方面的原因,目标市场与总体市场之间在产品或服务上的需求差别变小,企业原来赖以形成集聚战略的基础因此而丧失,企业容易受到冲击。

第二,以较宽的市场为目标的竞争者采用同样的集聚战略;或者竞争对手从企业的目标市场中找到了可以再细分的市场,并以此为目标实施更集中的战略,从而使原来采用集聚战略的企业失去优势。

第三,产品销量可能变小,产品要求不断更新,造成生产费用增加,削弱成本优势。集聚战略有时需要企业付出很高的代价,抵消企业为目标市场服务的成本优势,或抵消通过集聚战略而取得的产品差别化优势,导致企业集聚战略的失效。

第四,众多的竞争者可能会认识到集聚战略的有效性,使得集聚战略企业所聚集的细分市场非常具有吸引力,以至于各个竞争厂商蜂拥而入,模仿这一战略,并且寻找到可与集聚企业匹敌的有效途径来服务于目标小市场,瓜分细分市场的利润。

第五,消费者细分市场之间差异的减弱会降低进入目标小市场的进入壁垒,会为竞争对手争取采取集聚战略企业的客户打开一扇方便之门。

第二节　旅游企业的合作战略

一、旅游企业的并购战略

（一）并购的概念

并购是兼并（Mergers）与收购（Acquisitions）的合称，是指一家企业以现金、证券或其他形式购买取得其他企业的产权，使其他企业丧失法人资格或改变法人实体，并取得对这些企业决策控制权的经济行为。根据我国《公司法》第184条的规定，"公司合并可以采取吸收合并和新设合并两种形式"。所谓吸收合并，就是在两个或两个以上的公司合并中，一个公司吸收了其他公司而继续存在。新设合并就是两个或两个以上的公司在合并以后同时消失，在一个新的基础上成立一个新的公司。收购是指一家公司通过购买目标公司的股票或资产，以获得对目标公司本身或资产实行控股的行为。收购是进入新业务的战略途径之一，通常有两种主要类型：其一是产业资本行为，作为长期投资，最终目的是要加强被收购业务的市场地位；其二是金融资本行为，目的在于转手获利。当收购或合并不是出自双方共同的意愿时，可以称为接管（take–over）、敌意接管（hostile take–over）或恶意接管。

（二）企业并购动因

推动企业并购的因素很多。从内部动因看，是企业对市场份额、效率、定价力量、更大规模经济收益及趋利避害的追求。它包括通过横向并购来扩大市场占有率，获得规模经济效益；通过纵向并购降低交易费用，获得垄断利润；通过混合并购分散经营风险，实现技术转移以及资本的有效配置；通过跨国并购构筑在全球范围内的竞争力等。从外部条件看，包括经济全球化趋势、竞争压力、股价的波动、互联网、电子商务、虚拟经营等从金融服务到能源，从通信到运输各个产业法规管制（包括反垄断法管制）的减轻等。从具体目标看，包括更好地利用现有生产能力，更好地利用现有销售力量，减少管理人员，获取规模经济效益，减少销售波动，利用新的供应商、销售商、用户、产品及债权人，得到新技术，减少赋税等。中青旅是国内著名的大型旅行社，近几年来，中青旅并购了大量的企业，并购对象有国内的旅行社，也有香港特别行政区、澳门特别行政区的旅游服务机构，甚至还有一些国外的服务机构。中青旅控股公司副总裁刘广明认为："旅游业是融品牌、规模、网络为一体的行业，资本运作是其核心。正是由于它的这些特点，就需要创新经营模式，通过规模效益，整合资源优势。而在企业的扩张过程中，单靠自身的积累成长是非常缓慢的，必须借助资本运作进行兼并联合。"

综上所述，企业并购的动因主要包括以下几个方面。

1. 高效率地实现跨越式发展

旅游企业可以通过内涵式也可以通过外延式获得发展。两者相比,采用并购外延的方式其效率更高。尤其是在进入新行业的情况下,谁领先一步,谁就可以取得原材料、渠道、声誉等方面的先手,在行业内迅速建立领先优势。优势一旦建立,别的竞争者就难以取代。因此,并购可以使企业把握时机,赢得先机,增加胜势。目前中国有 6 000 多家旅行社,但即使最大的旅行社总资产也不及美国运通旅游公司的 1%,并购重组将是下一步中国的旅行社必然面对的趋势。

2. 降低进入壁垒和发展风险

企业进入一个新的行业会遇到各种各样的壁垒,包括资金、技术、渠道、顾客、经验等。这些壁垒不仅增加了企业进入这一行业的难度,而且提高了进入的成本和风险。如果企业采用并购的方式,先控制该行业的原有的一个企业,则可以绕开这一系列的壁垒,以较低的成本和风险迅速进入这一行业。

3. 实现优势互补的协同效益

不同的企业在不同的经营领域具有各自的优势,由此可以利用并购来发挥各自的长处、弥补各自的短处。并购通常能使管理层业绩得到提高或产生某种形式的协同效应,包括生产协同效应、管理协同效应、经营协同效应、财务协同效应、人才和技术协同效应等,因此可以获得正的投资净现值。

4. 加强对市场的控制能力

在横向并购中,并购最明显的利益便是立即扩大市场占有率,而无须经过一番市场争斗。并购活动提高了并购企业的市场份额,从而带来垄断利润。根据哈佛商学院 PIMS(Profit Impact of Market)模型的研究,公司之间在赢利能力和净现金流上所产生的差异,80% 可以归于市场因素。其中最重要的是市场占有率,而提高市场占有率最有效的途径是并购活动。利用并购还可以快速争取客户或进入陌生的市场,且一并攫取当地的客户与渠道。另外,在市场竞争者不多的情况下,由于并购而致使竞争对手减少,企业可以增加讨价还价的能力,可以更低的价格获取原材料,以更高的价格向市场出售产品,从而提高企业的赢利水平。

5. 增强企业的国际竞争能力

企业进入国外新市场,面临着比进入国内新市场更多的困难,其主要包括企业的经营管理方式、经营环境的差别、政府法规的限制等。通过并购东道国已有企业的方式进入,不但可以加快进入速度,而且可以利用原有企业的运作系统、经营条件、管理资源等,使企业在并购后顺利发展。另外,由于被并购的企业与东道国的经济紧密融为一体,政府的限制相对较少,这有助于跨国发展的成功。

(三)企业并购的一般程序

对所有企业而言,并购的具体程序大致可分为以下几个步骤。

1. 接触和谈判

双方可直接进行洽谈,也可以通过产权交易市场。大多数企业的并购接触和谈判是秘密进行的,目的在于防止对公司雇员、客户、银行带来不利影响,避免公司股票在股市上产生波动,也有利于双方敞开谈判。

2. 签订保密协议

双方在谈判时先签订保密协议,具体规定哪些信息应当公开、什么人才能知悉这类信息、如何对待和处理这些信息(事后归还或销毁)等。签订保密协议后,一旦违反则应赔偿损失或受到处罚。

3. 签订并购意向书

谈判到一定阶段,就制作意向书。这种意向书分为有约束力的和无约束力的两种。主要内容包括:收购价格的数额或计算公式;收购对象的资产范围;收购时间进度安排;关键问题陈述和保证;特别条款(如需经政府批准的项目等)。

4. 履行应当的谨慎义务

从签订保密协议到订立正式协议之前,有一个十分重要的称为"履行应当的谨慎义务"的步骤,即出售方(目标企业)有义务对本企业及资产的关键问题和全面情况作陈述和保证,陈述必须真实、准确、完整,不得有虚假记载、误导性陈述或者重大遗漏。收购方有权对企业及有关资料文件进行检查,以保证并购顺利进行。

5. 评估、清算、定价

对被并购企业的现有资产进行评估,清算债权、债务,确定资产或产权的转让底价,以底价为基础,确定成交价。双方直接接触的可协商定价,也可通过产权交易市场的招标确定。

6. 签订《并购协议》

《并购协议》是整个过程中最重要、最关键的文件,要全面、准确反映谈判内容和双方意图,协议一般由律师起草和制作。主要内容为并购价格和支付方式;交易完成的条件(包括具备法律要求的有关方面意见)和时间;规定交易完成前风险承担,保证交易顺利完成;规定交易完成后有关义务和责任。

7. 履行相关手续

相关手续包括归属所有者确认;并购双方的所有者签署协议(全民企业所有者代表为审核批准并购的机关);报政府有关部门备案、审查(或批准);办理产权转让的清算、交割和法律手续等。

8. 收购后整合

收购完成后,对目标公司的经营进行重整,使其与公司的发展战略相符。

(四)旅游企业并购应注意的若干问题

并购是一柄"双刃剑",既可以产生很大的收益,也可能产生灭顶之灾。为保证旅游企业间并购的成功,应该注意以下几方面的问题。

1. 明确并购的战略意图

旅游企业并购的目的是多种多样的:优势互补、聚集资金、扩大规模、降低成本、提高市场占有率、培育企业核心能力、增强企业全面竞争力、防范发展风险、追求最大利润,如此等等不一而足,但其根本目的还是寻求长远、健康、持续的发展。一些旅游企业的并购活动忽视长期战略,缺乏把企业做成百年老店的战略考虑,往往出于目前的经营或财务压力而采取股票市场短期的战术行为,通过证券市场的并购,实现其初始的融资"圈钱"目的。这种短期行为的直接危害是扰乱了企业的正常生产经营活动,耗费大量资金、人力、物力,也不利于企业长远发展目标的实现。

2. 充分认识并购的风险

企业并购是高成本、高风险经营。高成本不仅表现为并购完成成本,还体现在整合与营运成本、并购退出成本和并购机会成本上。高风险是指在并购过程中可能出现的各种风险:①营运风险;②信息风险;③融资风险;④反收购风险;⑤法律风险;⑥体制风险。其中任何一种或几种风险的发生都会导致并购失败、并购不能、并购不成甚至反被并购。因此,企业在并购过程中,在关注其各种收益、成本的同时,要充分认识并购的风险,要做好预案和各种相应的应对措施。

3. 注重对目标企业"体质"的透视

许多并购的失败是由于事先没有能够很好地对目标企业进行详细的审查。在并购过程中,由于信息的不对称性,买方很难像卖方一样对目标企业有着充分的了解。许多收购方在事前都想当然地以为自己已经很了解目标企业,但在收购程序结束后,才发现情形并非想象中的那样,目标企业中可能存在着没有注意到的重大问题;以前所设想的机会可能根本就不存在;或者双方的企业文化、管理制度、管理风格很难相融合。因此很难将目标公司融合到整个企业的运作体系当中,从而导致并购的失败。

4. 充分发挥中介机构作用

在资本市场上,企业被视为一种商品,企业间的兼并、收购是资本市场的一种重要交割活动。资本市场交割因其特殊性和复杂性,需要专门的中介机构,运用高度专业化的知识、技术及经验提供服务。在企业并购过程中,中介机构的作用应是自始至终的。管理咨询公司、金融顾问公司、投资银行、会计师事务所、审计师事务所、律师事务所等多种中介机构可在企业并购中发挥多方面的作用。

5. 量力而为

在并购过程中,收购方的实力对于并购能否成功有着很大的影响,因为在并购中收购方通常要向外支付大量的现金,这必须以企业的实力和良好的现金流为支撑,否则企业就要大规模举债,造成本身财务状况的恶化,企业很容易因为沉重的利息负担或者到期不能归还本金而导致破产,这种情况在并购中并不鲜见。

6. 强化并购后的整合

收购目标公司后,很容易形成经营混乱的局面,尤其是在敌意收购的情况下。这时许多管理人员纷纷离去,客户流失,生产混乱,因此需要对目标公司进行迅速有效的整合。通过整合,使其经营重新步入正轨并与整个企业运作系统的各个部分有效配合。不同的企业有着风格迥异的经营理念、管理体制、人事制度乃至企业文化。片面强调并购企业的优越性,而对被并购企业的一贯作风全盘否定,既不利于企业资源的充分利用,也不利于实现优势互补的协同效益。在某些情况下,还会引起生产经营上的剧烈动荡,留下兼并后遗症。企业重组过程中出现的业绩滑坡、人事纠纷等内部不经济行为并不是偶然现象。

二、旅游企业间的战略联盟

(一)战略联盟的概念

战略联盟(strategic alliance)最早是由美国 DEC 公司总裁简·霍兰德和管理学家罗杰·奈格尔提出,随即在实业界和理论界引起巨大反响。从 20 世纪 80 年代初以来,战略联盟这种组织形式在西方和日本企业界得到了迅速发展,尤其是跨国公司在全球市场竞争中纷纷采取这种合作方式。但战略联盟的概念自从提出以后,并没有在理论上加以严格的定义。迈克尔·波特在他的《竞争优势》一书中提出:"联盟是指企业之间进行长期合作,它超越了正常的市场交易但又未达到合并的程度。"联盟的方式包括技术许可生产、供应协定、营销协定和合资企业。在波特看来,"联盟无须扩大企业规模而可以扩展企业市场边界"。蒂斯(Teece,1992)则从另外一个角度对战略联盟进行了较为明确的界定,他认为战略联盟是两个或两个以上的伙伴企业为实现资源共享、优势互补等战略目标,而进行的以承诺和信任为特征的合作活动(constellation),包括:①排他性的购买协议;②排他性的合作生产;③技术成果的互换;④R&D合作协议;⑤共同营销。

具体来说,企业战略联盟是指两个或两个以上的企业为了实现资源共享、风险或成本共担、优势互补等特定战略目标,在保持自身独立性的同时通过股权参与或契约联结的方式建立较为稳固的合作伙伴关系,并在某些领域采取协作行动,从而实现"双赢"或"多赢"。

战略联盟是国际上旅游企业进行合作时最常见的组织形式之一,也是企业间实现"双赢"的基本途径。美国希尔顿饭店公司在 1964 年与希尔顿国际进行了分离,从那以后,这两大跨国饭店集团间的关系开始变得剑拔弩张。这种恶劣的关系一直持续到 1996 年,双方都认识到敌对的态度对任何一方都没有好处。于是双方开始反思并积极探讨与对方展开合作的可能性。两家饭店集团各指定一位主席就如何充分利用希尔顿品牌进行磋商。1997 年,两者间达成了在广泛领域中结成战略联盟的系列协议,包括建设一个共用的预订系统,使用新的标志和共同的营销策略等。战略联盟使得美国希尔顿饭店公司和希尔顿国际的全球竞争力都得到了大幅增加,营业额稳步上升。消息公布后,两家企业的市值也得到了大幅度的上升,显示了投资者对该联盟的认同。

在中国,旅游企业结成战略联盟的例子也比比皆是。佛山禅之旅、国旅、中旅三个旅行社联合发布消息:为改变佛山旅行社"小、弱、散、差"的局面,以协作共赢为宗旨,实行战略联盟,联合组建"佛联假期",走规模化发展道路,打造佛山旅游旗舰。据介绍,新组建的联合体由佛山禅之旅、国旅、中旅三家旅行社牵头,联合各旅行社成员组成,成员间各自仍保有自己的名称、品牌和独立性。而在"统一品牌、统一质量标准"的规则下,"佛联假期"将作为联合体的中性品牌,凡是拼团出行都必须使用"佛联假期"这一品牌,统一定制旅行帽、胸牌和导游旗,在订房、订票、包位、包机等业务实现资源共享,共同降低销售价格和经营风险,提高市场竞争力。

(二)联盟带来的益处

联盟可以带给合作双方资源互享的机会,允许双方以较小的代价获得自己欠缺的能力。

餐馆与饭店常常结成联盟来扩充它们的经营网点。联盟使餐馆获得优越的营业位置和接近饭店客人的机会,饭店也得到了餐馆品牌带来的价值。例如,商人威克(Trader Vie's)作为率先与饭店结成联盟的餐馆之一,在几家希尔顿饭店、曼谷的马里奥特河畔皇家花园饭店、东京和新加坡的新奥尼特饭店中都设有分店。露丝·克雷丝烧烤屋在马里奥特、假日和威斯汀中也都设了分店。美味餐馆是得克萨斯州一家著名的休闲性地方连锁店,也与布里斯托饭店建立了战略联盟。此外,许多度假区都设有类似于大型超市中的食品专柜,专门经营知名品牌快餐店的食品。利用知名的餐馆可以吸引饭店管理人员的注意,并且为餐馆创造了扩大分销渠道的机会。

(三)战略联盟的类型

根据近年来战略联盟的实践,从股权参与和契约联结的方式来看,可把企业战略联盟归纳为以下几种重要类型。

1. 合资企业(joint ventures)

合资企业是战略联盟最常见的一种类型。它是指将各自不同的资产组合在一起进行生产,共担风险并共享收益。这种合资企业与一般意义上的合资企业相比具有一些新的特征,它更多地体现了联盟企业之间的战略意图,而并非仅限于寻求较高的投资回报率。这种合资企业为保证联盟双方各自的相对独立性和平等地位,通常追求几乎对等的50%与50%的股权。2004年,国际知名旅游集团澳大利亚福莱森特有限公司(Flight Centre Limited)和中国康辉国际旅行社有限责任公司在北京宣布成立合资公司——福莱森特康辉国际旅行社有限公司,全面进军中国商务旅游市场。新的合资公司股权结构为50%对50%。福莱森特国际公司更是借成立合资公司之机,首先向中国客户推出了其全新的全球升级品牌:FCM TRAVEL

SOLUTIONS,即 FCM 差旅解决方案。通过这一品牌,FCM 将运用中国本地化的个性服务,联合澳方全球采购的实力和支持,为中国的外资和中资公司提供量身定制的差旅管理方案。福莱森特有限公司董事局主席霍华德·斯戴科指出,FCM 将融合其旗下目前所有的商务旅行品牌,通过与中国强大的康辉旅游集团的合作,建立起第一个以亚太地区为基础的、辐射全球的优质差旅管理公司。"我们将通过战略并购或特许 FCM 成为包括中国在内的主要海外市场的独立经营商,将这一品牌迅速覆盖全球市场。通过不断扩大国际差旅服务网络,满足不同客户的需求。"继在中国内地发布 FCM 品牌之后,福莱森特有限公司将很快在中国香港特别行政区、美国、欧洲、中东和非洲发布这一品牌。这是在经济全球化时期旅游企业通过建立战略联盟而达到共同开拓世界市场战略目标的一个例证。

2. 相互持股投资(equity investments)

相互持股投资通常是联盟成员之间通过交换彼此的股份而建立起一种长期的相互合作的关系。与合资企业不同的是,相互持有股份不需要将彼此的设备和人员加以合并,便于使双方在某些领域协作。它与合并或兼并也不同,这种投资性的联盟仅持有对方少量的股份,联盟企业之间仍保持着其相对独立性,而且股权持有往往是双向的。日航、全日空两大航空公司因国际航线乘客减少,2001 年度出现了巨额赤字。据估计,与上一年度相比,日航公司和全日空公司的营业额将分别减少 6% 和 7%。日航公司的经常项目利润和纯利润将分别减少 500 亿日元和 400 亿日元,全日空公司则将分别减少 150 亿日元和 110 亿日元。面对困境,日本航空公司开始重组。日本最大的航空公司日本航空公司和第三大航空公司佳斯公司就合并设立新的相互持股公司基本达成协议。两大航空公司做出这一决定的目的是提高国内航线的效益。日航同佳斯建立的相互持股公司将在日本国内和国际航运市场分别拥有 48% 和 75% 的份额。同时日航也希望这样能够有助于其逆市扩张国内业务,削减成本,转亏为盈。

3. 功能性协议(functional agreement)

功能性协议是一种契约式的战略联盟,与前面两种由股权参与的方式明显不同,有人称为无资产性投资的战略联盟。它主要是指企业之间决定在某些具体的领域进行合作。比如在联合研究与开发、联合市场行动等方面通过这种功能性协议结成一种联盟,而不是通过上述的将资产转移的方式来建立一种新的组织形式。最常见的形式包括:技术交流协议——联盟成员间相互交流技术资料,通过"知识"的学习以增强竞争实力。合作研究开发协议——分享现成的科研成果,共同使用科研设施和生产能力,在联盟内注入各种优势,共同开发新产品。生产营销协议——通过制定协议,共同生产和销售某一产品。这种协议并不使联盟内各成员的资产规模、组织结构和管理方式发生变化,而仅仅通过订立协议来对合作事项和完成时间等内容做出规定,成员之间仍然保持着各自的独立性,甚至在协议规定的领域之外相互竞争。产业协调协议——建立全面协作与分工的产业联盟体系,多见于高科技产业中。

相对于股权式国际战略联盟而言,契约式国际战略联盟由于更强调相关企业的协调与默契,从而更具有国际战略联盟的本质特征。其在经营的灵活性、自主权和经济效益等方面比股权式国际战略联盟具有更大的优越性。股权式国际战略联盟要求组成具有法人地位的经济实体,对资源配置、出资比例、管理结构和利益分配均有严格规定。而契约式国际战略联盟无须组成经济实体,也无须常设机构,结构比较松散,协议本身在某种意义上只是无限制性的"意向备忘录"。股权式国际战略联盟依各方出资多少有主次之分,且对各方的资金、技术水平、市场规模、人员配备等有明确的规定,股权大小决定着发言权的大小。而在契约式国际战略联盟中,各方一般都处于平等和相互依赖的地位,并在经营中保持相对独立性。在利益分配上,股权式国际战略联盟要求按出资比例分配利益,而在契约式国际战略联盟中各方可根据各自的情况,在各自承担的工作环节上从事经营活动,获取各自的收益。股权式国际战略联盟的初始投入较大,转置成本较高,投资难度大,灵活性差,政府的政策限制也很严格。而契约式国际战略联盟则不存在这类问题。

相对而言,股权式国际战略联盟有利于扩大企业的资金实力,并通过部分"拥有"对方的形式,增强双方的信任感和责任感,因而更利于长久合作,不足之处是灵活性差。契约式国际战略联盟具有较好的灵活性,但也有一些先天不足,如企业对联盟的控制能力差、松散的组织缺乏稳定性和共同的长远利益、联盟内成员之间的沟通不充分、组织效率低下等。

从联盟内容上来看,在研究、开发、生产、供给和销售各个价值链环节上都可能形成战略联盟,美国 NRC 组织根据战略联盟在不同阶段的合作内容进行了详细分类,如表 7-1 所示。

表 7-1 战略联盟的分类

研究开发阶段的战略联盟	1. 许可证协约
	2. 交换许可证合同
	3. 技术交换
	4. 技术人员交流计划
	5. 共同研究开发
	6. 以获得技术为目的的投资
生产制造阶段的战略联盟	7. OEM(委托定制)供给
	8. 辅助制造合同
	9. 零部件标准协定
	10. 产品的组装及检验协定

	续表
销售阶段的战略联盟	11.销售代理协定
全面性的战略联盟	12.产品规格的调整
	13.联合分担风险

资料来源:根据 National Research Council (1992) 中有关内容形成。

(四)旅游企业战略联盟的实践

1. 特许经营和管理合同

旅游企业的战略联盟以特许经营协议为主,其中饭店和餐饮业应用最为广泛。假日、最佳西部、品质客栈(Quality Inn)、索菲特、凯悦、圣达特、麦当劳等都是靠特许经营迅速实现国内国际扩张的。例如,圣达特拥有天天、霍华德约翰逊、HO Jo Inn、华美达和超级汽车8等品牌,但它却不从事饭店的具体经营。

在旅游企业的特许经营协议中,虽然会涉及资产共享,但双方的风险是不同的。一方面,受特许经营方必须达到特许经营方在基础设施方面的要求,它们比特许经营者的风险要低。特许经营者负责协议中产品、技术、营销和培训部分,实行固定收费或变动收费。尽管特许经营的变动费用随销售水平而变化,但由于固定费用较高,整个费用还是很高;另一方面,受特许经营方的回报完全取决于特许经营所产生的现金流。特许经营方在协议中通常占有优势。

同样,在管理合同中,业主提供基础设施,经营者提供管理技能,但双方的风险也是不同的。在企业管理方面通常有三条原则:第一,经营者有权不受业主干扰管理企业;第二,业主支付所有经营费用并承担可能的财务风险;第三,经营者的行为受到绝对保护。

在美国,随着管理合同市场竞争越来越激烈,业主关于旅游企业经营经验的不断积累,管理合同已经呈现出新的特点:第一,合同由对经营者有利转向对业主有利;第二,合同条款中更多涉及经营业绩,更强调奖励费;第三,随着饭店租赁的再次出现,管理合同正遭到排挤。

2. 合作联盟

如前所述,旅游企业联盟概念最近的演化包括饭店和餐饮企业的合同越来越普遍,如表7-2所示。这些类型的联盟表明,联盟所带来的资源和能力共享的利益驱动,使得在某个(些)产品或服务方面有专业优势的企业结成联盟,从而使企业风险最低,从长期看,又能增加它们的总的财务回报。旅游企业战略联盟的演变如表7-3所示。

表7-2 饭店与餐饮企业的战略联盟

饭店公司	餐饮企业
全球假日	Damon's, Denny's, Ruth's Chris Steakhouse, TGI Fridays, Convenience Courts(Mrs. Fields, Little Ceasars, Blimpies, Taco John's, Sara Lee)
双树饭店公司	New York Restaurant Group(Park Avenue Café, Mrs. Parks Café)
马里奥特饭店	Ruth's Chris Steakhouse, Studebaker, Benihana, Trader Vic's, Pizza Hut
四季集团	Dice Ristorante
普若米斯	Grace Services, TGI Friday's, Olive Garden, Pizza Hut

资料来源：改编自 Strate, R. W., Rappole, C. L., 1997. Strategic Alliances Between Hotels and Restaurants (special focus section: multiunit restaurant management). Cornell Hotel & Restaurant Administration Quarterly 38 (3):50-162.

表7-3 旅游企业战略联盟的演变

联盟的类型	例子
管理合同与特许经营	圣达特、马里奥特国际、希尔顿饭店公司、希尔顿国际
供应商—供应商联盟	夏普与 Geac 餐饮系统
供应商—旅游企业	马里奥特与美国电话电报公司；马里奥特与家具设计制造商 Steelcase 公司
营销联盟	Le Meridian 饭店与日航饭店；希尔顿国际与希尔顿饭店公司
基于技术的联盟	雅高、希尔顿、喜达屋、庄园及城堡式酒店(Relais & Chateaux)
竞争者之间的联盟	马里奥特、喜达屋、希尔顿和凯悦

资料来源：改编自 Prakash K. Chathoth and Michael D. Olsen. Strategic Alliances: A Hospitality Industry Perspective. International Journal of Hospitality Management. 2003(22), 419-434.

思考与练习

1. 旅游企业如何获取低成本？实施低成本战略的途径有哪些？在实施低成本战略时应注意哪些问题？

2. 旅游企业在实施差异化和集聚战略时应注意哪些问题？实施中存在哪些潜在的风险？

3. 旅游企业实施并购的动因有哪些？

4. 举例说明旅游企业战略联盟的主要形式。

第八章

旅游企业职能战略

开篇案例　美国嘉年华航运公司的市场细分

　　1972年，时任挪威游轮公司总裁的特德·阿里森与合伙人分道扬镳，以1美元的价格收购了嘉年华航运公司，通过融资和抵押建立了完全属于自己的公司，并为一艘从加拿大购买的、命名为马蒂格拉斯号的古老越洋巡游船进行了首次航行。由于这艘船上的娱乐设施单调乏味，阿里森不可能按照退休人士通常支付的高价来收费，于是，他决定把年轻乘客作为目标群体，因为年轻乘客不愿意花太多的费用。可惜这艘27万吨级的旧远洋客轮在首航时就在附近的一处沙堤上搁浅。当时嘉年华公司旗下拥有300家马蒂格拉斯号的航行代理，阿里森希望通过马蒂格拉斯号建立未来的航运分销网络。巡航一圈之后，马蒂格拉斯号的停运宣告了嘉年华公司梦想的破灭，直至1975年，游轮重新起运航行。

　　马蒂格拉斯号游轮与其竞争者，如北欧海盗号、公主号、加勒比海皇家等游轮公司的游轮相比，显然过于陈旧，无法直接与其进行竞争。它功率较低，陈旧不堪，燃料耗费严重。为节省成本，游轮必须以较慢的速度行进，并且中途停靠的站点很少。阿里森并未放弃信念，认为只要物超所值就一定能成功。他将马蒂格拉斯号的缺陷转变成为一种新的游轮营销方法，公司并没有对具有吸引力的马蒂格拉斯号所停靠港口进行促销，而是提出了"趣味巡游"的构想，并对马蒂格拉斯号进行了开发。当时乘坐游轮的乘客如阿里森所料几乎全是放假的年轻人，他们甚至比阿里森想象的还要年轻、疯狂。趣味游轮针对这一特殊的客户群，举办了夜总会、赌场、各种表演会等，还提供24小时的客房送餐服务和充分的娱乐活动，让游客在玩耍过程中到达目的地。游轮本身也成为一个旅游场所，让游客流连忘返。嘉年华公司不仅将客户定位在年轻人市场，还注重吸引第一次巡游的游客，构建了一个家庭年收入在2.5万美元到3.5万美元的细分市场，而此时他的竞争对手们都将目标集中在年收入5万美元以上、年龄属于中年以上、巡游经验较丰富的人群中。嘉年华公司向游客提供的3日游和4日游，使初次航行的人不需要花很多时间和金钱就司以享受航行。

嘉年华公司清楚地识别了新的游轮市场,并对其进行细分化,将目标集中在为其他游轮公司所忽略的细分市场——中产阶级和中下层阶级。因为据当时该公司调查结果表明,只有5%的人曾经进行过巡航,而大多数人对巡航还比较陌生。嘉年华公司把自己定位为娱乐度假场所后,其竞争对手已不再是过去的游轮公司,而是一些度假地,如迪士尼乐园、夏威夷等旅游胜地。嘉年华游轮公司把它的市场确定为出门度假的1.5亿人,而非进行巡游的1 000万人。嘉年华传奇号游轮往返加勒比海一次需要连续航行8天,这一路上每名游客每天仅需花费75美元。但是,一旦游客登上了游轮,面对的将是数不尽的花钱机会。从按摩(每小时收费100美元)、高尔夫球培训课(培训费起价80美元),到只接受预订的高档俱乐部餐厅(每次用餐额外收取25美元),传奇号游轮提供了所有能够想象到的附加服务。时至今日,嘉年华游轮公司被人称为"水上拉斯韦加斯",其主要竞争对手是拉斯韦加斯和迪士尼乐园。

在稳步发展中,嘉年华游轮公司控制了年轻人的市场,同时也意识到当这批年轻人长大之后开始需要一种不同风格的游轮,于是便拓展自己运营的范围。嘉年华公司吸收了更多年龄段的游客之后于1987年上市,并购买了其他巡航线路以拓展其市场基础,并决定把各个航线作为独立品牌来经营,每个品牌在不同的特殊的目标市场中的实力都很强大。1989年,嘉年华公司买下荷兰美洲公司属下的一支拥有4艘游船的船队,荷美游轮的品牌以良好的食物和服务信誉著称,属于豪华游轮的等级,其客户平均年龄在55岁以上。1992年,嘉年华公司购买了熙邦公司的股份,这是一个拥有3艘超豪华游艇的公司,这3艘游艇后来也成为嘉年华旗下的最豪华的游轮,这几艘能搭乘几百名乘客的游轮,其特色是快艇式体验和个性化服务。其后,嘉年华公司收购了意大利菁英游轮公司,该公司是欧洲头号巡航公司,并以其意大利厨师提供的美味食物和优质服务著称。1997年,阿里森购买了熙邦其余的股份,并一举并购了英国最大的游轮冠达游轮。为了提供更加惊险的旅游体验,嘉年华公司还组建了豪华游轮"风之星"号进行巡游。这艘游轮搭载百名游客,游览了美国之外的港口,如哥斯达黎加和加勒比海等游艇港口。

通过市场的细分,了解不同市场的需求特点,瞄准竞争者所忽视的细分市场,成功运用市场营销战略中的市场细分战略,嘉年华公司目前成为世界最大的航运公司。公司目前拥有13条航线、65艘游船以及全球43%的市场份额。公司的船队中既有低价位的旗舰"嘉年华"号(Carnival),也有超豪华的"熙邦"(Seaboum)和"风之星"号(Windstar)。嘉年华公司使用从细分市场所获得的利润和技巧,成功地兼并了其他细分市场服务的游轮公司。营销战略是旅游企业职能战略的一种,本章接下来将主要介绍包括营销战略在内的旅游企业职能战略的选择。

第一节 旅游企业职能战略概述

一、旅游企业职能战略的概念

职能战略是指管理者为特定的职能活动、业务流程或业务领域内的重要部门所制定的策略规划。职能部门战略是在总体战略和事业部战略指导下,按照专业职能将企业战略进行具体落实,是将企业的总体战略转化为职能部门具体行动计划的过程。根据这些行动计划,职能部门的管理人员可以更清楚地认识到本职能部门在实施总体战略中的责任和要求。就市场营销、财务会计、研究开发、生产作业、人力资源开发等企业主要职能部门而言,相应的职能战略为市场营销战略、财务投资战略、研究开发战略、生产战略以及人力资源开发战略等。由于各职能部门主要任务不同,不可能归纳出普遍适用的职能战略,各职能部门的关键变量也是不同的。即使在同一部门里,关键变量的重要性也会因为经营条件的不同而不同,因此职能部门的策略必须分别加以制定。

旅游企业职能战略与总体战略之间的区别主要体现在期限、具体性以及职权与参与程度方面。职能战略有其自身鲜明的特点。

二、旅游企业职能战略的特点

如上所述,职能部门战略比总体战略和事业部战略涉及的范围要窄一些,它可以为整体业务战略提供一些细节,为管理某一具体职能部门、业务流程和关键活动提出行动方案、运作策略和实际操作指南。职能战略具有以下一些特点。

(一)支持性

公司的每一个与竞争有关的业务活动和组织单元都需要研究、开发、生产、市场营销、客户服务、分销、财务、人力资源、信息技术等职能战略的配合和支持。职能战略的首要作用是支持公司的整体业务战略和竞争战略,执行得力的职能战略能够为公司带来具有支持竞争价值的能力和资源优势。

(二)时限性

职能战略用于确定和协调短期的经营活动,它的期限较短,一般在一年左右。职能战略时限较短的原因,一是职能部门管理人员可以根据总体战略的要求,把注意力集中于当前需要进行的工作上;二是职能部门管理人员可以更好地认识到职能部门当前的经营条件,及时地适应已经变化的条件,做出相应的调整。

(三)具体性

企业总体战略和业务战略是为企业的生存和发展确定目标和指明方向的,因此,一般比较宏观、原则和笼统。职能战略则要求切实、具体和明确。职能战略为负责完成年度目标的管理人员提供具体的指导,使他们知道应该做什么以及怎么做。另外,职能战略还着力于增强职能部门管理人员实施战略的能力,提升和加强特异能力及竞争能力,进而提高公司的市场地位和在顾客中的形象。

(四)参与性

企业高层管理人员负责制定企业长期经营目标和总体战略,职能部门的管理人员在总部的授权下参与制定年度经营目标和部门战略。虽然这些战略最后要得到总部的核准,但由于职能部门管理人员参与制定战略,其明显的好处是,这使他们更加自觉地实现自己的年度经营目标,更主动地做好职能战略所需要进行的工作,进而增强他们实施战略的责任心。

(五)可能会出现的欠协作性

按理说,业务领域中的市场营销战略、产品生产战略、财务战略、客户服务战略、新产品开发战略和人力资源战略应该协同一致,而不应该各自为政。职能战略的制定通常由各个职能部门的领导和业务经理来承担,并由企业高层领导审核通过。但如果职能经理或业务经理只顾独立地制定自己范围内的战略,而不顾及其他相关部门或领域的活动,那么,互不协调或彼此冲突的职能战略就会"应运而生"。突破欠协作性的方法是,在战略制定时,某一特定业务职能或业务活动的经理同其下属进行紧密合作,并经常与其他职能的经理人员和业务领导接触。制定协调一致、彼此支持、相互加强的职能战略具有非常重要的意义,因为这样可以使业务战略所产生的影响取得最大的效应。

三、基于价值链的职能战略

通过运用价值链这一工具,可以清晰地分析出各职能战略的关系及相互之间的作用,进而将企业的各种活动详细分解,最终确定在不同的公司战略或业务战略下,各个职能战略应该如何确定,以及它们之间应该如何协调以支持公司战略或事业部战略的完成。

如果把企业笼统地看作一个整体,就很难清晰地分析出各个企业的竞争优势。所以,深入研究企业内部的设计、生产、营销、交货等环节以及辅助活动等许多相互衔接的过程,可以有效地发现企业的竞争优势来源。回想一下我们在第四章中曾介绍的价值链分析方法。迈克尔·波特在其著作《竞争优势》中开发并运用价值链这一战略工具来分析企业竞争优势的形成和建立途径。基于价值链分析,我们可以更准确地把握各种职能战略的意义和它们之间的关系,为更好地制定和运用职能战略奠定基础。

价值链所包含的各种活动对价值创造起到不同的作用,对企业竞争优势的形成也起到不同的作用。在图 4-3 中,我们将旅游企业基本业务活动分为了两大类:基本活动和辅助活动。

一般认为,基本活动是以利润为中心,能增加产品和服务的价值或改变产品和服务在市场中的竞争地位,所以在考察这些活动的效果时不能局限于成本花费,而应该把重点放在价值和成本的差额上。辅助活动虽然在价值实现中发挥重要作用,但其活动并不能直接增加为顾客所认可的价值,所以这些活动应该在可能的范围内尽量减少成本消耗,提高效率。

第二节 旅游企业营销战略

如前所述,无论企业采取何种竞争战略,其根本的目的都是寻求两个方面的竞争优势:第一,更低的生产成本;第二,为顾客创造特有的价值。

竞争战略往往集中体现在企业的营销战略中,但两种竞争优势却不仅仅是来源于营销战略,还来源于企业所进行的各种具体活动,也就是说,价值链中的每一个环节都可能是竞争优势的潜在来源。营销作为价值链中的重要环节,应该明显体现事业层的整体战略意图和竞争方向,所以,在营销战略的制定中要运用买方价值链分析买方需求,并通过自身价值链影响买方的价值链,让客户认可本企业所创造的价值,同时实现自身价值链的有效循环。

营销的根本目的首先是产品价值实现,完成价值链的良性循环。在竞争程度日趋激烈的环境中,战略性营销的本质是在特定的时间和有限的资源条件下,不断强化自身与动态的市场环境的联系能力,并通过系统的公司决策,获得市场定位、生存、成长和可持续的竞争优势。就旅游企业的特点而言,其提供的产品对消费者而言具有独特的价值。因此,在理解旅游企业的营销战略之前,我们必须清楚旅游服务的本质特征和旅游营销的工作的管理环境和背景。只有这样,才能做到有的放矢。

一、旅游企业营销战略概述

(一)影响旅游企业战略性营销计划的因素

战略性营销的特征反映了这样的事实:在不断变化的产业和市场环境中,很多因素决定了旅游企业必须以更具战略性的思想指导营销战略的制定。一般来讲,在战略性营销计划制订中,应该集中考虑以下因素对营销战略的影响。

1. 环境变化的速度

这里所说的环境指企业生存的宏观环境。企业的发展、产品的销售必须在某种既定的环境中进行考虑和规划;而迅速变化的环境对企业营销战略规划能力提出了更高的要求。所以,环境不同,环境变化速度不同,决定了营销战略的不同。

2. 环境的相关程度和复杂性

在对整个宏观环境有了准确的把握之后,需要重点考虑的是与本企业的发展高度相关的商业环境或行业环境变化给自身带来的机会或威胁,以及由此带来的发展前景不确定性。

3. 技术创新的速度

对大多数企业来讲,能使之尽快形成竞争优势的机会因素是技术的变化。一个企业可能因为适应技术创新变化的速度形成暂时的竞争优势,也可能因为没有适应技术创新的速度而丧失曾经具有的竞争优势。

4. 顾客价值取向的变化

企业提供的产品或者服务最终是要销售给顾客的。顾客价值取向的变化将决定企业的产品或服务能否顺利地实现价值、企业能否继续生存。因此,关注顾客价值取向的变化是营销战略成功与否的决定性因素。

5. 新增顾客的价值链内容

企业营销战略成功的重要原因之一是能为顾客创造价值。了解新增客户的价值链的具体内容,分析什么样的营销战略可以有效增加顾客价值:是品牌价值还是产品价格?是服务的及时性还是销售渠道?完整地了解这些内容有助于企业拓展新的市场。

6. 新增的竞争强度

新增的竞争强度主要是指行业内逐步增强的竞争趋势以及未来最可能的结果。一般来讲,新增的竞争强度与行业现有的利润率呈较强的正相关性,对新的竞争方式和竞争强度做好充分的准备是公司保持竞争力的必然之举。

7. 企业自身能力的发展变化

企业自身能力主要包括财务能力、员工个体能力、员工整合工作能力、技术研发能力、服务生产能力,等等。

8. 全球化

全球化在某种程度上可以说是一种外部环境的发展变化,不过这种变化趋势非常明显,并且还在逐步加强,它所带来的影响也各有不同。所以,对于全球性的公司来说,这一因素就要着重考虑。

以上因素导致营销环节更具有战略性。只有充分地、清晰地识别这些因素对本企业的影响,才能制订出更具战略性的营销计划,在竞争中占据优势。

(二)营销战略的优势

战略性营销的贯彻首先会给营销战略的制定者带来更多的复杂性和困难,但由此而产生的利益也是明显的,这些利益体现在以下一些方面。

1. 总体上增加实现公司长远目标的机会,同时增加公司的优势

在战略营销计划的制订中,对公司、竞争对手和产业未来的发展前景必须有相当清楚的认识,这些为公司制定发展战略提供了良好的决策基础,增强了公司的行动能力。

2. 降低不确定性,加强对公司未来的控制

建立在正确战略上的产品营销和管理程序会在一段时间内使公司稳健运行。

3. 改善不同职能部门之间的协作

顾客导向是战略营销的核心基础,但这一观念的具体实施却需要企业内部各个部门的通力协作,这样才能达到竞争性营销战略的最佳效果。所以,实施战略性营销计划所要求的组织结构调整会给部门间的协调带来很好的机会。

(三) 旅游企业营销战略的制定

旅游企业营销战略是指旅游企业在面对特定的顾客群体、沟通方式、分销渠道和定价结构时,从众多可供选择的行动方案中选择特定部分的战略行为。从营销组合的角度来看,营销战略可分为产品战略、定价战略、促销战略和渠道战略;从差异程度来看,可分为无差异市场营销战略、差异目标市场战略和集中目标市场战略;从营销战略的内容来看,又可分为市场份额战略、顾客满意度战略以及差异化营销战略。

1. 无差异市场营销战略

这种战略是指旅游企业在整个市场中不对市场进行细分,即在所有市场采取一种统一的营销战略,这种方式也称为大规模营销。在旅游业发展的早期,旅行社推出的全包价旅游基本上就是采取这种营销战略。这种战略通常在产品或服务供不应求或市场需求差别较小的时候为旅游企业所采用。企业不用投入太多精力和时间在市场细分上,从而可以快速推出产品,获得成功。随着市场由卖方转向买方、消费者生活水平不断提高、旅行经验的不断积累、人们的需求差异化越来越明显,这种战略逐渐失去竞争力。

2. 差异目标市场战略

差异目标市场战略首先对市场进行细分,然后针对每一个细分市场采用不同的营销组合。这种战略的本质是以顾客为导向,通过制定各种营销策略来更好地满足每一细分市场的需求。

3. 集中目标市场战略

集中目标市场战略又称壁龛营销(niche marketing),是指企业选取极少数的细分目标市场,或以范围极为狭小的市场为目标。这种战略对资源有限、规模较小的旅游企业特别合适。

二、旅游营销战略决策工具

营销战略的制定同样要根据公司发展战略和自身资源优势,识别市场机会,然后选择合适的营销战略。

1. 宏观环境分析工具(Sceptical)

任何企业在进行战略决策之前都要熟悉企业所在的宏观环境,旅游企业更是

如此。这是因为旅游服务是直接以旅游者的直观体验为诉诸对象的,旅游环境中的任一细微之处都将对旅游者的感受产生潜在的影响。如第三章所述,由于旅游企业对外部环境依赖程度较其他行业更深,旅游企业宏观环境分析时要更加具体,除了传统的 STEP 或 STEEP 因素外,还要考虑以下因素:文化的、经济的、物质的、自然的、技术的、交通和基础设施的以及管理和制度的因素。旅游企业在进行服务产品开发、消费者体验接受设计、旅游需求管理等各项营销活动时,都应该以上述框架为基础,审慎细致地进行环境分析,保证决策的科学性和可行性。

2. 产品—市场分析模型

在营销管理中,产品—市场分析模型(如图 8-1 所示)是制定营销战略的有力工具,它着重于寻找企业产品和市场的契合点。企业在现存市场中的机会一直存在,在新的产品市场中也可能存在,所以,只要能将企业的产品与市场较好地结合在一起,企业就有可能获得较好的绩效。

市场渗透战略指企业要在已有的市场中寻求更大的主导地位,增加产品销售;市场开发战略指将现有的提供物推向新市场,包括不同的地区(如国际扩张)和不同的购买群体;产品开发是指新产品开发战略,为现有的市场开发出新的产品,通过增加产品型号或者改变款式等,可以拓宽现有的产品线;多元化是指对企业来讲也是新产品的开发战略,因为要服务的市场和新产品的技术都是陌生的,所以风险较高。

不同的旅游企业,其产品线设计有极大的不同,但它们都可以利用产品—市场分析模型选择适当的战略决策。

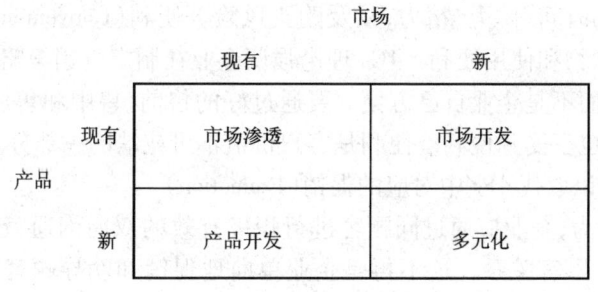

图 8-1　产品—市场分析模型

3. 4Ps 分析模式

4Ps 是指产品(Product)、价格(Price)、渠道(Place)、促销(Promotion)。4Ps 的提出奠定了管理营销的基础理论框架,该模式以单个企业作为分析单位,认为影响企业营销活动效果的因素有两种:一种是企业不能够控制的,如政治、法律、经济、人文、地理等环境因素,称为不可控因素,这也是企业所面临的外部环境;一种是企业可以控制的,如生产、定价、分销、促销等营销因素,称为企业可控因素。企业营销活动的实质是一个利用内部可控因素适应外部环境的过程,即通过对产品、价格、分销、促销的计划和实施,对外部不可控因素做出积极动态的反应,从而促成交易的实现和满足个人与企业的目标。如果公司生产出适当的产品,定出适当的价格,利用适当的分销渠道,并辅之以适当的促销活动,那么该公司就会获得成功。所以市场营销活动的核心就在于制定并实施有效的市场营销组合。

利用4Ps分析框架,可以清楚地把握产品在营销过程中面临的主要问题,并加以着重分析。但随着市场营销实践的不断深入,研究者发现单单用4Ps已经不足以涵盖营销领域的所有新情况。到了20世纪70年代后期,营销传播的渠道和速度发生了很大的变化。尤其重要的是4Ps是强调以市场为中心的营销组合模式,随着"消费者至上"思想的深入人心,人们需要更加强调消费者中心地位的理论指导营销实践。到了20世纪80年代,美国的劳特朋针对4Ps存在的问题提出了4Cs分析模式。

4. 4Cs分析模式

4Cs是指顾客(Customer)、成本(Cost)、便利(Convenience)和沟通(Communication)。

顾客(Customer)主要指顾客的需求。企业必须首先了解和研究顾客,根据顾客的需求来提供产品。同时,企业提供的不仅仅是产品和服务,更重要的是由此产生的客户价值(Customer Value)。成本(Cost)不单是企业的生产成本,它还包括顾客的购买成本,同时也意味着产品定价的理想情况,应该是既低于顾客的心理价格,又能够让企业有所赢利。此外,这中间的顾客购买成本不仅包括其货币支出,还包括其为此耗费的时间、体力、精力,以及购买风险。便利(Convenience)即所谓为顾客提供最大的购物和使用便利。4Cs理论强调企业在制定分销策略时,要更多地考虑顾客的方便,而不是企业自己方便。要通过好的售前、售中和售后服务来让顾客在购物的同时,也享受到便利。便利是客户价值不可或缺的一部分。沟通(Communication)则被用以取代4Ps中对应的促销(Promotion)。

4Cs理论认为,企业应通过同顾客进行积极有效的双向沟通,建立基于共同利益的新型企业—顾客关系。这不再是企业单向地促销和劝导顾客,而是在双方的沟通中找到能同时实现各自目标的通途。总体来看,4Cs营销理论注重以消费者需求为导向,与市场导向的4Ps相比,有了很大的进步和发展。但从企业的营销实践和市场发展的趋势看,4Cs依然存在以下不足。

(1)4Cs是顾客导向,而市场经济要求的是竞争导向,中国的企业营销也已经转向了市场竞争导向阶段。顾客导向与市场竞争导向的本质区别是,前者看到的是新的顾客需求;后者不仅看到了需求,还更多地注意到了竞争对手,冷静分析自身在竞争中的优、劣势并采取相应的策略,在竞争中求发展。

(2) 4Cs 以顾客需求为导向,但顾客需求有个合理性问题。顾客总是希望质量好、价格低,特别是在价格上的要求是无界限的。只看到满足顾客需求的一面,企业必然付出更大的成本,久而久之,会影响企业的发展。所以从长远看,企业经营要遵循双赢的原则,这是 4Cs 需要进一步解决的问题。

(3) 4Cs 仍然没有体现既赢得客户,又长期地拥有客户的关系营销思想。没有解决满足顾客需求的操作性问题,如提供集成解决方案、快速反应等。根据市场的发展,需要从更高层次以更有效的方式在企业与顾客之间建立起有别于传统的、新型的主动性关系,如互动关系、双赢关系、关联关系等。从这个角度出发,美国 Don. E. Schuhz 提出了 4Rs 理论。

5. 4Rs 分析模式

4Rs 是指关联(Relevance)、反应(Respond)、关系(Relation)、回报(Return),它阐述了一个全新的营销组合框架。

(1) 与顾客建立关联。在竞争性市场中,顾客具有动态性。顾客忠诚度是变化的,他们会转移到其他企业。要提高顾客的忠诚度,赢得长期而稳定的市场,重要的营销策略是通过某些有效的方式在业务、需求等方面与顾客建立关联,形成一种互助、互求、互需的关系。

(2) 提高市场反应速度。在今天相互影响的市场中,对经营者来说最现实的问题不在于如何控制、制订和实施计划,而在于如何站在顾客的角度及时地倾听顾客的意见和需求,并及时答复和迅速做出反应,满足顾客的需求。

(3) 关系营销越来越重要。在企业与客户的关系发生了本质性变化的市场环境中,抢占市场的关键已转变为与顾客建立长期而稳固的关系,从交易变成责任,从顾客变成用户,从管理营销组合变成管理和顾客的互动关系。沟通是建立关系的重要手段。从经典的 AIDA 模型"注意—兴趣—渴望—行动"来看,营销沟通基本上可完成前三个步骤,而且平均每次和顾客接触的花费很低。

(4) 回报是营销的源泉。对企业来说,市场营销的真正价值在于其为企业带来短期或长期的收入和利润。

4Rs 营销理论的最大特点是以竞争为导向,在新的层次上概括了营销的新框架。4Rs 根据市场不断成熟和竞争日趋激烈的形势,着眼于企业与顾客互动与双赢。4Rs 体现并落实了关系营销的思想,通过关联、关系和反应,提出了如何建立关系、长期拥有客户、保证长期利益的具体操作方式,这是一个很大的进步。另外,反应机制为互动与双赢、建立关联提供了基础和保证,同时也延伸和升华了便利性。"回报"兼容了成本和双赢两方面的内容。追求回报,企业必然实施低成本战略,充分考虑顾客愿意付出的成本,实现成本的最小化,并在此基础上获得更多的市场份额,形成规模效益。这样,企业为顾客提供价值和追求回报相辅相成、相互促进,客观上达到的是一种双赢的效果。

当然,4Rs 同任何理论一样,也有其不足和缺陷。例如,与顾客建立关联、关系,需要实力基础或某些特殊条件,并不是任何企业都可以轻易做到的。但不管怎样,4Rs 提供了很好的思路,是经营者和营销人员应该了解和掌握的。

6. 旅游企业的 8Ps 分析

阿拉斯塔·莫里森认为,旅游企业营销组合超出传统的 4Ps 分析方法,提出了 8Ps 分析方法,即除了传统的 4Ps 外,还要考虑 People、Packaging、Programming 以及 Partnership。

(1)以人为本。旅游企业是一部分人(员工)向另外一部分人(顾客)提供服务的产业,生产与消费的同步性决定了企业员工和顾客都是旅游企业提供产品的一部分。旅游企业对雇用谁(尤其是那些与顾客直接接触的员工)和为谁服务都要进行很好的定位和选择。如图 8-2 所示,服务利润链就很好地阐述了企业利润的源泉和人在企业价值创造过程中的作用。

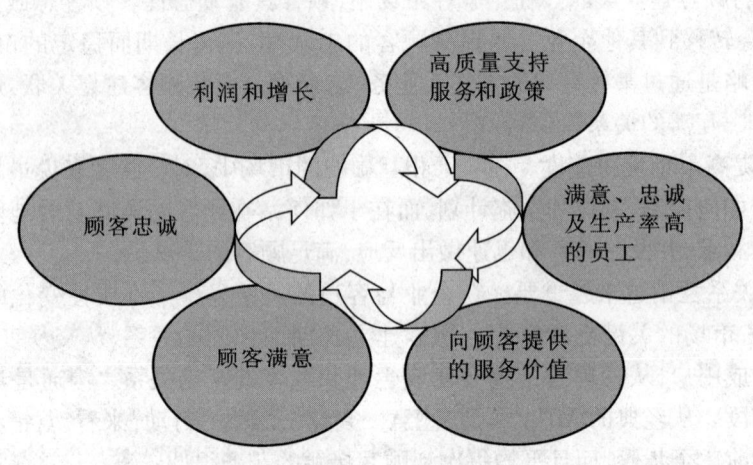

图 8-2 服务利润链示意图

图 8-2 的主要思想是,企业获利能力的强弱主要是由顾客忠诚度决定的;顾客忠诚度又取决于顾客的满意度;顾客满意度是由顾客认为所获得的价值大小决定的;而价值的大小最终要靠富有工作效率并对企业忠诚的员工来创造;员工对企业的忠诚又由其是否对公司满意决定;满意与否又取决于企业内部是否创造了高质量的内部支持服务。

由于人在企业价值创造过程中起决定性的作用,旅游企业在制定与实施营销战略时,一方面要充分考虑顾客的需求,另一方面要实施全员营销与关系营销,以便为企业创造持续的优势。

(2)项目包装和活动策划。这两个因素之所以重要,首先是因为它们以顾客为导向,充分考虑并满足顾客的需求;其次是它们有助于旅游企业更好地实施收益管理。通过解决供需矛盾,改变需求,控制供给,很好地解决了旅游产品不可储存性的问题。位于市区的饭店为解决周末出租率低的情况而推出的周末全包服务、老年人就餐折扣等,主题公园推出的连续停留多日等活动项目都是很好的例子。

(3)合作。主要是指旅游企业之间或旅游企业与上下游企业之间的营销协作。在旅游企业中,顾客满意度除了取决于本企业的服务水平外,还有赖于其他相关组织的行为,因为它们共同构成了顾客的一次旅游经历与体验。

三、旅游企业营销战略的新发展

(一)旅游绿色营销

1. 旅游绿色营销的概念

当凯悦集团开发威克拉凯丽晶饭店时,有意避开对生活在一些水塘中的微小海洋生物的生存环境造成破坏。而迪士尼乐园的废物管理已经减少了成吨的垃圾,它所推行的回收计划每天要处理30吨以上的废弃物,为此迪士尼增加了大量的预算。这项对企业利益没有好处的工作之所以没有遭到反对是因为管理人员认为这是他们应该做的事情。公司的奠基人沃特·迪士尼曾经说过:"我们的青山、绿水、草地以及生物,都必须得到明智的保护和使用。我强烈地希望,所有的公民都能加入到保护美国自然美景的努力中来。"

随着环保意识的深入人心,旅游企业越来越关注与周边环境的和谐发展,大力提倡"绿色营销"的理论。绿色营销是企业以环境保护作为经营哲学思想,以绿色文化为价值观念,以绿色消费为中心和出发点,力求满足绿色消费需求的营销观念。其内容包括四个层次:

(1)在选择商品、服务及技术时就应考虑到尽量减少其不利于环境保护的因素;

(2)在商品、服务消费过程中,尽力引导消费者降低对环境可能造成的负面影响;

(3)在产品设计及包装时考虑,努力降低商品本身或使用的残留物;

(4)对产品、服务的提供过程中,应以符合节省资源减少污染的原则为导向。

绿色营销考虑的是企业同自然、社会环境的关系,谋求的是可持续发展,它是在绿色消费的驱动下直接产生的。绿色消费指的是,消费者意识到环境恶化已经影响到人们生活的质量、方式,要求企业生产、销售对环境危害最小的绿色产品或服务,以减少环保负担。旅游业和环境保护密切相关,旅游者对环境保护的需要尤为迫切。这些因素使得旅游绿色营销成为21世纪旅游业最值得关注和运用的营销策略。

2. 旅游企业绿色营销实施策略

(1) 重视旅游者的绿色需要。旅游企业在进行营销设计时应注意调查旅游者的绿色需求，并对旅游环境、旅游氛围以及旅游服务的提供方式进行细致的考虑，从而让旅游者真正体会到绿色旅游的乐趣。比如，夏威夷一家饭店在客房中提供的洗浴用品均注明该产品是纯天然植物提取的，不含有任何化学合成物，使用后也不会造成水污染。顾客对这项服务普遍感到非常满意，很多顾客在离去时还纷纷向饭店购买该洗浴用品留作纪念，有的顾客甚至提出愿意帮助饭店推销这类产品。这使得该饭店在当地能够独树一帜，取得了良好的口碑和业绩。

(2) 加强绿色形象设计。旅游产品的绿色形象设计包括生态旅游景区地名、徽标、广告标示语、景区交通工具乃至垃圾箱的外观设计。这些设计都要符合绿色标准并且能充分体现生态旅游的环境教育和解释自然的特点，如景区的交通工具要无污染，旅游指南编制要提供景区的景点和路线并详细介绍观光的对象和意义，介绍本地人文风俗习惯，并尽可能地用科学而准确的语言介绍景区的动植物和独特景色及对环境保护的具体规定予以说明，以达到加强环境教育和解释自然的目的。另外，绿色形象设计还包括旅游从业人员的服务行为绿色化，当地居民的态度与行为绿色化以及景区其他旅游者行为的绿色化。所谓行为绿色化，是指行为要承担可持续发展的责任。这其中最重要的是导游人员的行为绿色化。澳洲旅游事业协会(ATIT)就提出两项与生态旅游有关的导游职责：一是责任，二是信息。所谓责任，指的是导游负有追踪、监察游客活动，引导减少破坏环境行为的责任，以使人类对自然生态系统的利用维持在该系统的承受范围之内，以确保游客对周围环境的欣赏与理解。所谓信息，指的是导游必须具备有关生态学和保育原则的知识，并娴熟于环境解说的技巧，使游客能真正受到生态教育，认识大自然，了解大自然，进而热爱大自然。也只有当导游人员的行为达到了这些目标时，导游人员的行为才符合绿色行为的标准。当然，除导游人员以外，还要加强其他服务人员，如景区交通服务人员、旅游商品销售人员等绿色行为的培训，使他们首先成为爱护生态环境的榜样。另外，还要尽可能地让当地居民参与资源管理，获得当地居民的支持，从而使当地居民的行为也符合绿色标准。

(3) 开发绿色旅游产品。由于生态旅游需求迅猛增长，而生态旅游要求在环境承载力允许之下开展，这就需要不断开发新的生态旅游产品以满足市场的需要。生态旅游新产品的开发若要符合绿色营销观念，则必须以生态经济学和生态美学原则为指导进行限游模式开发。限游指的是对旅游资源的开发应以保护为原则，适度利用，而不能仅仅为了短期的经济利益，超出旅游地的最大适合负荷而损害旅游环境。限游模式要求生态旅游开发的内容、深度、广度、时间、空间结构等都要限定在一定的范畴之内，适度开发以保证生态旅游资源、景观、环境不受或少受有害影响。限游模式规模确定的合理与否，在一定程度上决定了开发的成败。限游模式的规模要根据环境承载力来确定。环境承载力包括生态承载力、心理承载力、社会承载力以及经济承载力。且由于承载力随着季节变化,还与其他因素有关,如旅游者行为模式、设施的设计与管理、环境的动态特点、目的地社区的态度变化等。所以每开发一个旅游景区,都必须认真研究分析其独特的环境特点,并进行环境影响的预测评价,以最终决定其承载力的恰当类型和水平,然后以环境保护为基础进行规划。

(二)旅游体验营销

1. 体验营销的概念

伯恩特·施密特博士在《体验营销》一书中指出:体验式营销是基于消费者"感官、情感、思考、行动、关联"五个方面,重新定义、设计营销的思考方式。有鉴于此,为适应体验经济时代的营销环境新变化,旅游企业营销战略必须做出相应的调整。旅游的本质就是体验差异,现代旅游者需要的是参与体验满足个性需要的旅游经历。因此旅游企业成败的关键在于能否给予旅游者不一般的体验感受。

在体验经济时代,旅游消费只是一个过程,当消费过程结束后,只有旅游者的体验记忆会长久保存,消费者才愿意为再次得到美好的体验而付费。因此,分析、把握并提供不同一般的旅游体验,已经成为旅游企业获得持续竞争力的根本保障。

2. 旅游体验营销的主要方式

(1)娱乐营销。娱乐营销以概括的娱乐体验为诉求,通过愉悦顾客而有效地达到营销目标。人们花费一定的时间和金钱来旅游,就是为了在旅游的过程中获得快乐,从而达到娱乐的目的。娱乐营销要求旅游企业巧妙地通过为旅游者创造独一无二的娱乐体验,来捕捉旅游者的注意力,达到刺激旅游者购买和消费的目的。在旅游过程中,人们购买的是建立在旅游产品组合基础上的一次旅游经历,每个顾客都希望自己所购买的是一次难忘的、愉快的旅游经历,没有人会愿意为一次枯燥无味的经历而付费。所以在旅游业中,娱乐营销策略尤为重要。

(2)情感营销。情感营销就是以消费者内在的情感为诉求,通过激发和满足顾客的情感体验来实现营销目标的策略方法。情感营销的核心是站在客户的立场上考虑问题,密切关注客户的需求,向客户提供令他们真正满意的产品和服务。符合心意、满足实际需求的产品和服务会令顾客产生积极的情绪和情感,提升顾客对企业的满意度和忠诚度。旅游产品具有无形性、生产和消费同步性的特点,这就决定了情感营销在旅游企业的整个营销过程中占有举足轻重的地位。旅游产品的生产和销售过程,就是旅游企业员工和顾客面对面交流的过程。在这个过程中,情感营销的成败直接影响到整个营销的成败。

(3)生活方式营销。生活方式营销就是以顾客所追求的生活方式为诉求,通过将企业的产品与某一种生活方式相结合,达到吸引旅游者的目的。人们生活方式的多种多样,为旅游企业开展生活方式营销提供了广阔的空间。随着社会经济的快速发展,人民生活水平不断提高,渴望离开现在所生活的环境,体验另外一种截然不同的生活方式的愿望越来越强烈。这样的需求,就给旅游业带来了又一个发展的契机。

(4)文化营销。文化营销以顾客的文化体验为诉求,针对企业的产品(服务)和顾客的消费心理,将传统文化与现代文化相结合,形成一种文化氛围,有效地影响顾客的消费观念,进而吸引顾客自觉地接近与文化相关的产品或服务,促进消费行为的发生,甚至形成一种消费习惯、一种消费传统。由于人们的旅游动机中包括探新求异以及求知的成分,这就决定了旅游与文化之间存在着密切的联系,旅游企业如能把握住这种联系,将文化体验寓于旅游活动中,则能迎合旅游者的消费需求,取得良好的经营业绩。在市场需求方面,渴望了解异地文化并从中获取知识的动机,越来越成为引发人们旅游需求的主要动机之一,文化型旅游产品的市场也随之逐渐扩大。在可持续发展方面,体验型的文化旅游有别于传统的文化旅游。传统的文化旅游是建立在单纯的观光基础之上的,对文化具有较强的破坏性;而体验型的文化旅游是建立在体验和学习的基础之上的,既注重文化的展示性,又注重文化的参与性,旅游企业可以在旅游者参与文化体验的过程中,对其施加以保护文化的教育,达到文化旅游可持续发展的目的。在产品开发方面,由于旅游企业在文化产品的开发中加入了体验的成分,这就给企业开发产品带来了广阔的发展空间。

第三节 旅游企业品牌战略

一、品牌的概念与作用

品牌是用以识别销售者的产品或服务,使之与竞争对手的产品或服务区别开来的商业名称及标志,通常由文字、标记、符号、图案和颜色等要素或这些要素的组合构成。品牌是一个集合概念,主要包括品牌名称和品牌标志两部分。品牌名称是指品牌中可以用语言称谓的部分,又称"品名";品牌标志,又称"品标",是指品牌中可以被辨别、便于记忆但不能用语言直接称谓的部分。品牌是抽象的,是消费者对产品一切感受的总和。它灌注了消费者的情绪、认知、态度及行为。例如,产品是否有个性、是否足以信赖、是否产生满意度与价值感、是否代表某种特殊性或情感寄托,这些都不是或不完全是由产品本身所决定的,而是靠销售者培育出的品牌形象传递给消费者的。比如我们一见到麦当劳的金色拱门标志,脑中便会意识到这是一家提供快速标准化食品的餐馆,而且这种意识清楚明确,你可以比照自己当时的需要决定是否进去就餐。这种决策的过程完全不依赖于消费者是否真正见到了具体的食物便能做出,这便是品牌的作用。

旅游由于其不可储存性、不可异地消费、不可试用性的特点,决定了旅游的实现形式首先是旅游主体对旅游地的感知。因此,旅游者在选择旅游目的地时,其头脑当中对旅游地的印象就起到了近乎决定性的作用。只有当地旅游地形象完整、系统、良好地表现出来,并被有效地传达到消费者的头脑中时,才有可能获得旅游者的认识,从而被旅游者选择为目的地,而这种信息传递的主要载体就是旅游品牌。因此,品牌对旅游业显得更为重要。

具体而言,品牌对消费者和生产者的作用有很大差别,对于消费者而言,品牌执行了以下四种主要的功能。

第一种是识别。品牌代表了产品的一定质量和特色,可方便消费者选择。品牌自身必须定义清楚、含义单一,这样它才能被人识别。

第二种是信息浓缩。信息浓缩要求品牌以消费者所把握的关于品牌的所有信息的概要形式出现。品牌满足了大多数购买者的需要,是购买者获取商品信息的重要来源。

第三种是高安全性。消费者购买一个熟悉的品牌能够给其带来更多的信心保证。品牌能够保证提供消费者所期待的这种利益。

第四种是提供附加价值。品牌能给客户提供比一般产品更多的价值或利益。优秀的品牌可以给消费者以与同类产品明显不同的形象,从而有助于减少价格弹性的影响,提供产品的附加价值。名牌产品比同类产品的价格弹性小,而且其价格明显高于同类产品。名牌产品的品牌效应本身就提高了产品的附加价值。

对于生产者来说,品牌具有以下几方面的作用。

第一,品牌可以增加企业的无形资产。品牌是一种特殊的无形资产,但品牌又不是产品本身。它的特殊性表现在它经常和有形产品结合,产品会过时,但品牌不会过时。名牌依附的企业可能倒闭,但真正的名牌不会很快消失。在不同企业产品的性能、质量、销售服务的差异日益缩小时,品牌已成为消费者消费决策的主要依据。市场竞争在某种意义上就是品牌的竞争。品牌的竞争力已成为企业利润的主要源泉。

第二,品牌有助于企业细分市场,树立良好的企业形象。一般来说,商品质量和商标信誉是正相关的,一个好的品牌可以招揽更多为其倾倒的顾客,使其不断地重复购买,这样就确保了企业销售额的稳定。

第三,可以起到广告宣传的作用。消费者常通过品牌来区分产品质量的好坏,并据此来选购产品。品牌作为商品质量和企业信誉的代表,本身就是一种极为有效的广告宣传工具。

第四,体现企业的价值导向。好的品牌可以体现企业的价值观,对内可以提升员工的士气,产生高于一般的生产效率;对外可以加深消费者对企业的认知,带给消费者更多的购买意愿。企业通过对品牌的培育,可以让消费者明确地知道自己追求的目标,获取认同,从而赢得市场份额,在竞争中取得胜利。

二、影响旅游企业品牌战略的因素

根据菲利普·科特勒的观点，以下四个因素对实施品牌战略有较为重大的影响。

（一）产品容易通过品牌或商标加以识别

品牌是企业形象的一种表现形式，只有当这种表现直观、易于辨别时，采取品牌战略方是明智之举。科特勒认为好的品牌应该有下列特点：①它应该体现产品的某种价值和质量；②容易拼读、识别和记忆；③与众不同；④对于那些有意将来在国外市场上谋求发展的企业，品牌名称应该较为容易翻译成外国语言；⑤能够加以注册并得到保护。

（二）人们对品牌的感受是物有所值

品牌的价值主要体现在影响消费者对产品的认知，也即提升产品的附加价值。好的品牌能够使消费者产生额外的满足。拉·昆塔在商务旅行者当中树立了良好的形象，而丽晶酒店则在追求豪华套房的顾客中确立了自己高品位的形象。针对不同的细分市场，他们都成功地在消费者心目中塑造了自己的品牌。只有当消费者认为某一种品牌比其他可选择的品牌更具价值和内涵时，他们才会选择购买。

品牌的概念也适合于旅游目的地的形象塑造上。多年以来，夏威夷成为热带海洋风情的著名代表。当人们提起夏威夷，往往会联想到蓝天、海滩等异国情调。所以，我们对旅游景点进行开发和宣传时，必须考虑如何确立良好的品牌形象。

（三）容易保证质量和标准

品牌的确立必须依靠一贯的、高质量的保证，而要保证质量持续在高水平上，就必须依靠完善的、足以达到甚至超过消费者期望的严格标准。麦当劳快餐、必胜客比萨、假日饭店等大型跨国品牌在标准制定上达到了苛刻的地步，不放过任何一个细微之处，并在世界各处的店铺内推行统一的标准。北京的麦当劳吸引了全世界各地来华学习工作的人，包括美国人、英国人、法国人、韩国人以及其他不同国家的人。看到麦当劳的品牌，人们就知道，在这里，自己能够获得与期望的质量和标准一致的食物。正是这种期望的满足，使麦当劳全球近3万家分店获得了丰厚的利润。

（四）存在一定的规模经济

品牌塑造需要大量的预算，推销、宣传、广告的费用往往是一笔巨大的开支。因此，要想使相关的管理费用和广告费用更加合理，品牌应该具有规模经济的潜力。一般来说，规模经济会减少促销成本，因为在同一品牌下，所有相关产品都能共享广告带来的利益。管理信息系统、预订系统、全国或全球招标采购以及各地风格相似的建筑设计等，都属于通过品牌提供规模经济的途径。昆西牛排餐馆经常推行一种短期内使分店在一个地区遍地开花的策略。当人们突然之间看到许多相同品牌的饭店同时开张时,这本身就有一种广告效应。而且,在媒体上集中进行大量宣传,其成本也能够在各成员之间分摊。

三、旅游企业品牌战略的制定与实施

品牌战略包括品牌定位、品牌名称选择、商标设计、品牌宣传与推广以及品牌战略选择,等等。

(一)旅游品牌定位

1. 旅游品牌定位的作用

"定位"一词是由里斯和屈劳特提出的。在他们的专著《定位》一书中,定位被看作对企业的品牌进行设计,从而使其能在目标消费者心目中占有一个独特的、有价值的位置的行动。由于在市场上相似产品比比皆是,要想引起消费者的注意,唤醒他们的购买欲望,就必须通过定位,提供独特的价值。

同样,品牌定位是指为自己的品牌在市场上树立一个明确的、有别于竞争对手品牌的、符合消费者需要的形象,其目的是在消费者心目中占领一个有利的位置。从经济学角度来看,消费者注意力是一种稀缺的资源,伴随着"赢家通吃"商业时代的到来,获得消费者的注意力将成为决定企业胜败的关键。而品牌定位又恰恰是获得消费者注意力的关键。比如,著名的旅游服务供应商——携程网,将自己的品牌定位在提供便捷的旅游出行服务上,成功地取得了高速发展,并开创了互联网企业与传统产业结合的赢利模式。

2. 旅游品牌定位的原则

准确的品牌定位,是捕获消费者心理的成功钥匙。品牌定位应坚持以下原则:定位应该识别目标市场;定位应该与竞争对手的定位相对应;定位必须有意义;定位必须可信;定位必须是唯一的。

3. 旅游品牌定位的方法

品牌定位的主要方式有以下几种。

(1)比附定位。比附定位又称反衬定位,是指以消费者所熟知的品牌形象做衬托(或对照),反衬出企业自身品牌的特殊地位与形象的做法。这是一种借势生势的做法,即依靠已有著名品牌的声誉,通过比照,从而凸显自己的优势,烘托自身形象。艾维斯出租车公司是为人津津乐道的比附定位的成功者。艾维斯出租车公司在连续亏损13年之后,公司聘请了美国运通银行投资金融部门副总裁唐森德任总裁。唐森德深入市场调查竞争情况,发现艾维斯与赫兹相比,无论在车辆的新旧程度上,还是在租金价位上,均没有优势可言。经过深思熟虑,艾维斯设计了新形象,打出了新的广告语:"我们第二,所以努力!"这一定位的出现,很快赢得了消费者的信任与接受。消费者在对这种定位方式感到新颖的同时,又为艾维斯的诚恳、谦虚精神所感动。第一年艾维斯就扭亏为盈,获利120万美元,第二年获利260万美元,

第三年获利 500 万美元。

(2) 以功能为基础的定位。产品功能是整体产品中的核心部分。事实上,产品之所以为消费者所接受,主要是因为它具有一定的功能,能够给消费者带来某些实用价值和利益,进而满足消费者某个或某些方面的需求。如果某一产品具有特别的功能,能够给消费者带来特别的利益,满足消费者特别的需求,那么该产品的品牌就具有与其他产品品牌较明显的差异。

(3) 以价格为基础的定位。价格是产品最重要的特性之一,也是许多竞争对手在市场竞争中乐于采用的竞争手段。价格是品牌定位的有效工具。以价格为基础进行品牌定位,就是借定价策略给消费者留下一个产品品位的形象。一般而言,高价显示拥有者的成功、地位与实力,比较为高收入人群和时尚人士所青睐;低价则较易赢得一般消费者。对旅游企业来讲,价格信号可以传达给消费者服务品质的信息。丽晶酒店一贯坚持高品位服务,给顾客以物超所值的感觉。因此对其较高的收费,顾客也就并不在意,反而觉得这是一种身份地位的象征。

(4) 以创新为基础的定位。创新是适应竞争需要的理性选择,创新也是品牌定位的重要依据。以创新作为基础的品牌定位,可以使品牌成为同行业的代表性品牌或主导性品牌。在 20 世纪 70 年代,马里奥特饭店集团意识到,目前的城市饭店市场已经趋于饱和,集团需要一种新的方式,可以在郊区或者非繁华地区经营。该公司决定通过开发一种新产品将资源集中在公司的核心业务——住宿上。这种新产品即后来著名的"庭院"。马里奥特将其定位在几个新的概念上:①集中于暂住型市场;②中等规模,不超过 150 间客房;③装潢成家居品位;④公共场所有限。最终,这一类型的饭店受到短期商务旅行者和家庭旅游者的极大好评。

(二) 品牌名称与品牌标志

在品牌诸要素中,品牌名称是最重要的选择,因为它是最直接、最有效的信息传播工具,往往能迅速准确地表达出品牌的中心内涵和关键联想。艾·里斯说:"实际上被灌输到顾客心目中的根本不是产品,而只是产品名称,它成了潜在顾客亲近产品的挂钩。"正因为品牌名称是和消费者对品牌的印象紧紧联系在一起的,并且在品牌经营过程中起着如此重大的作用,因此品牌名称在制定之前往往要经过深思熟虑和调查研究。

品牌命名的原则包括以下几点。

1. 易读、易记

易读、易记是对品牌名称最基本的要求,品牌的名称要能使消费者很快记忆并广为流传,因此要求品牌名称:一是语感好,二是短而精,三是有特色。

2. 启发联想

品牌的名称要被赋予一定的寓意,使消费者产生愉快的联想,如"喜来登"酒店。

3. 适应性强

从时间上,应该适应将来延伸产品线的需要;从空间上,要考虑到市场扩张的需求。如果将国际市场作为目标市场,品牌名称就要与各地的文化特征相适应,所以要给品牌起一个走遍天下都受欢迎的名字。

品牌标志是为品牌设计出吸引消费者注意力、便于消费者记忆、有深刻内涵的视觉体系,此外,还要包括品牌个性即赋予品牌生命化的性格和形象、品牌核心概念即品牌包含的主要价值、主要特征,也就是企业对消费者的价值承诺等纵深方向的内容。

(三)品牌保护策略

品牌的保护是指企业经营者在具体的营销活动中所采取的一系列维护品牌形象、保持品牌市场地位的活动。不同的品牌,由于所面临的内部环境和外部环境的差异,其经营者所采取的保护措施也各不相同。但是,不论采取何种经营活动对品牌进行保护,大体上都包括下列几点。

1. 以市场为中心,品牌形象不断适应消费者变化

品牌的生命是有周期的,像产品一样也会经历产生、发展、壮大以致消亡的阶段。要想保持品牌的生命力就要不断地依靠市场分析调查,赋予品牌新的内涵以满足消费者变化的需要。但是同时,还要保持品牌一贯的特色,使之在新的环境条件下还能一如既往地获得消费者的青睐。例如,麦当劳快餐,最初的形象是"快捷、高效",随着品牌在不同国家的推广,逐渐又增加了"标准、放心"的诉求。而在近来人们开始越来越重视食品营养与健康的环境下,麦当劳通过产品创新和广告宣传,又把自己定义为"营养专家"的角色。但同时,麦当劳并没有因为这些改变而放弃自己最初的形象,它仍然是快餐食品的典型代表,体现着标准化制作的效率和一贯的贴近消费者的形象。

2. 保持品牌独立性

品牌是企业拥有的无形资产。在市场上享有较高知名度、美誉度的品牌能给企业带来巨大的经济效益。只有在保持品牌独立性的前提下,才能维持品牌形象,使品牌不断地发展壮大。

品牌的独立性是指品牌占有权的排他性、使用权的自主性以及转让权的合理性等。占有权的排他性是指品牌一经注册,就成为企业财产的一部分,归本企业独家占有,其他企业的产品不得与之重名。使用权的自主性是指企业经营者自主地使用自己已经注册的品牌,自主地开展品牌营销调查,进行品牌推广和品牌延伸,提高品牌的知名度,增加消费者的品牌忠诚。企业可以将自己的品牌依照法定程序转让给其他企业。转让时要有利于维持品牌形象,提高品牌的市场占有率。

3. 利用法律、技术等手段保护品牌

面对泛滥的品牌模仿者,企业既不能坐等消费者的自我醒悟,也不能消极依靠

政府的行政保护。因为这两方面真正发挥作用要经过很长一段时间,到那时企业品牌可能早已遭到不断侵害而价值大跌了。因此,企业应当积极行动,利用技术或法律等手段保护自己的品牌不受或少受侵犯。

利用技术保护品牌的做法有两种:一是通过不断的技术革新和市场开拓,引领市场走向,让模仿者根本没有能力及时跟进;二是利用防伪技术,在标志、包装、外观等方面提高模仿或伪造的难度。

法律手段也是保护自身品牌的有效武器。企业将模仿者诉之以法,一方面可以给模仿者约束和制裁,保卫自己的利益;另一方面也可以给消费者重视品牌建设的感觉,有助于提高品牌形象。

第四节 旅游企业人力资源战略

在企业内部价值链的各个环节中,人力资源管理属于辅助活动范畴,但价值链正是在人力资源管理的基础上才得以展开和运作。战略性人力资源管理是为了企业在未来较长时间内获得和保持市场竞争优势,针对目前变化的环境所带来的一系列人力资源问题,由管理层共同参与制定并加以实施的有关企业所有员工的管理活动。现代管理理论都强调人力资源在保持企业长期竞争优势中的关键作用,简单地说,就是企业的任何活动都是由相应的人来完成的,而员工的工作能力和工作态度都是影响企业绩效的重要因素。所以,建立有效的人力资源管理战略是企业长盛不衰的最根本的保证。旅游企业大多是服务性企业,员工服务的态度对企业的绩效更是有莫大的关系,因此旅游企业的人力资源战略是关系到企业竞争能力的重要因素。

马里奥特国际饭店集团的创始人J·威拉德·马里奥特先生非常重视企业内人力资源的培育和激励。他真正把员工当作大家庭中的成员来对待。当员工生病时,他会去探视;当他们有困难时,他会伸出援手;当他们倾诉时,他则洗耳恭听。对员工的重视换来的是员工的高度忠诚和高出一般的工作效率以及员工们真诚的奉献。

一、影响人力资源开发管理战略制定的因素

在企业战略形成以后,人力资源战略的根本目的就是要支持企业战略目标的完成,它必须为这些战略的完成招聘和培养相应的人员,包括人员的数量和质量两个方面。

在人力资源战略制定过程中,所关注的问题一般有以下几个方面。
(1)企业战略目标是什么?
(2)为实现战略目标而实施的企业组织结构是什么样的?

（3）企业人力资源结构与战略目标和组织结构是否协调？
（4）企业内部人力资源如何开发？
（5）是否需要引进新的员工？
（6）员工绩效如何考评？
（7）激励机制如何设计实施？

如果企业选择的是成本领先的竞争战略,那么在人力资源管理战略中,就要强调人员的统一协调。员工的创造性并不是一个最突出的要素,所以在人力资源引进、人员的管理和绩效考评中,重点应该选择自我约束性强、更能服从管理的员工。如果企业选择的是差异性战略,那么企业员工的创造性就是第一位的,企业在管理中必须采用自由宽松、更适合员工创造性思维发挥的选聘和管理制度等。

二、旅游企业人力资源战略的实施

人力资源战略的实施,必须考虑企业竞争战略的目标和实现方式,然后制定和实施人力资源战略。当今的人力资源战略不再仅仅局限于招聘引进人员和激励措施,而是要将引进—培养—开发等一系列过程相结合,最大限度地挖掘本企业的人力资本,配合完成企业战略目标的实现。人力资源开发性的战略实施一般有以下几个过程。

（一）新员工招聘引进

当企业发展出现新的亟待解决的问题,或者是企业的老员工流出需要补充新员工的时候,企业需要进行招聘和引进新员工。人员招聘要使个人的特点(能力、经验等)与工作要求相匹配。

招聘的第一个步骤是职务分析。这一工作就是要对某个职务所包含的任务、活动进行详细的描述,确定这项职务与其他职务的关系,说明要做好这项职务工作所必需的技能、知识和各种能力。

第二个步骤是选拔。首先通过申请表来进行初步的筛选,找出较为适合空缺职务的人选。其次就是面试,通过与求职者面对面的交流,发现更适合工作特质的人才。但面试时要尽量防止企业面试人员的偏见和爱好对求职者所产生的影响,避免招聘人员中偶然性和偏差。作为面试的补充手段,书面测验有时是现代企业招聘人员时的必要步骤,典型的书面测验形式有:智力测验、性格测验、能力测验、兴趣测验以及诚实性测验。这些测验要针对不同的职位选择不同的种类组合进行。

瑞士航空公司一向谨慎地选拔每一位雇员,整个筛选过程长 5~6 个小时。然后,航空公司将那些合格者送去见习 3 个月。它在挑选应聘者上投入很多的资金和人力。因为它知道,把钱花在选择合适的员工上,比花在纠正那些低素质员工的错误上合算得多。

战略性的员工招聘和引进需要在一定程度上考虑公司未来的发展。人力资源管理部门要做好未来公司的人力资源规划,分析未来岗位和职务特点,还要建立良好的人才引进渠道,以便于在尽可能短的时间内,以较低的谈判成本迅速满足公司战略发展的人力资源需求。

(二) 工作绩效考核评估

绩效考评是人力资源管理工作中非常重要的环节。所谓绩效考评,就是对企业员工、团队以及整个组织的绩效做出客观公正的测量、考核和评价。通过绩效考评,判别不同员工的劳动付出、努力程度和贡献份额,有针对性地支付报酬、给予奖励,并及时向员工反馈信息促使其调整努力方向和行为方式,最大限度地发挥其人力资源的作用来实现组织目标。完整的考评体系应该包括考评内容、考评目的、考评程序和方法、考评主体等几个要件。

1. 考评内容

绩效是个多维变量,确定哪个维度作为考核的中心,往往影响到员工的行为取向和企业总体效益。如果规定员工产量作为考评的核心变量,那么产品质量就很有可能下降;但如果规定产品质量为考评的核心变量,产品产量又很可能受到影响。企业若根据每个员工的加班数量来确定员工是否努力,那很有可能发生的情况是,在没有很好的监督条件下,员工白天不工作或工作效率极低,下班以后才开始努力工作。这个结果很难说是考评体系最初的本意。所以,考评内容要多方面衡量确定。对于服务型企业而言,顾客满意度是最重要的考核内容。

一般而言,考评内容多集中在以下几个方面。

(1) 工作成果量,包括产量、优质产品量、销售量、利润额、市场占有率等;

(2) 工作效率或效益,具体包括产品原材料消耗量、日接待顾客人数、资金利润率等;

(3) 工作行为表现,包括出勤率、上交报告及时性、典型事迹等。

有些组织的考核可能还包括管理人员对员工工作进行主观评价,如工作努力程度、能力及个人品质等,这虽然可以产生一定的作用,但容易产生偏见,所以根据中国国情,一定要慎用。

2. 考评目的

考评的基本目的是为了更有效地实施激励,具体有以下几个特点。

(1) 战略导向。绩效考评必须与组织战略要求相一致,应该使员工的注意力集中在能实现战略目标的几个关键因素上。所规定的指标能引导人们在工作中最大限度地向组织所期望的行为和结果努力,最终可以比较顺利地实现组织目标。因此,绩效考评系统应该有一定的弹性,便于战略性调整,也有利于从考评过程中选择具有引导性的一些指标。

(2) 有利于员工成长。考评的一个重要目的就是能为员工的职业发展提供引导,同时也为提高本企业人力资源的效率提供潜在的动力。绩效考评应该便于企业识别员工的弱点、企业的弱点,为企业员工的培训提供方向;同时还要有利于企业发现能领导企业向更好方向发展的员工和领导者。

3. 考评方法

考评方法必须具有准确性、可靠性和灵敏性。准确性是指评价指标的含义和传达的信息明确,使人们能据此判断什么样的结果是组织所期望的。可靠性是指评价指标之间要相互衔接,彼此一致。灵敏性主要要求考评体系能很好地甄别员工的实际绩效水平的差异,对组织所关注的绩效考评差异信息能做出灵敏的反应。

考评主要运用的方法有以下三种。

(1) 书面报告法。用短文来描述员工的优点、缺点、过去的绩效和改善建议等。

(2) 关键事件法。着重于具体行为,主要评估员工有效完成工作的关键行为和工作无效的关键行为。让员工知道哪些行为是符合要求的,哪些是不符合要求的。

(3) 多人比较法。一种相对比较的方法,主要有小组顺序排列法、个人排序法和配对比较法。

4. 考评主体

考评主体主要是谁来考评的问题。一般认为,员工的上级对员工的绩效负有责任,所以上级应该对员工的绩效进行考评,但这并不是唯一的考评主体。除了员工的上司外,还有以下考评主体。

(1) 同事。同事之间的行动常常密切相关,日常接触也较多,所以同事可以提供许多独立的意见。这些意见很多时候与上司的角度有所不同,所以可以提供一个综合认识员工的机会。但应当注意同事之间互相偏袒或过于激烈的批评。

(2) 自我评估。这种方法在一定程度上可以消除员工对评估过程的抵触情绪,但有时也会产生偏见和夸大的结果。

(3) 下属。对管理者行为和绩效由下属来评估,可以得到关于管理者的更翔实的信息,这种方法还有可能形成诚实、坦荡的公司文化氛围。

(4) 综合评估。不论员工、顾客还是公司的后勤服务人员,如收发室人员等,都参与评估,收集全方位的评估结果,可以得到更准确的评估结果。

三、激励制度设计

(一) 激励理论简介

激励就是通过协同调控组织成员的目标动机和行为倾向,使他们自觉地把自己的潜在能力调动起来,并最大限度地凝聚和转化为企业的整体优势。企业的目标往往与个人目标有不同之处,正如图 8-3 所示。

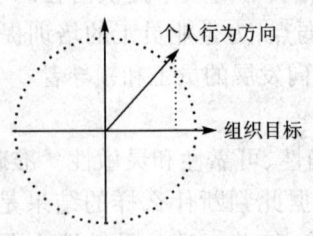

图8-3 个人行为与组织目标差异

很显然,正因为个人行为方向和组织目标存在差异,才需要设计激励制度,使个人的行为尽可能地与组织目标一致起来。当个人努力方向与组织完全一致时,个人的一切努力都会有助于企业目标的完成。但在有些情况下,并不是员工主观上偏离组织目标,而是员工对组织目标的认知不够准确。此时,需要调整的不是激励机制,而是需要更清晰地传达组织目标,使每个员工明确自己的努力方向。

所以,在组织目标清晰且为员工所知晓的情况下,激励制度的实质就是要使组织目标的实现能够给个人带来相应的利益和心理上的满足,从而使个人的主观努力成为企业发展的根本动力。员工需求集中的焦点往往是"人性"、"需要"、"动机"、"目标"和"结果"等这样的个人行为和心理要素,并把这些作为组织激励制度的基础和关键因素。马斯洛的人类需求层次理论是最著名和最经典的心理学理论,也是最经典的激励基础理论。他认为人的需要有五个层次:生理需要、安全需要、社交需要、自尊需要和自我实现需要。在较低层次的需要得到满足后,人们会产生更高一个层次的需要。前三个层次一般被认为是较为基础性的需要,要通过物质条件的改善来获得满足,而后两个层次的需要是内在驱动型的,主要集中于精神层面。

大卫·麦克莱兰(David McClelland)在批判吸收马斯洛理论的基础上,从管理工作的社会性特征角度提出了自己的需要层次论。他将人的社会性需要归纳为三个层次,即成就需要(need for achievement)、权力需要(need for power)与合群需要(need for affiliation)。这三种需要对一个成功的管理者缺一不可。高成就需要对管理者来说非常重要,但最优秀的管理者还需要有高权力需要和一定的合群需要。

(二)关于激励制度的建议

激励制度设计是人力资源管理战略的核心部分,也是人力资源管理战略区别于其他管理战略的重要内容。激励制度设计一般围绕员工需求和企业战略目标两个层面来进行。

由于人与人的差异,激励措施最好根据员工不同的需求采取不同的方式。比如,专业技术人员大多数比较执着于取得本领域的技术领先地位,在有某种收入保障的情况下,良好的实验条件和工作氛围可能比更多的收入或者取得某种权力更具有激励效应。

四、员工教育培训及开发

企业员工教育培训方式主要有两种:

第一种方式,也是最常见的方式,就是直接提高员工完成自己的工作所需要的技能。能力的提高将会改善员工完成工作任务的潜力,使员工能高水平地完成自己的工作。

在管理完善的餐馆,所有的员工都了解菜单。通过培训,他们学会如何引导客人点最适合他们口味的菜肴,懂得如何销售菜单上的各种菜肴。所有的餐馆都应该有专供品尝的样品,这样,员工可以通过他们品尝即将售出的菜肴而更好地了解他们。

第二种方式,是提高员工的自我效能感,这也是培训的优点。员工的自我效能感是一个人对于自己成功地表现出某种行为以达到一定结果的期望。对于员工来说,这些行为就是一项工作任务,结果就是有效的工作绩效。自我效能感比较高的员工,对自己在新的环境中成功地完成任务的期望较高,比较自信,并希望成功。因而培训是对自我效能感产生积极影响的手段。经过培训之后,员工更愿意承担工作任务,并更加努力地工作。

奥普瑞兰饭店制订的新员工培训计划旨在培养员工对饭店历史、文化和地位的自豪感,进而创造一种令人鼓舞的氛围,建立一种实实在在的对工作的热爱,最终减少员工的流失。饭店的培训总监克拉克说:"新员工培训计划以及所有的员工政策都建立在真诚的服务态度上。即使有些员工,尤其是管理人员,不直接为顾客服务,他们也要为那些服务于顾客的员工服务。"

事实上,员工教育培训的过程在员工进入企业后就开始存在,而现代企业中,这一措施有时会作为对员工的一种有效的激励而持续存在。同时,由于培训对员工自身发展有良好的促进作用,所以,企业完整的培训体系就能吸引很多的优秀人才。

五、员工关系整合调控

当很多的人集中到企业的时候,如果不能形成一种合力,群体工作效率就会大大降低,所以,他们之间关系的整合调控就成为企业战略目标能否顺利实现的关键因素之一。

整合员工关系的方式有以下两种。

1. 工作团队化

工作团队化是现代企业整合调控员工关系的有效手段,它可以有效地发展员

工之间的协同效用,利用整合性的协作力量,更有效地完成工作。团队类型如图8-4所示,一般有以下几种:

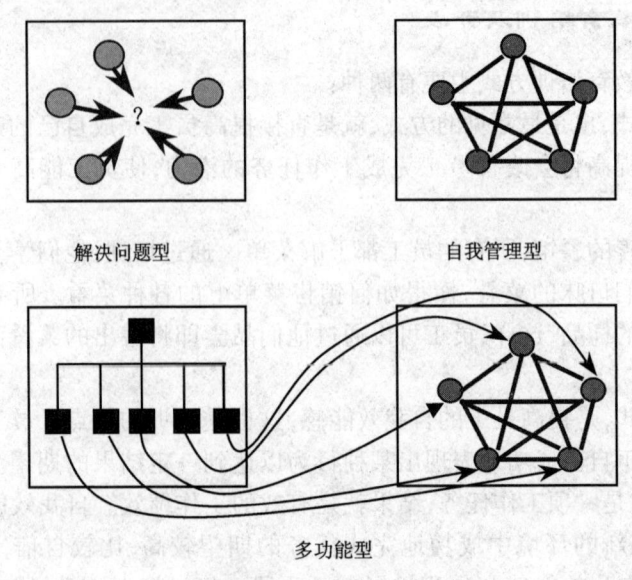

图8-4 团队类型

解决问题型团队是工作团队的初级形式,一般由不同部门的人员组成,围绕某个特定问题,特别是跨部门的问题组成的临时工作组,当问题解决后团队也随即解散。

自我管理型团队是新兴横向型组织结构的基本工作单位,是具有真正独立自主权的工作团队。它们不仅要研究存在的问题,还要制订和执行解决问题的方案,并对工作结果承担全部责任。这种团队拥有完成整个工作任务所需要的物质、信息资源等,并且团队成员拥有互补的专业技能和综合性技能。

多功能型团队是一个不仅跨越纵向的职能部门,而且跨越横向的事业部门组成的高效工作团队,其成员一般由不同工作领域的员工组成,以完成某种临时性的攻坚任务。

2. 建立学习型组织

学习型组织是一个不断提高适应与变革能力的组织。所有的组织都在学习,不管它们是否有意识这么做,这是组织生存的基本条件。大多数组织进行的是"单环学习",当发现错误时,改正过程依赖于过去的常规程序和当前的政策。与此相反,学习型组织进行的是"双环学习"。当发现错误时,改正方法有组织目标、政策和常规程序的修改。

学习型组织发展的三个关键环节是通过改善"心智模式",建立"共同愿景"和实现"团队学习",把个体的自我超越精神整合成企业的群体创造力以及企业所有员工共同发展的动力。

所谓"心智模式",是指根植于人们心中或组织运作中的思维定式或行为模式。在建立学习型组织过程中,要把个人的心智模式凝结为团队和组织的心智模式,这可以通过反思检视、互动等组织学习过程来实现。

所谓"共同愿景",是基于某种核心价值观和组织使命确立的一个大家普遍认可、共同创设的未来景象。这是组织创造性学习的焦点和能量,是组织发展的强大驱动力。

所谓"团队学习",是通过深度会谈实现沟通,化解冲突和矛盾,消除"习惯性防卫"等心理障碍,明确各成员在团队学习中的角色和作用,形成合理的分工协作关系,从而达到提升组织整体绩效的目的。

第五节 旅游企业财务战略

一、财务战略的定义

企业财务战略的总体目标是合理调集、配置和利用资源,谋求企业资金的均衡、有效流动,构建企业核心竞争力,最终实现企业价值最大化。这一目标的几个方面是相互联系的。从长期来看,表现为谋求企业财务资源和能力的可持续增长,实现企业的资本增值并使企业财务能力持续、快速、健康地增强,维持和发展企业的竞争优势。

关于财务战略的定义,目前理论界的许多学者都进行了探讨,主要有以下几种代表性观点。

第一,企业财务战略是为谋求企业资金均衡有效的流动和实现企业战略,为增强企业的财务优势,在分析企业内、外部环境因素对资金流动影响的基础上,对企业资金流动进行全局性、长期性和创造性的谋划,并确保其执行的方略。

第二,企业财务战略是财务决策者在特定环境下,依据既定的指导思想,在充分考虑企业长期发展中各环境因素变化对理财活动影响的基础上,所制定的用以指导企业未来较长时期财务管理的总体目标以及实现这一目标的总体方略。

第三,企业财务战略是指对企业总体的长期发展有重大影响的财务活动的指导思想和原则。

第四,企业财务战略是在企业战略统筹下,以价值分析为基础,以促使企业资金长期均衡有效地流动和配置为衡量标准,以维持企业长期赢利能力为目的的战略性思维方式和决策活动。

综合上面的内容,我们可以将企业财务战略定义为:在总体战略指引下,财务决策者根据资金运作规律和企业内外环境,平衡企业长期利益和短期利益,对企业的资本进行的系统性、全局性的使用规划。

二、企业财务战略的类型与影响因素

(一)企业财务战略的类型

企业财务战略大体上可以分为三种类型。

1. 积极的财务战略

积极的财务战略又称扩张性财务战略,即企业预期到未来的市场环境和内部条件会发生有利的变化,以企业的资产规模迅速扩张为目的的一种财务战略。企业采用这种财务战略,往往在留存大部分利润的同时进行大量外部融资来弥补内部积累对企业扩张需要的不足,从而使企业财务战略目标比原有的战略起点大幅度提高。

2. 保守的财务战略

保守的财务战略也称紧缩性财务战略,即企业预期到未来的市场环境和内部条件会发生不利的变化,以较为审慎的态度进行对外投资和资金控制的一种财务战略。企业采用这种财务战略可以预防出现财务危机,并求得新的发展。采用这种财务战略可尽量减少现金流出并增加现金流入,集中一切力量用于主导产业,从而使企业增强市场竞争力。这种财务战略目标与原有的战略起点相比会有向相反方向偏离的态势。

3. 折中的财务战略

折中的财务战略也称稳健性财务战略,即企业预期到未来的市场环境和内部条件不会发生太大的变化,以实现企业财务绩效的稳定增长和资产规模的平稳扩张为目的的一种财务战略。企业采用这种财务战略,一般会把优化企业资源配置,提高资源使用效率作为首要任务,从而使企业财务战略目标基本上不偏离原有的战略起点。

(二)影响企业财务战略的因素

影响企业财务战略选择的因素有许多,其中最主要的有以下几种。

1. 企业生命周期的影响

如前所述,企业的成长发展都需要经过一定的阶段,即初创期、成长期、成熟期和衰退期。企业在不同生命周期阶段的特点不同,财务战略的重点也各不相同。比如,企业在初创期的财务战略重点是筹资,在成长期和成熟期的财务战略重点是筹资结构的调整和投资。而到了衰退期,企业的财务战略重点就会转为资产经营的目标取向问题。这就需要企业在制定财务战略时必须着眼于企业未来的稳定持续发展,必须根据企业的发展规模、发展方向、发展阶段的变化及时做出战略调整,才能保证企业财务战略的可行性。

2. 风险厌恶与偏好的影响

任何战略都存在一定的风险,财务战略更是如此。对于企业财务战略中存在的风险,不同的企业管理者会持不同的态度,从而制定和实施不同的企业财务战略。风险厌恶型的企业管理者会选择保守的财务战略,控制企业扩张的速度。而风险偏好型的管理者会选择积极的财务战略,乐观地对待资本市场。

3. 企业治理结构的影响

企业的治理结构决定着企业利益相关者的关系,它直接作用于企业的战略方向,因此对企业财务战略同样具有重要影响。不同的治理结构会产生不同的战略决策和不同的战略导向。如果企业内部存在强有力的治理结构,那么一定程度上就可以保证企业的战略定位与企业财务管理的终极目标保持一致,从而保证企业财务战略导向的正确性。

4. 资本市场的影响

资本市场是制定以及实施财务战略的前提和基础,企业财务战略是以资本市场为依托的。首先,企业筹资的重要来源是资本市场,这不仅是指资本市场对企业筹资数量上的保证,而且包括筹资速度和质量上的保证。其次,企业财务战略的实施需要各种各样的手段和方法,如并购、股票回购,等等。而这需要有适宜的资本市场为其提供环境和规则。最后,资本市场可以为企业财务战略的制定和实施提供重要的市场信号,从而使财务战略符合企业长远发展的要求。

总而言之,企业在制定财务战略时,应该从长远的角度出发,综合考虑各个方面的因素,选择适合自身实际情况的战略。为了配合企业整体战略和其他职能战略,财务战略还应留有一定的战略机动余地。

三、旅游企业财务战略实施与控制

战略实施中的财务问题主要是财务保障与绩效分析的问题。对于前期的战略选择而言,财务可行性问题在内部条件分析时就已有所考虑,但前期的财务分析只是一种一般性分析,不可能做到对具体的战略方案进行周密的财务安排。财务战略要实施的就是如何在较为长远的战略规划期内,为企业的战略运作提供可靠、稳定和低成本的资金保障,包括资金需求预算、融资渠道的建立、企业价值的评估等。

(一) 财务预算

准确的财务预算与资金计划是提供资金保障的前提。长远的战略规划应分解出具体的年度目标,而年度目标应分解到企业的每一个部门,对每个部门的活动进行预算,并汇总到财务部门,由财务部门再进行资金优化调度从而得到企业的资金计划。因此,资金计划并不是各部门预算的总和,而是对各部门的资金需求进行整合,使资金流动最合理、效率最高,以达到降低资金成本、保障资金供给的目的。

资金计划是融资、投资管理的主要依据。在此基础上,预测企业的现金流,确定资金缺口,以提高筹资活动的计划性和适时性。资金渠道管理是财务战略最重要的环节之一,这要求企业对资金渠道制定一个长远的规划,使资金的使用与资金的来源相匹配,对现金的不足以及现金的溢出做好相应的准备。

资金计划的编制是通过财务预测而得来的,财务预测的一般步骤是:

(1) 销售预测。
(2) 估计需要的资产。
(3) 估计收入、费用和保留的盈余。
(4) 估计所需融资。

对于在市场经济体制下运作的企业,市场导向是分析问题的源头。因此财务预测的第一步就是销售预测,而销售预测的依据是企业的战略目标,这属于市场营销的范畴,此处不再赘述。在销售预测的基础上,根据以往的资产和销售结构作一个资产规模的预测,然后计算出资金缺口,即所需融资或资金溢出的具体数字。

(二) 资金保障

有了明确的资金需求,接下来需要做的就是决定通过什么途径筹集资金以及如何落实资金来源。资金筹集途径基本上有三大类:权益融资,即通过增资扩股来募集资金;负债融资,即通过银行贷款、发行债券等方式筹集资金;商业信用,即通过调整与供货商以及顾客的信用条件来改变企业的资产和销售结构从而改变企业的资金需求。

选择什么样的融资方式,最根本的就是考虑资金成本的问题。当然,除了考虑资金成本最低的限度外,还须考虑融资方式的可行性。这在财务管理上并不是什么新问题,但作为战略管理上的考虑,资金成本就不是一般财务处理上的资金成本的概念了。简单地说,此时的资金成本,是一种战略成本,包括有形成本、无形成本和机会成本。它是从整体、长远的角度来进行衡量的。例如,为了减少资产和销售比例,企业会采取紧缩信用政策的做法。这一做法虽然一方面会降低对资金的需求,但另一方面也会造成销售增长放慢。销售增长的放慢会对企业的战略造成影响,这就是这一政策的战略成本。

利用每股收益与息税前收益(ESP/EBIT)分析是确定在战略实施中,如何在借贷融资、股权融资之间选择一个最优的资本结构的最常用的财务技术。这一技术用于分析不同的资本结构对每股收益的影响。ESP/EBIT 分析是进行战略实施中融资决策的一种很有价值的工具,但采用这一技术时应当考虑到以下几方面的问题:

(1) 当每股收益水平更低时,股票融资的赢利水平可能更高,当公司的经营目标是利益最大化而不是股东财富最大化时,采用股票融资是最好的选择。

(2) 进行 ESP/EBIT 分析时还要考虑一个灵活性的问题。当企业的资本结构发生变化时,其满足未来资金需求的灵活性也会发生变化。仅采用举债融资或仅采用股票融资可能会导致过于僵硬的责任和义务、限制性的契约关系及会严重削弱企业未来进一步融资的能力。

(3) 在进行 ESP/EBIT 分析时，与股票价格、利率和债券价格相关的时机因素非常重要。在股票低落时，从成本和需求两方面看，债务融资都是最有利的选择。然而，当利率升高时，发行股票则更具吸引力。

思考与练习
1. 旅游企业职能战略具有哪些特点？
2. 影响旅游企业战略性营销计划的因素有哪些？
3. 常用的旅游营销战略决策工具有哪几种？
4. 旅游企业营销战略有哪些新发展？
5. 试述品牌战略在旅游企业的制定与实施情况。
6. 简述旅游企业人力资源战略的重要性及实施的过程。
7. 旅游企业财务战略有哪些类型？影响企业财务战略选择的因素有哪些？

第四篇　旅游企业战略实施与控制

在确定了最可行的战略方案后,旅游企业要考虑的下一个问题就是如何将之付诸实践以及在战略实施过程中如何实现实时控制。再好的战略如果得不到很好的贯彻执行,其最终也不能成为好的战略。本部分重点讨论与战略实施和控制有关的问题。

战略实施的主导者是一些为了达到共同的战略目标而协作的个人或群体,要有效地实施战略,就必须建立适合于所选战略的组织结构。建立有效率的组织结构是实施战略的重要手段。企业不能从现有组织结构的角度去考虑经营战略,而应根据外部环境的变化去制定相应的战略,而后以新战略为依据调整企业原有组织结构,使之适应战略的实施。

旅游企业文化是旅游企业内部全体员工所具有的共同的价值观,是旅游企业内部的风气、习惯、性格和团队精神。旅游企业文化影响旅游企业成员的思维方式和行为方式,因此富有活力的企业文化是战略实施的重要内容。

旅游企业的内外部环境不断地发生着变化,当这种变化累积到一定程度时,原有的战略就会过时。尽管战略的制定在很大程度上依赖于对未来的预测,然而这种变化是没有办法完全预知的。即使战略基础没有发生变化,战略的制定也是非常成功的,但在执行的过程中也可能会发生偏离。因此,需要实施战略控制,及时反馈,并对战略目标或实施进行调整,保证既定战略目标的实现。

第九章

旅游企业战略实施

开篇案例　美国西南航空公司的发展战略及企业文化建设

一、美国西南航空公司概述

1992年，美国航空业亏损达20亿美元。美国航空公司进入20世纪90年代以来，赤字总额累计更是达到80亿美元，TWA、大陆、美国西方这三大航空公司都已经宣布破产。然而，就在美国航空业一片萧条中，小航空公司——美国西南航空公司却异军突起，在1992年令人难以置信地取得了营业收入猛涨25%的佳绩。率领西南航空公司创造奇迹的是赫伯特·克莱尔，他找到了管理学家所说的"市场的战略性窗口"。

美国西南航空公司最初的构想诞生在餐桌上。在1967年的一次聚餐上，克莱尔律师的一位客户在餐桌上随手画了个三角形，三个顶点代表达拉斯、休斯敦和圣安东尼奥。他想：目前大型航空公司都热衷于长途飞行，对短途飞行不屑一顾。如果能组建一家航空公司在这些大城市间经营短途空运业务，那么这个市场应该是有利可图的。直到1975年，已成立8年之久的西南航空公司仍只拥有4架飞机，只飞三个城市，但是西南航空公司的经营成本却远远低于其他大型航空公司，它的票价也大大低于市场平均价格，因而吸引了大批乘客。进入20世纪80年代，西南航空公司将精力集中在得克萨斯州之内的短途航班上，它提供的航班不仅票价低廉，而且班次频率高，乘客几乎每个小时都可以搭上一架西南航空公司的班机。这使得西南航空公司在得克萨斯航空市场上占据了主导地位。进入20世纪80年代，西南航空公司开始扩张，但是始终坚持两条标准：短航线，低价格。20世纪80年代是西南航空公司大发展的时期，其客运量每年增长300%，但它的每英里运营成本却持续下降。到1989年12月，西南航空公司的每英里运营成本不足10美分，比美国航空业的平均水平低了近5美分。

美国西南航空公司的低价格战略战无不胜。1971年美国西南航空公司作为一个地方性的小航空公司开始运营,到1990年,公司年收入达到10亿美元,成为美国市场的大型骨干航空公司。2002年美国西南航空公司列《财富》杂志最受羡慕公司第二位、航空运输业第一位;2002年5月20日的《华尔街日报》将美国西南航空公司列为排名第一的旅客最满意的航空公司;2003年的《航空运输》杂志将美国西南航空公司列为"年度航空公司",褒奖其连续30年的赢利。美国西南航空公司在国际航空业中是一个领先的低成本航空公司,公司2002财政年度的每人每英里(约合1.6公里)的经营成本为7.41美分(约合人民币0.60元),相比2001财政年度下降1.7%。员工数从1990年的8600人增加到2002年的29000人。除了在基地得克萨斯州外,公司业务还向美国其他地区延伸。10年前业务范围只有31个城市,而2002年则达到58个城市。

二、美国西南航空公司制胜原因分析

美国西南航空公司异军突起的前提是它找准了战略性机会窗口,实行差异化竞争战略。此外,还有其他一些帮助它从这个"窗口"走向成功的因素,其中比较重要的有成本控制、公司企业文化和稳健的发展策略。

(一)低成本策略

成立之初,美国西南航空公司主要经营得克萨斯州内的短途航线,后来逐步开通美国州际航班,业务范围扩展到30个州的58个城市。西南航空目前约有85%的航班飞行时间少于2小时,飞行距离少于750英里,其目的地多为不太拥挤的机场。这样做的好处是减少了机场使用费。

美国西南航空公司的低成本是多方面原因造成的。例如,该公司的全部机型为节省燃油的波音737型,不仅节省油钱,还体现了自己的市场定位,而且人员培训、维修保养、零部件购买和库存都执行一个标准,大大节省了培训费、维护费。在购买零部件时,由于公司订货量大,因此能得到供应商的折扣。它还创造了美国航空界最短的航班轮转时间,能比竞争对手更快地完成乘客登机离机和机舱清理工作。公司不设立专门的机场后勤部门,所有机修均外包给专业机修公司。不设头等舱,视飞机为公共汽车,全部皮座椅,登机不对号入座,以满足乘客急于上机的心理,缩减等候乘客的误点率(其登机和下机时间只有20分钟),明显提高了飞机的使用率。此外,不提供饮食以降低成本也是其特色之一。

如此经营模式,使西南航空吸引了更多乘客,增加了航班次数,提高了飞机使用率,运营成本大大降低,最终使其有能力与竞争对手展开低价竞争。

(二)良好的企业文化

美国西南航空公司在通过降低成本来提高自身竞争力的过程中充分地利用了企业文化对成员的影响来提高其管理绩效,有效地保持了其在低成本航空公司中的领先地位。

1. 确立公司独特的企业文化

企业文化"员工是公司的第一位顾客,而乘客是第二位"促使其获得巨大成功。与刚性的规章制度相比,企业文化建设是通过推动组织内形成与组织发展目标相一致的价值观、信念和行为规范来提高组织成员的工作绩效。虽无明确的条文和奖惩制度,但在影响组织成员的工作绩效上却具有更为深远的作用。美西南航空公司在提高员工工作绩效方面非常注重企业文化建设的作用,希望能促使员工建立与企业发展目标相一致的价值观、信念和行为规范,让员工自觉地发挥工作潜能,投入到促进公司发展的目标中去。

在西南航空公司的企业文化中其"员工第一"的信念在激发员工工作积极性中起着至关重要的作用。公司努力强调对员工个人的认同,如将员工的名字雕刻在特别设计的波音737上,以表彰员工在美国西南航空公司成功中的突出贡献;将员工的突出业绩刊登在公司的杂志上;对员工的访问。通过这些具体的做法,让员工认为公司以拥有他们为荣。美国西南航空公司不仅是泛泛地强调重视员工整体,更有对每个员工个人的关注,认为公司所拥有的最大财富就是公司的员工和他们所创造的文化,人是管理中第一位的因素。

"我们宁愿让公司充满爱,而不是敬畏。""不仅仅是一项工作,更是一项事业。"从这一系列口号中可以看出美国西南航空公司企业文化的特质。在其员工培训中强调员工应该"承担责任、做主人翁"(take accountability and ownership),"畅所欲言"(celebrate and let you hair down),在企业文化中真正引导员工形成一种主人翁意识,让其认为公司的发展也就是个人的发展,促使员工愉快地投入到工作中去。

公司还采取独特的行动以保持文化的持久性。为此,公司设立了新员工委员会,当员工流动性高时,公司发起了一场品牌宣传活动,使员工认为企业给予他们更多自由,同时公司也开始主动寻找人才。公司定期从美国《财富》杂志每年100个最好公司的排行榜中找到位居第一的公司去研究。公司的领导 Herb. Kelleher 花费了很多精力和时间来创新和维持公司独特的企业文化。便宜的机票、旅行途中无拘无束的氛围一直是公司的文化。公司的员工都明白公司的文化和状况,使公司在成长过程中保持这种文化。

具有这样文化的员工每年从公司获得四张卡片:生日卡、圣诞卡、情人节卡和公司周年纪念卡。公司鼓励员工举行庆典来纪念有意义的日子。同时,公司还强调创造性的工作,鼓励员工在高压力的工作下寻求身心放松。在西南公司,负责客户关系的员工可以穿着睡衣去上班。员工的生活与公司的成长一样,被公司领导高度重视。

2. 通过一整套机制来推行、维持和发展企业文化

确立理想的企业文化发展目标是企业文化建设中重要的一环,但更重要的工作还在于在组织内部推行、维持和发展理想的企业文化。员工是否接受公司期望

达到的企业文化,其接受是否能够经受时间的考验以及这种企业文化能否不断地根据实际情况而发展,将直接决定企业文化建设的成败。美国西南航空公司就此建立了一整套机制来确保推行、维持和发展公司的企业文化,具体包括以下一些措施:

(1)设立"文化委员会"来建立、发展、维护公司的企业文化。为了帮助员工沟通,公司1990年建立了"文化委员会",旨在做一些必要的事情来创新、提高和丰富企业文化。委员会尽量确保员工满意,使处于不同岗位上的员工能相互欣赏,共同协作。同时又设立了新员工委员会,以确保他们在早期的职业生涯中能够正确入门,得到足够的引导和培训。公司还花心思保留员工。公司内部员工还发起一场品牌宣传活动,确立了工作的八项基本自由:追求健康、旅游、学习和成长、保持联系、财务保障、工作和娱乐、求同存异、创造和创新。

(2)借助于一系列标记、口号、具体事例使组织文化深入人心。企业文化建设不同于规章制度建设。由于企业文化是成员心目中价值观、信念和行为规范的总和,因此不可能由企业硬性推广给员工,只能是在有意识的引导下促使成员形成有利于达到组织目标的企业文化。飞机上每一个员工的名字、公司随处可见的员工个人、家庭乃至宠物照片,随时在告诉员工公司所强调的员工第一和员工所获得的个人认同感。"不仅仅是一项工作,更是一项事业"则在提醒员工,他们并不是在为了获取收入而被动地工作,而是在从事一项组织和个人发展的事业。公司在各种场合、有关杂志上所宣传的具体事例也使每一个员工更加直观地认识到,企业所强调的价值观、信念和行为规范。可以看出,美国西南航空公司企业文化建设的过人之处在于公司并没有停留在确立一套理想的企业文化建设目标上,也没有简单地仅仅建立一个"文化委员会"了事,而是通过一整套有效的措施使得所倡导的企业文化深入人心,被员工所真正地接受。这种做法保证了企业文化建设对达到企业目标的促进作用,真正地实现了企业文化建设的初衷。

(3)经常为表彰员工举行庆典。为了让员工真正地感受到管理层对企业文化的认真投入,公司在表彰员工的时候经常采用庆典的方式。这传递给组织成员一个明确的信息——管理层不仅仅是确立一套企业文化,更是在认真地实现他们"员工第一"的企业文化发展目标。此外经常举行庆典则反映了公司对企业文化建设的不断推动,这进一步带动了员工对企业文化建设的认可和投入。

3. 美国西南航空公司的企业文化建设对促进公司发展所起到的作用

首先,员工们有相当高的自由度和责任心。公司鼓励他们多出主意和采取实际行动,服务客户和改进组织。他们了解行业内的各种规章制度,为满足这些要求承担责任,通过这一点他们能够以服务客户为中心开展工作。

其次,在整个公司内,员工们参与决策和改革建议的程度相当高。他们看到,自己的想法得到了认真的考虑,其中有一些还得到了落实。同时,公司以持续革新和寻找更好的做事方法而自豪。例如,公司文化委员会有120多人,而设立在各部门和地区分部的文化委员会的成员就更多了。公司各个层次的员工都参与到促进和强化公司的文化改进活动中去,这些委员会已经成为企业文化建设的支柱。

其三,公司大多数文化的保持是通过雇用符合公司要求的员工实现的。对于任何一个公司来说,也许没有什么决策比决定"雇用谁"更重要的了。即使随着公司的急剧膨胀,符合公司要求的员工越来越难以找到,西南航空公司也没有降低它对员工的雇用标准。

其四,公司各个层次都非常重视培训,而且他们眼中的培训已经超出了技能培训的范围。培训的目的不是把人训练出来,使他仅仅能够做好工作,而是要让他在自己的职责范围之外还能发挥作用,让他充分利用自己的主动性弥补部门之间、职能领域之间以及运营单位之间的隔阂,从而更好地为乘客服务。因此,整个培训过程都在强调参与、行动和服务客户的企业文化。

最后,西南航空公司在使用员工方面保持一定的灵活性,对员工的职业志向做出积极响应。新员工通常以初级职位加入公司。例如,飞行员刚进来时的职位是一级官员。随着他们在公司得到更多的技能并成为公司文化的支持者,他们就期望在公司内能够得到提升。员工被选拔出来得到内部晋升和调动的依据是综合考虑他们的技术技能和个人作风的结果。那些并不怎么支持公司文化的经理们很少有进一步提升的机会,往往最终只有离开公司。因此,留下来的能够不断得到提拔的经理们是公司内部各个部门的领袖人物,他们严格按照公司的基本价值观和原则办事。因此,员工招聘、培训、安置和培养成了公司用以保持卓越绩效的企业文化的重要杠杆。

总之,美国西南航空公司企业文化建设的成功之处在于将个人发展与组织发展目标相统一,让员工充分地热爱自己的工作,以为美国西南航空公司工作、促进美国西南航空公司发展为荣。让员工认为公司的事业就是自己的事业,从而充分地调动了员工的工作热情。借助于员工培训、随处可见的标语、奖励员工的庆典、对具体事例的宣传以及深入到各个节点的文化委员会,美国西南航空公司的企业文化真正全面、深入地传递给了组织的广大成员,组织成员对这种企业文化具有了直观的认识。公司不仅是借助相关机构和各种手段来宣传公司的企业文化,还通过管理层的积极推动和示范使员工认识到公司对企业文化建设的认真和投入,了解到公司不仅仅是宣传"员工第一"等口号,在管理过程中更是在兑现着这些目标。这就促使广大员工接受这种企业文化,并且形成一种巨大的凝聚力,共同去追求组织目标。

(三)稳健的发展策略

"人退我进"是西南航空在过去几十年中所遵循的重要经营战略,体现的战术就是"你收缩我跟进,以攻制胜"。其创始人克莱尔就说过:"我们要不惜一切去争取发展空间。"

20世纪90年代海湾战争期间,美利坚航空关闭了在纳什维尔和加州圣何塞的航空中心,西南航空乘虚而入,扩展了自己的领地。当美洲航空宣布撤销在加州6个城市的业务时,克莱尔马上发出指令:立即占领市场。因为市场稍纵即逝,如果你不紧紧抓住,别人就会捷足先登。结果,西南航空很快占领了美洲航空退出的这部分市场,后来获得了巨额回报。

1982年,美国发生了1万多名空管人员同时大罢工的工潮,但是,航空公司能否使新飞机起飞,需在华盛顿抽签决定,而新组建的航空公司相对享有优先权。为了享受这种权利,西南航空让其新组建的子公司中途岛公司参加抽签,然后将得到的航班转让给西南航空。联邦航空管理局知悉此事,专门把西南航空的老总传到华盛顿,指明此举违规,中途岛公司必须有运营业务才能参加抽签。西南航空于是将中途岛公司象征性地出售给另一家航空公司,从而使西南航空有了更多的航班。政府管理部门对此无可奈何。这种做法是否得当姑且不论,但西南航空不惜一切去争取发展空间的韧性,确实值得称道。目前,西南航空的市值已超过157亿美元,比美利坚、联合、大陆、达美等大型航空公司的市值总和还要高。西南航空也因此被《财富》杂志称为"有史以来最成功的航空公司"。

美国西南航空以低成本、企业文化和稳健的发展策略作为战略实施的保证,为我们提供了旅游企业战略实施非常成功的例子。在本章中,我们将主要讨论旅游企业战略实施的内涵以及企业组织结构、企业文化对战略实施的影响。

第一节 旅游企业战略实施的内涵与主要因素

一、旅游企业战略制定与战略实施

旅游企业战略实施与战略制定有着密切的联系。二者是旅游企业战略管理的有机组成部分,是整个旅游企业战略管理过程两个不可分离的阶段。旅游企业制定的战略必须得到实施才能体现战略制定的意义,而且也必须通过实施来验证和评价战略制定的效果。越来越多的战略重点从战略制定转移到战略实施工作中来,许多战略管理学者认为战略制定只是一种意向的战略(intended strategy),真正的战略应该是一个动态的过程,能在贯彻所制定的战略的过程中,根据环境条件的变化,对各种突变事件做出反应,达到减少失败促进成功的效果。旅游企业经营战略使旅游企业在竞争中有了明确的方向,对旅游企业行为进行一定的指导和规范,但是战略制定中没有估计和没有完全估计的问题都会在战略实施的过程中出现。所以旅游企业战略实施比战略制定更难、更复杂,也更重要。一个适当的战略如果没有得到有效的实施会导致战略的失败,而卓越的战略实施计划不仅会使战略获得成功,而且会挽救不适当的战略。

旅游企业战略制定和战略实施的区别(见表9-1)。

表9-1 旅游企业战略制定与战略实施的区别

战略制定	战略实施
行动前配置资源	行动中配置资源
注重效能	注重效率
思维过程	行动过程
直觉与分析技能	激励和领导技能
对几个人进行协调	对众多人进行协调

(一)战略制定与战略实施涉及人员的范围不同

旅游企业战略制定阶段的参与人一般都非常有限,当然制定的过程可能涉及大量专家、大规模市场调研,但最终决策还是在有限的几个人当中完成。而旅游企业战略实施是一个全员性的概念,因为旅游企业的经营管理工作是一个完整的系统,研发、生产、物流管理、销售、市场营销、人力资源管理、资本结构优化等各个层次、各个环节之间的工作是紧密联系的,相互影响的。所以,当旅游企业进行战略实施的时候需要全体人员和部门的支持及配合,否则任何一个环节和部门发生小问题都可能导致整个旅游企业战略的失败。所以,在旅游企业战略实施的过程中,首先需要让全员对战略有一个较为正确与深刻的理解。

(二)战略制定与战略实施对参与的人员能力及环境氛围的要求不一样

旅游企业战略制定需要良好的分析能力、创造力和直觉,注重的是一种概念技能,需要灵活、创新的团队氛围。而战略实施注重的是效率,强调执行力,需要脚踏实地,具有迅速有效行动的能力。

旅游企业战略和实施的搭配效果分析见图9-1。成功象限表明战略制定和实施的搭配会实现成长、市场占有率和利润目标;摇摆象限表明良好的实施工作可能挽救蹩脚的战略,也可能加速失败;艰难象限表明蹩脚的实施妨碍良好的战略,管理人员可能做出战略是否适当的推断;失败象限表明原因难以诊断,可能是战略本身不合适,也可能是无能力实施。

总之,战略实施的核心是整体性,即通过战略来协调各种活动之间的关系,它追求整体最优而不是局部最优,追求相互协作、配合而不是各自为政。战略的实施是战略定位、战略意图的逻辑分解和逻辑延伸,是对经营管理各职能的有机整合。

二、旅游企业战略实施的基本原则

为了保证旅游企业战略目标的顺利实现,在战略实施过程中,必须遵循如下基本原则：

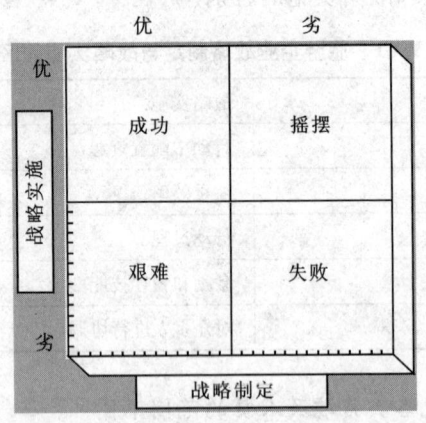

图 9-1 战略制定与实施的不同搭配效果

（一）坚定方向，突出重点原则

旅游企业战略制定是建立在对市场调研、分析，并结合企业实际制定出来的，所要解决的问题，是旅游企业全局的、长远的发展指导思想和最终目标，为旅游企业的生存与发展指明方向。旅游企业在实施战略的过程中，要坚持已有的方向，突出战略制定中关键性环节，抓住对全局有重大影响的问题和事件以及那些战略决策时没有考虑的例外因素，以达到事半功倍的效果。

（二）权变原则

在战略实施过程中，旅游企业还需要在坚持原定计划的基础上，根据环境的变化调整战略，所以旅游企业战略实施应该是有弹性的，允许有一定的灵活性，这会使计划更加符合实际，更好地实现战略目标。同时，战略实施并不是被动的，实施过程也是对战略的创造过程，是对战略的检验和不断完善过程。比如，北京前门饭店根据市场变化适时将"以团队为主，散客为辅，长住为补"的营销战略改变为"以散客为主，旅游团队及中小型会议为辅，长住客为补"，取得了较好的经济效益。

（三）经济合理原则

由于环境的变化以及对不确定性因素的估计不足，旅游企业战略管理过程中可能会出现与战略制定的目标略有差别的现象，某些特征和内容可能有所改变。但是战略实施无法同技术、工艺那样要求准确无误，否则，管理成本将过大而得不偿失。只要在旅游企业战略实施过程中，坚持统一领导、统一指挥的原则，战略实施系统各要素比较协调，总体运行偏离战略目标的程度基本符合要求，就应当认为是正常的。

三、旅游企业战略实施的模式

(一)指令型模式

指令型模式又称指挥型模式。采用这种模式的企业高层战略管理人员考虑战略的制定,而下级管理人员实施战略。这种模式具有明显的集中指导倾向,故称为指令型模式。在以下几种情况下旅游企业采取指令型模式是比较合适的:一是战略的实施比较容易;二是信息系统工作效率较高;三是规划人员素质较好。旅游企业多数采取这种模式。在经营状况比较稳定、多种经营程度较低、环境变化小、战略变化不大等情况下,采用这种模式效果比较好。但这种模式也会带来一些问题:旅游企业战略制定者与执行者分开,即高层管理者制定战略,强制下层管理者执行战略。这样的旅游企业战略实施起来可能会因制定者和实施者理解的差别而导致实施效果产生一定的偏差。同时,下层管理者缺少执行战略的动力和创造精神,不利于战略的实施。

(二)变革型模式

变革型模式又称为转化型模式,是由指令型模式转变而来的。采用这种模式的旅游企业着重考虑如何运用组织结构、计划体系、信息支持系统、激励手段和控制系统来促进战略实施。但是这种模式并没有解决指令型模式存在的如何获得准确信息、旅游企业战略实施的动力等问题,而且还会产生新问题,即因支持战略实施的组织结构及控制系统造成了战略的灵活性。从长远的观点看,这种模式并不适合那些环境不确定性因素较多的旅游企业,因为这样的企业会选择避免战略的灵活性。

(三)合作型模式

合作型模式的特点是旅游企业高层管理者通过集体决策和战略制定过程接近一线管理人员,能获得比较准确的信息,战略实施的具体措施是建立在集体智慧的基础上,能调动集体成员的积极性,逾越战略制定者和实施者之间的鸿沟,降低旅游企业战略实施的风险,故战略实施成功的可能性较高。但是采用这种模式的缺点是,战略实施措施是不同观点和目的的参与者互相理解协商的产物,可能使战略的经济合理性有所降低,同时决策的时间和投入的费用会多些。

(四)增长型模式

所谓增长型是指旅游企业的高层战略管理人员在战略实施过程中仅仅提出一些基本原则,鼓励中下层管理人员制定和实施自己的战略,然后高层管理者评判下层的各种建议,并从中选优。这样的模式能促使管理者在日常工作中充分挖掘企业内部潜力,寻求创造新的机会。但是这种模式对旅游企业高层管理者要求较高。同时,中下层管理人员制定的战略实施方案可能有一定的片面性。

(五)文化型模式

旅游企业文化能给企业员工提供共同的价值观,规范员工的行为。采用文化型模式的高层管理者要运用企业文化的手段不断向全体员工灌输企业的战略思想,使所有成员在共同的文化基础上参与战略的实施活动。但是这种模式的缺点是,企业文化是长期积累的过程,不是一朝一夕就能产生的,并不是所有旅游企业都能使用的;强烈的企业文化还会掩盖企业中存在的某些问题;成功地采用这种模式要求员工具有较高的素质。

综上所述,这五种战略实施模式侧重点不同,各有利弊,可以互相补充,但是没有哪种模式可以适用于所有旅游企业。旅游企业在决定采用战略实施模式的时候应该考虑企业的实际情况、环境等因素。总之,战略实施充满了矛盾,在实施过程中只有调动各种积极因素,才能使战略获得成功。

四、旅游企业战略实施的主要因素

美国的彼得斯(Peters)和沃特曼(Waterman)提出7-S模型(如图9-2所示)。这个模型强调旅游企业在战略实施过程中,要考虑企业整个系统的状况,既要考虑旅游企业的战略、组织结构和体制3个硬因素,又要考虑到作风、人员、技能和共同价值观4个软因素,只有在这7个因素相互很好地沟通和协调的情况下,旅游企业战略才能获得成功。

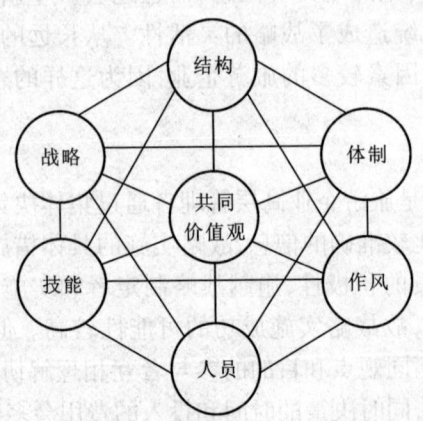

图9-2 旅游企业7-S模型

旅游企业战略实施是在企业组织架构下,通过组织协作,发挥1+1>2的协同效应,从而更有效地实现旅游企业制定的战略意图。从旅游企业战略实施的流程图(如图9-3所示)可以看出,旅游企业战略实施的主要因素可以从旅游企业组织结构调整和旅游企业文化管理两个方面来概括。旅游企业的战略是通过组织来实施的,组织结构规定各旅游组织单位的界限,使组织运行于其中。建立旅游企业组织结构要规定管理者对组织实行必要控制的权威性，从而促使战略的有效实施。

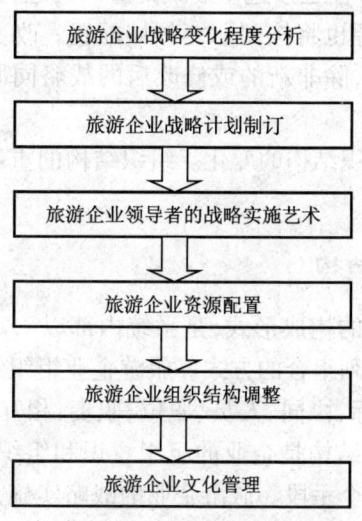

图9-3 旅游企业战略实施的流程

总之，一方面旅游企业建立组织结构是实施战略并实现战略目标的组织保证，另一方面和旅游企业战略相适应的旅游企业文化能促进旅游企业战略的实施。旅游企业文化是旅游企业成员共同的价值观，规范着成员的行为，能够支持旅游企业战略的实施。

附：英国Easyjet航空公司的文化与组织结构

Easyjet航空公司采用的是非正式的公司文化和非常扁平的组织结构。该公司这样做会减少不必要和不经济的管理层。公司鼓励办公室的文员穿着随意，并且禁止员工系领带，但飞行员除外。自从公司成立以来，在家办公或者与他人分享办公桌已成为Easyjet航空公司的特点。

第二节 组织结构与旅游企业战略实施

战略实施的主导者是一些为了达到共同的战略目标而协作的个人或群体，要有效地实施战略，必须建立适合于所选战略的组织结构。有效率的组织结构是实施战略的重要手段。企业不能从现有组织结构的角度去考虑经营战略，而应根据外部环境的变化去制定相应的战略，而后以新战略为依据调整企业原有组织结构，使之适应战略的实施。

美国学者钱德勒（A. D. Chandler）于1962年发表的《战略与结构：美国工业企业历史的篇章》一书中指出，战略与结构关系的基本原则使组织的结构要服从组织的战略,即经营战略决定着组织结构类型的变化。战略变化往往要求组织结构发生变化的第二个原因是企业的组织结构决定了资源的配置。如果企业组织是按用户群体构造的,那么资源便也按这一形式配置。同理,如果企业组织是按职能性业务领域构造的,那么资源也将按照职能领域配置。改变组织结构的侧重点通常为战略实施活动的一部分,除非新的或修改后的战略同原战略所侧重的职能领域相同。

战略的变化将导致组织结构的变化。组织结构的重新设计应能够促进公司战略的实施。

一、旅游企业组织结构

所谓结构是一个系统的构成形式,是系统内部以一定性质一定数量的各个要素按照一定的关系进行排列组合的方式。旅游企业组织结构就是旅游企业组织这一系统的构成形式,即目标、协同、人员、职位、职责、相互关系、信息组织七要素的有效排列组合方式。组织结构是企业的组织意识和组织机制所赖以存在的基础,是企业实施经营战略的一个手段。旅游企业的战略实施是通过企业组织结构来实现的。

在旅游企业里,组织结构有两种基本类型:正式组织结构和非正式组织结构。正式的组织结构是由企业管理人员设计并通过组织结构图表现出来的。非正式组织结构代表着企业员工之间的各种社会关系。这种关系是根据员工的共同兴趣、利益和爱好组成的。

在了解旅游企业组织结构如何适应其战略实施前,还需要了解组织结构划分的依据,如何具体划分组织内部的部门取决于旅游企业的战略定位。为了更好地实施旅游企业的战略,必须建立最适合的部门结构。

(一)旅游企业组织结构

1. 简单直线结构

在简单直线结构中,所有者兼经营者直接做出所有主要决定,并监控企业的所有活动,而员工只是为经理监控权力的延伸而服务。这种结构涉及极少的任务分工、很少的规则和有限的规范化。简单直线结构适用于提供单一旅游产品,占据单一旅游市场的公司。比如,小餐馆由于具有有限的复杂性而运用简单结构,从而使沟通更为频繁和直接,新产品进入市场的速度更快,并产生竞争优势。这样的组织结构的旅游企业多数实行的是集中化成本领先战略或者实行集中化差别战略。这样的组织结构的旅游企业易于接受变革、强有力的结构弹性以及快速适应环境变化的能力,是潜在竞争优势的来源。(如图9-4)

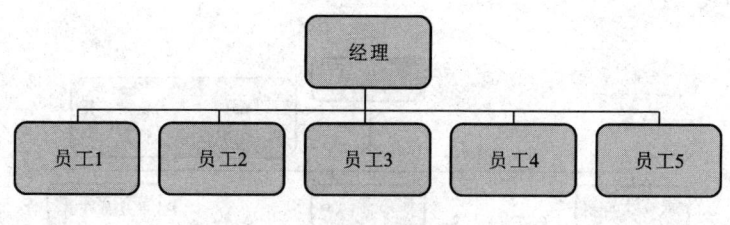

图9-4 旅游企业简单直线结构

2. 职能制结构

如果旅游企业提供更为复杂的旅游产品,发挥更为复杂的组织职能,则应舍弃简单结构采用职能制结构。职能制结构适用于旅游企业实施一项业务层战略的大型公司或产品多样化程度很低的公司。职能制结构将任务和活动按业务职能,如生产、营销、财务、研究与开发和计算机信息系统等进行分类。职能制结构允许职能分工,从而具有知识共享、共同发展、简单易行、成本较低、促进劳动的专业化分工、提高效率和减少对复杂控制系统的特点。但是职能制结构可能导致专职职能经理关注于自我业务领域而不是公司整体战略,还可能导致士气低下和部门及人员的冲突、授权不透等。(如图9-5)。

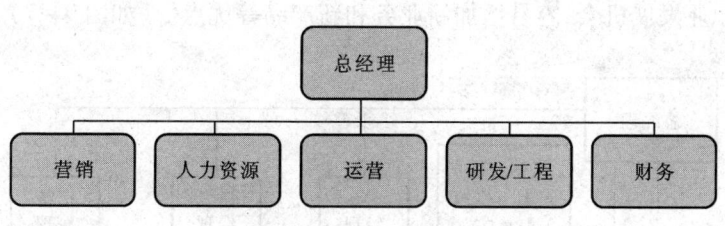

图9-5 旅游企业职能制结构

3. 战略事业部结构

随着企业中分部门或分公司的数量、规模和类型的增加,对各部门的控制和评价将愈加困难。销售的增长往往不能形成赢利的同步增长。公司最高层领导的控制范围会变得过于宽广。将类似的分公司或部门组成战略事业部,委派高级管理人员对其负责并直接向公司最高领导报告,各事业部独立核算,这种结构通过对各类业务的协调和对各战略业务部职责的明确规定而促进战略的实施。在跨国公司中,战略事业部结构可以极大地促进公司战略的实施。

战略事业部结构的两个缺点:一是它需要多设一个管理层次,从而增加了工资开支;二是该战略使集团副总裁的职责不够明确。然而,这些局限性往往尚不至于掩盖战略事业部结构所具有的促进协调与强化责任的优越性,仍是瑕不掩

瑜。(如图9-6)

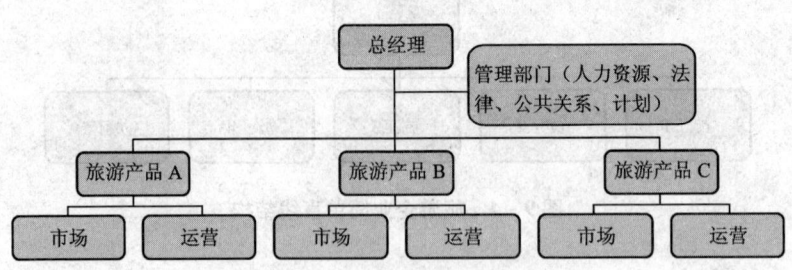

图9-6 基于产品组的战略事业部结构

4. 矩阵结构

当旅游企业逐渐扩大规模,实行多元化战略时,比如,一些景点企业开始在景点附近开设旅店,或者进行跨国业务,面对更宽阔的市场环境,从而实行多领域的纵向一体化战略时,企业高层领导处理日益增长的战略信息量的能力有限,可以将组织结构转变为矩阵结构。矩阵结构是一种最为复杂的组织结构,因为它同时依赖于纵向和横向的权力关系与沟通。旅游企业建立矩阵结构使旅游企业具有项目目标明确、沟通渠道较多、员工可以看到自己的工作成果、项目退出壁垒较低、为管理者提供职业发展机会、容易增加新业务和新产品等优点。(如图9-7)

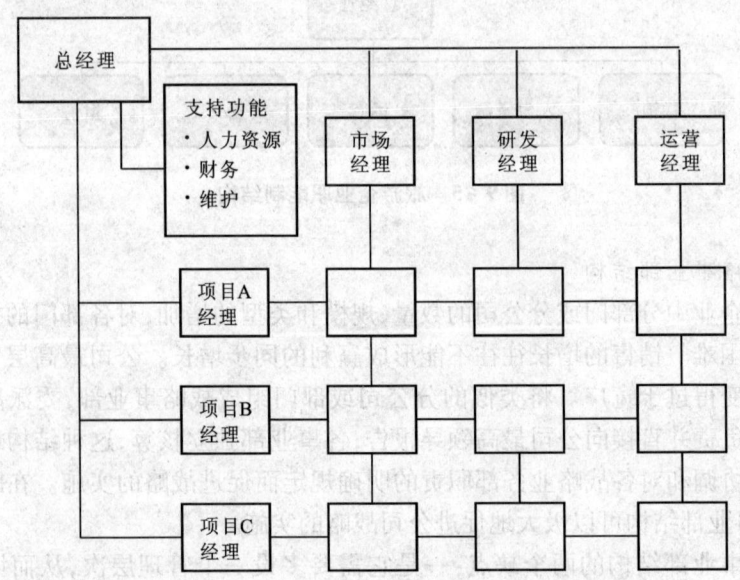

图9-7 旅游企业公司矩阵结构

但是这样的组织结构容易产生较高的成本,在人员、设施和职员服务方面存在一定的重复,出现双重预算权力(违背了统一指挥的原则)、双重奖惩系统、双重报告渠道。由于设置了更多的管理职位,可能产生较高的管理费用,同时可能会增加对广泛而高效的沟通系统的需求,使企业变得复杂化,降低管理效率。

为了使矩阵结构更为有效,企业需要高度参与式的计划制订机制、良好的业务培训、雇员间对各自任务与责任明确的相互理解及充分的内部沟通和相互信任。当旅游企业的各种变量,如旅游产品、用户、技术、地理、职能领域和行业等都具有大致相同的重要性时,矩阵结构将成为一种有效的组织形式。

(二)旅游企业组织结构的创新形式

随着旅游企业战略和资源条件的变化,企业在组织结构上必须实施必要的创新,创新的形式有以下几种。

1. 组织软化的趋势

美国学者若比·迈尔斯和克莱·斯诺于1996年在《加州管理评论》上将"新竞争组织"解释为具有垂直的解集作用、内部和外部经纪人(代理人)制、敞开的信息系统以及市场机制取代行政管理机制的组织。核心就是通过电脑化信息系统技术,在企业内部建立广泛的联系,同时应用市场机制来糅合一些主要职能,以求实现更为广泛的战略目标。组织软化还需要组织结构小型化、简单化,因为组织结构过于复杂庞大,不符合人的本性,而小型化便于领导适当分权,调动下属积极性且便于控制。

2. 建立混合型组织结构

混合型组织结构的明显趋势是:一方面下放权力,另一方面将战略计划和决策机制集中于公司总部,从而形成了高度集权和高度分权相结合的形式为代表的混合型组织结构。但是要能实现集权和分权的良好结合,旅游企业必须具有组织稳定、富有效率、企业家精神、对外界环境的变化的应变能力等素质。(如图9-8)

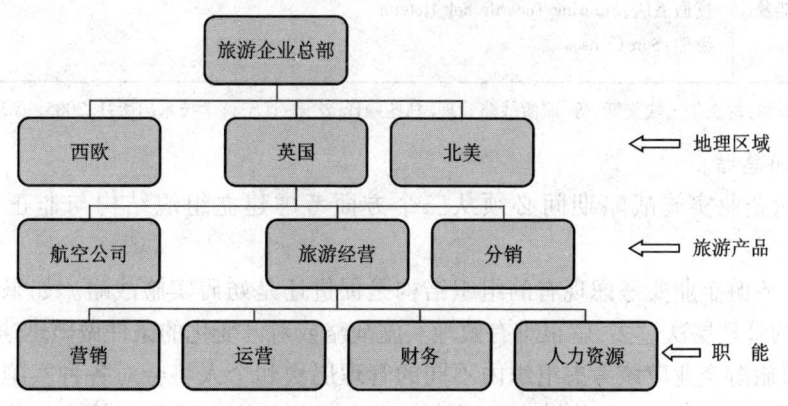

图9-8 纵向一体化旅游企业的混合型部门结构

3. 网络型组织结构

网络型组织结构的控制是间接控制,保持单向的责权利,具有更大的灵活性,具有动态的特征,使旅游企业组织的效率能得到保证。此外,采用网络型组织结构还有利于经营、协调和合作,便于调动每位管理者的积极性,而且有高附加值的保证。(见表9-2)

表9-2 My Travel 公司集团组织结构

		市 场			
		英国	北欧	德国	北美
产品	分销网络	Going Places Late Escape My Travel	Spies Tjaerborg Ving Shops My Travel	Fti Touristik	World Choice Travel My Travel Cruises Only
产品	旅游经营	Airtours Aspro Tradewinds Eurosites Direct Holidays Manos Panorama Cresta	Ving Always Saga Spies Tjaerborg	Fti Touristik	Sunquest Vacations Alba Tours Vacation Express
产品	航空业务	Airtours International	Premiair		Skyservice
产品	游船及酒店	度假酒店:Sunwing Tenerife Sol. Hotetur 游船:Sun Cruises			

资料来源:耐杰尔·埃文斯,等.旅游战略管理.马桂顺译.沈阳:辽宁科学技术出版社,2005.第339页。

(三)总结

旅游企业实施战略期间必须从三个方面考虑建立组织结构与非正式组织结构。

(1)旅游企业要考虑现有的组织结构是促进还是妨碍实施战略。如果一个旅游企业的管理层次过多,就很难有效地实施战略或对已变化的条件做出迅速反应。

(2)旅游企业应该考虑组织内不同的管理层次和个人将会对各种实施任务做出什么反应。一般来讲,旅游企业最高管理人员往往在实施彻底战略变化或企业转向方面有很大的发言权,而战略变化则由中层管理人员负责实施。

(3)调动非正式组织的积极性,促进战略的成功实施。例如,在实施战略的问题上,如果一些部门的管理人员能够自发地合作,相互探讨,则会加速战略实施的进程。

二、旅游企业组织结构和战略实施的关系

1. 旅游企业的经营战略规范着企业的组织结构的形式

美国学者钱德勒认为企业组织结构要服从于战略,组织结构是为战略服务的,即"结构追随战略"。当企业的战略发生转变时,原有的结构不能适应新战略,导致绩效的下降,引起对组织结构的调整。也就是说,企业组织结构要适应实施战略的需要。

2. 实施企业的经营战略有赖于战略和组织结构的匹配

如果一个旅游企业采用的是单一经营的战略,仅仅提供一种旅游产品,在战略层次上只有企业战略和职能战略两个层次,则按职能来划分部门是适当的;如果一个旅游企业,既经营旅行业务,又负责旅游交通及旅店,则需要在各种旅游产品间增加一些协调职能,或按提供的旅游产品划分部门;如果旅游企业采用多元化战略,建立高度分权的事业部是恰当的。也就是说,旅游企业在实施决策战略的时候,要通过对各个部门进行分工、授权进行,关键看在这个过程中已有的组织结构和战略是否匹配。

3. 战略上的实质性创新决定组织结构上的重大变革

当旅游企业所处的环境很稳定时,实施一些发展战略和竞争战略需要轻微的组织结构的变动和调整。当旅游企业环境发生重大变化,实施创新性战略的时候,必须对组织结构进行重大的变革和调整以适应新战略的实施。

4. 旅游企业战略的前导性与组织结构的滞后性

旅游企业战略的变化要快于组织结构的变化。因为企业一旦意识到外部环境和内部环境的变化提供了新的机会与需求时,首先就会在战略上做出反应,以谋求经济效益的增长。而组织结构的变化常常慢于战略的改变,因为新旧结构的交替有一定的时间过程,旧的组织结构具有一定的惯性。由此可以看出,在环境变化、战略转变的过程中,总是有一个利用旧结构推行新战略的阶段,即交替时期。在旅游企业开始实施新战略时,要正确认识组织结构有一定滞后性的特性,在组织结构变革上不能操之过急,但又要尽量努力来缩短组织结构的滞后时间,使组织结构尽快变革。

三、旅游企业实施战略的组织结构匹配

对特定战略或特定类型的旅游企业来说,不存在一种最为理想的组织结构设计,对某个企业适用的组织结构不一定适用于另一家类似的企业。

（一）旅游企业业务层战略的实施

1. 利用职能制结构来实施成本领先战略

旅游企业组织结构中的专业化、集权化和规范化对成功实施成本领先战略具有重要作用。这种类型的职能制结构鼓励低成本文化（一种所有企业员工力图使本公司或本部门的成本低于竞争对手成本的文化）的产生。运用高度的专业分工，成本领先者美国西南航空公司不断努力提高生产和销售部门的效率。比如，美国西南航空公司是第一批在互联网上销售机票的航空公司。西南航空的单一票价和简单的航班时刻使其很方便地在互联网上把机票直接销售给顾客。正是由于这个原因，西南航空不需要再支付佣金给销售代理。很快，不少欧洲航空公司也开始追随西南航空的低成本方式，在网上销售机票，如维珍航空（www.Virginexpress.com）、Richard Branson折扣航空公司和Easyjet（www.easyjet.com），等等。许多大型的美国航空公司也对此做出回应，它们通过组建网站来与机票折扣的方法以及大型的网上旅游门户，如Expedia和Travelocity抗衡。大陆、三角洲、联合和西北航空公司组建了一个联合网站，并标明对旅行社的国内佣金从8%削减到5%。

2. 运用职能制结构实施差异化战略

实施差异化战略的职能制结构要求公司的每个员工都学会有效地协调并整合自己的行动。如果旅游企业高层领导者对决策具有同一种认同模式，就有利于差异化战略的实施。当旅游企业的竞争日益加剧的时候，低成本战略不再是获得竞争优势的利器。许多旅游企业开始实施差异化战略，如提供差异化的服务。这些实施差异化战略的旅游企业往往以模糊和不完全信息为依据对市场中的变化做出反应。而这些反应是很难在一个高度集权和规范化的公司中实施的，需要运用一个相对扁平的组织结构来重组这些行为。

3. 运用职能制结构实施集中化战略

旅游企业通过采用集中化战略向部分游客的特定需求提供服务。这样的集中战略通过简单直线结构更为有效。采用简单直线制实施集中战略后取得效益或市场份额的增加后，必须转化为采用职能制结构，以保证销售收入的持续增长。

（二）旅游企业公司层战略的实施

1. 运用战略事业部结构中的合作形式来实施相关多元化战略

合作形式是一种运用多种综合策略和水平的人力资源实践，以在公司多部门之间培养合作和整合的结构，围绕本旅游企业的核心旅游产品实行各个部门的合作是实现范围经济和促进技术转移的必要条件。部门经理间频繁的直接接触能够鼓励和支持部门之间的合作以及战略资源的共享，必须进行大量的信息处理以便于成功地实施相关的多元化策略。

2. 运用战略事业部结构中的竞争形式来实施不相关多元化战略

不相关多元化战略创造价值的方式是通过高效的内部资本分配或业务重组、

收购和剥离不良业务完成的。事业部结构的竞争形式是对不相关部门间资源的竞争进行控制的一种竞争形式。由于旅游企业资源有限,对资源的争夺使部门间竞争多于合作。

表9-3 战略事业部结构的三种主要形式

旅游企业发展战略	相关战略	不相关多元化战略
结构形式	合作形式	竞争形式
集权程度	高度集权	分权
部门激励性报酬	与公司整体表现相关	仅与本部门业绩有关

3. 运用地理区域性事业部结构实施多国家战略

旅游企业为了实施国际化战略需要采取地理区域性结构。该结构强调旅游企业要了解旅游产品投放地的文化差异和特质,每个国家就是一个区域部门,受到跨国总部的管理。各个地理区域部门之间不存在整合机制,协调也是非正式的。(如图9-9)

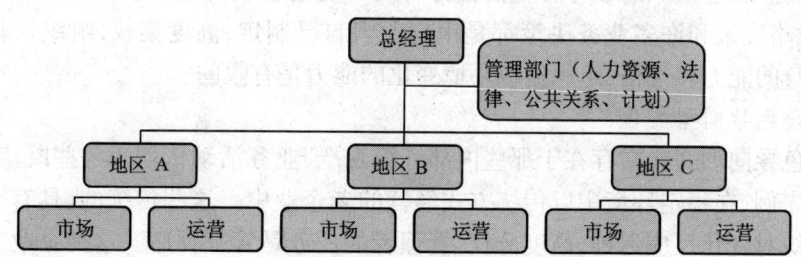

图9-9 基于地理区域性的旅游企业战略事业部结构

4. 运用混合型结构实施全球战略

如果旅游企业产品比较丰富,目标市场是多国家的,那么旅游企业为了更好地提供服务,加强管理,需要采用综合性结构——地理区域性和产品分区性结构实施全球战略。也就是将国外市场按照国家进行划分,在同一个国家内部根据不同产品采取分区性结构。这样的结构有利于旅游企业推行多元化战略。

四、结论

(1)在实施某一战略时,不同形式的组织结构有不同的效率。

(2)企业的组织结构具有生命周期。企业如果认识不到这种周期的重要性,则意识不到何时需要对组织结构进行根本性变革。

(3)企业经济效益大幅度增长是企业重新设置组织结构的前提条件。

(4)企业进入各种相关或不相关的产品和市场后,要获得经济效益,就必须改变组织结构。这是重新设计组织结构的必要条件。

第三节　旅游企业文化与旅游企业战略实施

一、旅游企业文化

一些研究组织理论的学者们尝试着把不同的文化类别进行归纳,认为如果组织能够通过类型来描述自身文化的话,将有助于进行战略分析。文化通常被认为具有以下几类。

(一)汉迪的文化类型

汉迪(Handy,1996)认为组织文化可以划分为权利导向型文化、角色导向型文化、任务导向型文化和员工导向型文化。

1. 权利导向型文化

权利导向型文化常常出现在那些由有权威的个人或占支配地位的小团体控制的组织内。这些组织的领导者凭借自身资质而使企业成长起来。在这种类型的组织中,战略决策和许多业务决策都是由创业者自己制定,高度集权,组织依赖于权威者自身的能力和性格,组织适应环境变化的能力是有限的。

2. 角色导向型文化

角色导向型文化常存在于那些内部等级森严、业务活动依赖于一些既定程序、制度和先例、在稳定环境中以传统方式经营的老企业中。这些传统的、具有官僚作风的组织对变化反应迟钝,高度分权,管理者的任务是管理程序。这类企业文化的组织依赖一些规则和制定的程序运行。

3. 任务导向型文化

具有任务导向型文化的企业包括一些完成项目所需要的专业方面的专家,团队小,灵活多变,通常从事非重复性、高价值、一次性的任务。这类企业文化存在于那些从事某项特殊任务的组织中。

4. 员工导向型文化

员工导向型文化主要存在于为组织员工自身利益着想的团队中,组织成员在其中能发挥积极性,都是为了自身或其他成员的利益而工作。

(二)密尔斯(Miles)和斯诺(Snow)的文化类型

基于文化在不同战略阶段的表现,密尔斯和斯诺(1978)把文化分成四种类型。

1. 防御者型文化

拥有防御者型文化的企业具有严格的控制系统和等级森严的管理机构,通过低成本和专业化战略在锁定的目标市场中追求竞争优势,其所经营的市场是稳定成熟的市场,环境的变化不大。

2. 先行者型文化

先行者型文化的企业倾向于创新、市场开发和推出新产品,组织分散灵活,企业的战略往往要求能对环境有所控制,并有能力对发生的变化做出快速反应。

3. 分析者型文化

具有分析者型文化的企业属于比较保守的,采取的多是追随的战略,通过市场渗透获得增长。这类企业推出新产品、开拓新市场都是建立在对市场进行广泛深入的评估和市场调查后做出决策的,善于从其他组织的成败中获得经验和教训,平衡上下级之间利益分配的方式比较复杂。

4. 反应者型文化

具有反应者型文化的企业属于追随者,但是在面对一些新市场的开拓和新产品开发的问题时,也会比较冲动,对于战略实施结果的考虑有时比较欠缺。

(三)小结

实际上,很少有企业只占有以上四种文化类型中的一种,常常是两种甚至更多种文化的集合体,并且这个集合体还可能随时发生变化。企业文化不同,选择的战略也不同。战略中的现实情况和理想状况之间的文化差异是战略实施中最重要的方面之一。如果两个方面的状况不匹配,要么改变现有的企业文化,要么调整战略目标来减少文化变革的程度。

二、旅游企业文化的内涵

旅游企业文化是一个旅游企业内部全体员工所具有的共同的价值观,是一个旅游企业内部的风气、习惯、性格和团队精神。旅游企业文化影响旅游企业成员的思维方式和行为方式,因此富有活力的企业文化是战略实施的重要内容。例如,北京永安宾馆根据自己的企业特点,以塑造"温馨的家"的企业形象为目的,提出"亲和、勤奋、进取、创新"的企业精神,使永安宾馆在我国涉外饭店的竞争中占据一席之位。

(一)旅游企业文化的功能

1. 导向和激励功能

旅游企业文化具有引导旅游企业员工为实现旅游企业发展目标而努力工作的功能,能使旅游企业员工认识到企业的特点和优势,产生热爱旅游企业的自豪感和荣誉感,为旅游企业奠定坚实的精神基础。

2. 规范和约束功能

旅游企业文化中的价值观念、道德规范、行为准则是无形的精神力量,通过观念来管理员工,规范企业的经营行为。约束功能表现为旅游企业文化中制度文化的约束和自我约束,制度文化是内部员工共同遵守的行为规范和思想道德准绳。

3. 凝聚功能

利用旅游企业文化内在的向心力能够把旅游企业员工团结在一起,使员工能为了共同的理想勤奋工作,提高服务质量。

4. 辐射功能

旅游企业文化能通过旅游企业和游客的接触,让游客感知该企业的文化的内涵,并通过传播,将旅游企业文化传播到社会其他行业中,从而丰富了社会文化,推动社会精神文明和物质文明的进步。

近10年,我国旅游企业主要是从企业形象设计和品牌文化开始接触到企业文化的,企业文化作为一种新的管理理论和管理方法目前尚未被绝大多数旅游企业所接受。

(二)旅游企业文化的明显特征

1. 服务意识是旅游企业文化的基本特征

旅游企业和工商企业不同,因为旅游企业提供的商品必须满足旅游者多方面的需要,可分为有形商品和无形商品,但是主要是无形商品——服务。旅游企业服务质量在很大程度上取决于旅游企业员工的素质水平,包括员工的技术业务水平及员工的服务态度和精神面貌。旅游企业文化具有导向功能,对企业整体和成员的价值取向起导向作用。塑造优秀的旅游企业文化能帮助员工以良好的精神面貌做好旅游服务工作。

2. 文化意识是旅游企业文化的重要组成部分

大多数旅游者是为了追求一种文化享受而进行旅游活动,旅游业是经济产业,又具有很强的文化性。旅游企业只有体现出各种不同的文化特点,才能吸引旅游者、促进旅游消费、产生经济效益。因此旅游企业的所有员工都需要具有较强的文化意识,旅游者才能通过接受服务的过程感知旅游产品的文化内涵。

3. 旅游企业的涉外性决定了旅游企业文化的开放性特点

旅游企业文化是一种根植于民族文化,结合具体旅游产品和企业实际而形成的特殊的企业文化。随着世界旅游市场的形成,世界各国之间的文化交流更为广泛,旅游企业文化的发展趋势是世界文化一体化。在这种情况下,旅游企业文化需要具有一种能适应、接受不同文化差异的旅游者的动态的柔性能力。为了满足各国旅游者的需求,旅游企业必须进行文化综合分析,强化跨文化理解,针对不同文化的旅游者提供不同的服务。

4. 旅游企业品牌是旅游企业文化的载体

旅游企业文化的魅力使旅游企业品牌追求不断创新并由此产生领先群体的特性。旅游者对强势旅游企业品牌的选择和信赖表现为对一种文化的认可乃至喜爱。马里奥特、凯悦、假日和迪士尼乐园等著名旅游企业的品牌当中都具有一些文化精神,这种品牌所包含的文化精神也是其吸引旅游者的关键因素之一。

5. 旅游企业文化与社会文化的关系

旅游企业文化与社会文化之间是互动关系。旅游企业文化根植在社会文化之中,并受到社会文化的影响。具体地说,多元化的社会价值观使旅游企业价值观呈现差异性,社会文化的区域性差异影响旅游企业文化的发展方向,社会文化的二重性影响旅游企业文化建设的进程。旅游企业文化通过和游客的接触,使游客通过对旅游企业文化的了解,间接了解当地的社会文化。例如,深圳世界之窗通过对外参与社会公益事业,如举办助残日活动、邀请孤寡老人游览景区、邀请抗洪部队来景区观看慰问演出等,为世界之窗树立了良好的社会形象,还获得了深圳市青少年教育基地、青年文明号等荣誉。对内提倡团队精神和奉献精神,领导关爱员工,员工关心企业,增加了凝聚力和荣誉感。内在的认同和外在的认知,共同构成了世界之窗的企业文化。

三、旅游企业文化与旅游企业战略实施

战略实施除了利益的驱动外,还需要文化上的支持。与战略实施所需要的价值观、习惯和行为准则相一致的文化有助于激发人们的积极性。如果旅游企业制定的战略是为顾客提供更卓越的服务,那么旅游企业应该鼓励一种顾客导向、鼓励员工以他们的工作为自豪,并给予员工高度决策自主权,这种企业文化有利于这类战略的实施。但文化的形成过程是漫长的,文化的变革也是非常困难的,因此建立一种支持旅游企业战略的企业文化是旅游企业战略实施中最为重要也是最为困难的工作。

当一个旅游企业的文化无法与取得战略成功的需要相匹配时,就应改变这种文化以适应新的战略。当然,当旅游企业希望改变文化来更好地实施战略的时候,也会存在一定的制约因素。因此,当旅游企业培育文化时,需要考虑两个方面的内容:一是承认历史,尊重现实,考虑到文化变革的成本;二是要体现改良性,要逐步使组织文化朝适应环境的方向发展,因为旅游企业要生存,必须要适应环境,不适应环境的文化只能阻碍企业前进的步伐。

将旅游企业文化与战略相匹配的第一步就是要找出现有文化中哪些是支持战略的,哪些不是。在将文化和战略结合起来的努力中,既有象征性的行为,又有实际性的行为。

旅游企业文化和企业战略实施的关系主要表现在以下几个方面。

1. 优秀的旅游企业文化是旅游企业经营获得成功的重要条件

优秀的企业文化能突出企业特色,形成企业成员共同的价值观念,具有鲜明的个性,有利于企业制定出与众不同的、适合企业发展的战略。

2. 旅游企业文化是旅游企业战略实施的重要手段

旅游企业战略的实施需要全体员工的积极合作来完成,旅游企业文化具有导

向、约束、凝聚、激励及辐射作用,能统一旅游企业员工的意志,鼓励员工为实现战略目标而努力奋斗。

3. 旅游企业文化与旅游企业经营战略必须相互适应和协调

旅游企业文化的产生是一个长期积累的过程,对其进行变革的困难很大。从战略实施的角度来看,旅游企业文化既要为实施旅游企业战略服务,又会制约旅游企业战略的实施。如图 9-10 所示,旅游企业文化和旅游企业战略实施有四种形式:

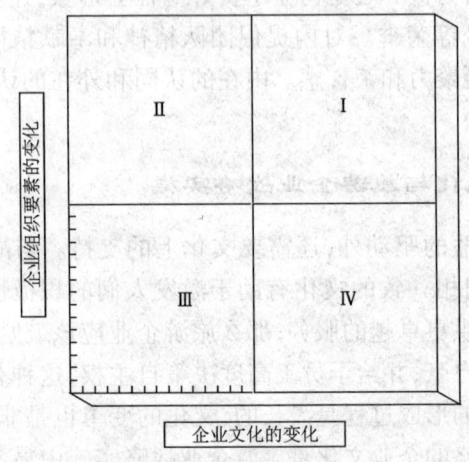

图 9-10 旅游企业文化和旅游企业战略实施结合的形式

第一象限说明实施一项新战略,企业组织要素变化比较大,而且与原来的企业文化也很不匹配。这个时候企业高层管理者需要考虑的是,企业是否应该实施这个战略。如果要实施这个战略,则需要对企业文化进行大的调整。具体措施可以有:①企业高层管理人员要下定决心进行变革,并向全体职工讲明变革文化的意义;②为形成新的企业文化,企业应招聘具有该种文化意识的人员,或在内部提拔一批具备该种文化素质的人员;③企业要把奖励的重点放在具有新文化意识的事业部或个人身上,促进企业文化的转变;④设法让管理人员和职工明确新文化所需要的行为,使之按照变革的要求工作。

第二象限说明在实施这项新战略的时候企业组织要素发生大的变化,但是与原有的企业文化具有一定的一致性,那么旅游企业的领导者需要发挥现有人员的作用,确保发生的变革不要违背目前的行为规则和价值观念。

第三象限说明旅游企业在实施战略的时候,企业要素和企业文化发生的变化都不大,旅游企业的管理者应该维持现有文化,利用现有资源加强旅游企业文化对战略实施的促进作用。

第四象限说明在战略实施的过程中,企业组织要素的变化不大,但企业文化发生了巨大的变化。这时旅游企业的战略是维持企业总的基本文化不变,根据业务和战略的不同采取不同的文化管理,保障企业战略的实施。

总之,旅游企业文化和旅游企业战略必须相适应,否则文化将会阻碍旅游企业战略的实施。

附:英国航空公司的文化变革

20世纪七八十年代期间,英国航空公司是服务差的代名词。但是该公司文化变革在行业内被广为宣传。1987年,公司在股票交易所上市后,实施了以服务为导向的文化变革项目。该项目为公司的37 000名员工举行了一个为期2天的题目为"以人为本"的培训课程,并为公司的1 400名管理人进行了为期5天的题目为"人员管理第一"培训课程。该项目与大多数正常管理培训项目的不同之处在于其规模、一致性。公司要求所有级别的员工以及高级管理人员都要把此项目贯彻到底。

资料来源:改编自 Tushman and O'Reilly(1996)。

思考与练习

1. 旅游企业战略制定和战略实施的关系是怎样的?
2. 旅游企业战略实施与组织结构的关系如何?
3. 旅游企业战略实施和旅游企业文化的关系如何?
4. 旅游企业文化的特点是什么?

第十章

旅游企业战略评价与控制

开篇案例　托马斯·库克旅行社
——品牌与战略的结合

一、公司的发展历史

(一)首次一日游

1841年6月9日,32岁的印刷商托马斯·库克到莱斯特参加一个禁酒大会。作为一名浸信会教徒,他认为维多利亚时代英国的社会问题大都和饮酒有关,他相信工人们如果少饮酒、受到更多的教育,他们的生活将会得到极大的改善。后来据他本人回忆,在去莱斯特的途中,他突然想到了利用铁路和蒸汽机的巨大力量来促进这一社会问题的解决。

在会上,托马斯建议组织一列火车于四周后将参加禁酒大会的人们从莱斯特运送到洛赫伯勒。该建议马上被采纳,第二天,托马斯就向米德兰铁路公司提出了自己的想法。1841年7月5日,火车将500多名乘客运输到了目的地,来回24英里,价格为1先令。

(二)早期的旅游

在接下来的三个夏天,托马斯代表当地的禁酒组织和主日学校(Sunday School)组织了一系列的旅行活动,地点是在莱斯特、诺丁汉、德比郡和伯明翰之间。通过这些活动,成千上万的人平生第一次坐火车进行旅行,为托马斯将来的业务奠定了基础。托马斯将这段时期称为"充满热情的慈善"阶段,因为早期组织的这些活动,不是为了赚取商业利润。

1845年夏天,托马斯·库克开创了其商业性业务。他组织了从莱斯特到利物浦的一次旅行。为了这次旅行,他做了精心的准备。他已经不满足于仅仅通过低价向乘客提供车票,他对整个线路进行了考察,还编写了一本旅行指南——《利物浦之行手册》。这本60页厚的手册成为现代度假手册的先驱。

(三)大展览(the Great Exhibition)

到1850年年末,托马斯·库克旅行社已经组织乘客参观了威尔士、苏格兰和爱尔兰。托马斯开始将其业务扩展到欧洲大陆、美国和中东地区的宗教圣地。这些想法不得不推迟,因为水晶宫的建筑师约瑟夫·帕克斯顿爵士盛情邀请托马斯将约克郡和米德兰地区的工人运送到伦敦参加1851年的大展览。托马斯以极大的热情接受了这个任务,从6月份到10月份他很少在家待上一晚,他甚至还创办了一份报纸来为他的旅游活动做促销。这期间,托马斯共将15万人输送到伦敦,最后一列火车搭载着来自莱斯特、诺丁汉和德比郡的3 000名儿童。

(四)穿越海峡

继续在英国扩展其业务的同时,托马斯决定将业务拓展到欧洲大陆。1855年法国巴黎首次举办世界博览会,托马斯抓住了这个机会,他试图说服从事海峡运输的公司给他租让权。但这些公司拒绝与他合作,他能够利用的最后一条路就是从哈里奇港(Harwich)到比利时的安特卫普(Antwerp)。1855年夏天,托马斯终于陪同他的第一批旅游者到达了欧洲大陆。1863年6月,托马斯第一次访问瑞士。1864年夏天,他又陪同两个旅游团队到了意大利的佛罗伦萨、罗马和那不勒斯。

(五)饭店代金券与旅行支票

在参加托马斯·库克旅行社组织的到瑞士和意大利的游客中,大部分人来自中产阶级,他们希望能够享受更好的住宿条件。托马斯开始同旅馆的所有者和饭店经营者洽谈业务,希望后者能够提供一个好的价格。他同饭店业主的良好的关系,使得托马斯得以开发两套重要的旅行系统。一是1868年发行的饭店代金券,旅行者可以用代金券代替现金支付住宿和餐饮等消费;另一个是1874年发行的环游票据(circular note),即现代旅行支票的前身,使旅游者可以用托马斯·库克旅行社的票据换取当地货币。

(六)欧洲以外的扩展

托马斯在欧洲取得成功后,于1865年组织了前往北美的探索性旅行,行程达4 000英里。四年以后的1869年,他租用了两艘轮船,开始了前往智利的首次旅行。他职业生涯的最巅峰出现在1872年的9月,在他63岁的时候,他离开莱斯特开始了环球之旅,该旅程前后大约8个月。"经过中国到达印度"一直是他最大的心愿。随着1869年苏伊士运河的开通和美洲大陆东西海岸铁道的竣工,这一旅程终于得以成行。他乘坐汽轮从英国穿过大西洋到达美国,乘坐火车穿过美国,乘坐汽轮穿越太平洋到达日本,然后到了中国、新加坡、锡莱,最后到达印度。

(七)20世纪50年代和60年代

第二次世界大战以后,度假旅行的蓬勃兴起为托马斯·库克旅行社带来了巨大商机,到1950年年底,英国有100万人出国旅行。公司建立了商务旅行部,并对设在帕里斯塔廷(Prestatyn)的度假营地进行了整修。尽管库克公司当时还是世界上规模最大、最成功的旅游公司,但它已经受到了许多旅游公司的挑战。1965年,公司的净利润首次超过100万英镑,但其市场份额已经大大降低。库克公司开始落后于其竞争对手。

(八)国际化

1972年,库克公司恢复到了私人拥有制,被米德兰银行、Trust House Forte 和汽车协会联合收购。接下来进行了剧烈的组织变革,重新确定了公司的新标志。托马斯·库克旅行社不仅成功地度过了20世纪70年代的经济萧条(许多旅行社都在这次萧条中破产),而且通过开展 Money Back Guarantee 计划而增强了其良好的服务形象与声誉。

20世纪70年代,库克公司经历了许多重大变化,包括出售位于帕里斯塔廷的度假营地、总部由伦敦搬到彼得伯勒等。该公司同时成为米德兰银行集团的全资子公司。20世纪80年代库克公司开始专注于长线旅游市场,并于1982年收购了 Rankin Kuhn Travel 旅行社,1988年退出短线旅游市场(1996年通过收购 Sunworld 重新进入该市场)。

1992年,库克公司被德国的两家企业从米德兰银行手中收购。这两个企业是德国当时最大的银行 West LB 以及德国飞机租赁业的领先者 ITU Group。1995年库克公司成为 West LB 的全资子公司后,进行了一系列的扩张行动——连续收购了 Sunworld、Time Off 和 Flying Colours,最终引致了托马斯·库克旅行社与卡尔森休闲集团的合并以及1999年 JMC 公司的成立。

(九)今日托马斯·库克旅行社

托马斯·库克旅行社现在是世界上旅行社业的领先者,也是世界上最受消费者认可与尊敬的旅游品牌。公司雇用了2万多名员工,在英国及海外有1 000多个网点。

二、战略与品牌相结合——单品牌战略的制定与实施

托马斯·库克旅行社能够保持长盛不衰并取得持续成功,在于其对卓越服务的不懈追求。托马斯曾经将自己形容为"愿意且致力于为旅行大众提供服务的仆人"。伴随着公司业务在欧洲的不断扩张以及其产品业务的不断融合,加之"9·11事件"后全球度假市场不断萧条,2003年,Thomas Cook AG 实施了一项新战略。该战略旨在将托马斯·库克这个全球最为著名的品牌进行国际化运营。在制定该战略之前,Thomas Cook AG 针对内外部环境做了如下分析与判断:旅游市场处于变化的时代;动态市场的迅速成长;顾客的预订将越来越晚;顾客对质量与价格的关注程度增加。

基于以上四点分析,Thomas Cook AG 决定用单品牌来赢取全球优势。在战略的具体实施方面,公司提出了做好三个方面的工作。

第一,以顾客为导向进一步开发包价产品。根据度假者的需求将所提供的产品与服务进行差异化,开发出顾客导向的旅游包价产品。公司为那些对质量较为敏感的顾客提供优质产品,为那些对价格较敏感的顾客提供一系列可支付的产品和服务供其选择。另外,通过托马斯·库克品牌进行全球扩张,进入新市场。

第二,组织结构的调整。对新的市场条件的适应能力体现在组织结构的变革上。例如,库克公司进一步发展了其企业运作模式。其企业模式基于四个高度集中的管理流程:顾客服务、容量规划、品牌战略以及产品管理。该公司的五家航空公司已经成为其进行泛欧洲旅行的有效平台,而且其在各度假区的机构也不断增加。通过有选择地对目的地设施和饭店进行投资,库克公司不断调整其产品线组合。

第三,确保未来。在未来的几年中,Thomas Cook AG 公司将发展成为休闲度假市场中用一个品牌进行运作的全球旅游行业的领先者。公司投入大笔资金用于新产品开发和向顾客确保质量。它们将为员工提供全球性的职业前景,为股东创造合理的价值回报。

三、公司 2003~2004 财务年度战略实施状况

为了保证其战略的顺利实施,Thomas Cook AG 进行了相关的调整。一方面,对其下属的康多尔包机航空公司(Condor Flugdienst,Thomas Cook AG 拥有其90%的股份)的战略进行了重新调整;另一方面,对其所拥有的旅行社品牌 Neckermann - Reisen 进行了重新定位。

(一)组织结构调整

1. 调整康多尔包机航空公司的战略

康多尔包机航空公司的前身为"Deutsche Flugdienst GmbH",成立于1955年。当时的股东为北德意志——劳埃德(Norddeutscher Loyd)、汉堡——美洲公司(Hamburg - Amerika - Line)、德国汉莎和德国铁路(Deutsche Bundesbahn)。1959年汉莎成为其最大股东,在20世纪60年代初期,公司改为 Condor Flugdienst GmbH。

在2003年前,康多尔包机航空公司就已经将业务调整为满足 Thomas Cook AG 交通方面的需求。后来,它越来越将重心放在为个体旅行者提供航班的业务上。康多尔作为一家不提供不必要服务的航空公司(no - frills airline),其营销方面的策略主要为低价、类似定期航班的飞行计划、轻松在线预订等。例如,其所推出的机票最低只有99欧元,康多尔也成为第一家在长线上实施低价的公司。这些新举措引起了顾客相当大的兴趣,2003~2004年,公司的个人预订数增加了40%。

2. 对 Neckermann - Reisen 进行重新定位

在2003年到2004年间,Neckermann - Reisen 重新回到了其核心业务的经营上来:提供一系列廉价度假产品。在解决了预期的最初几年的萌芽问题(teethingproblems)之后,Thomas Cook Reisen 已经树立了其在休闲旅游市场的地位。公司向高端

市场推出的项目是根据旅游者个人需求而制定的,这个市场已经呈现出两位数的增长。这种新的定价模式获得了非常大的成功。Thomas Cook Reisen 推出的包价产品使顾客根据自己的实际情况预订和组合旅游产品。此外,提早预订奖励的推出将价格低廉的"最后一分钟购买"(last-minute buy)的比重降低到30%以下。

(二)战略实施状况

2003年到2004年间,Thomas Cook AG 的顾客数量呈现出两年内的首次增长。在收入增长的同时,公司发起的复苏计划也抑制了成本的增加,公司成功地制止了前一年度利润亏损的趋势。

在经历了两年的危机后,休闲度假市场在2003年有所恢复,消费者用于包价旅游的费用也开始增加。虽然在2004年,Thomas Cook AG 再次面临着主要业务市场的激烈竞争,但它通过调整生产能力有效避免了价格战,提供低价的"最后一分钟产品"的份额也相应地降低。(如表10-1)

表10-1 Thomas Cook AG 2003~2004年业务情况

	2003.11.1 到 2004.10.30	2002.11.1 到 2003.10.30	变化率(%)
收入(百万欧元)	7 479	7 242	3.3
其中旅游经营商业务	6 402	6 110	4.8
航空公司	620	667	-0.7
经营活动亏损(百万欧元)	-86	-214	59.8
税前亏损(百万欧元)	-149	-280	46.8
净亏损(百万欧元)	-176	-251	29.9
总资产(百万欧元)	4 091	4236	-3.4
顾客数量(千)	13 093	12 574	4.1
员工数量(人)	23 954	25 164	-4.8

Thomas Cook AG 决策层认为他们的战略在2003~2004财务年度的成果主要体现在:

(1)顾客数量和收入增加;
(2)通过成本控制抑制了企业的支出;
(3)财务状况大为改善;
(4)德国市场推出的复苏计划初见成效。

资料来源:www.thomascook.com&lJlfthansa Annual Report 2004

本案例主要介绍了 Thomas Cook AG 的发展历史以及对其战略执行与实施的评估情况。在本章中,我们将主要了解旅游企业战略评价与控制的内容与方法。

第一节　旅游企业战略评价的内容与方法

旅游企业战略评价与一般控制评价的不同点在于它不仅考核业绩的变化,而且时刻对环境进行监控,以保证企业对外部环境的感知和适应。

一、战略评价的基本活动

战略评价通常包括三项基本的活动。

(1)考察企业战略的内在基础。战略选择是内外部综合分析的结果,其基础是企业对内外部环境的认定。如果这些基础发生了变化,那么战略方案的合理性就会受到冲击。战略评价最大的特征就是注重对环境变化的监测,即使目前的业绩是令人满意的,但对于战略管理来说,更重要的是未来的发展趋势,以及企业是否能尽早地发现这种趋势,及时地做出合理的应对。

(2)将预期业绩与实际业绩进行比较。业绩比较是传统的评价内容,通过业绩的比较,一方面发现执行过程中的一些偏差,另一方面也可以从中发现战略制定的失误或环境变化所带来的一些问题。

(3)分析偏差的原因及应采取的对策。这一部分属于控制算法系统,其工作的重点在于判断偏差是由于执行不力产生的,还是原有战略方案或环境变化使企业战略失效。在对上述问题做出正确判断下,才可能做出有效的调整。

二、战略评价的准则

战略评价是个性化极强的管理工作。在评价过程中,需要根据具体的情况进行分析与判断。尽管如此,我们仍需一个操作的准则,以指导评价工作。

理查德·鲁梅特(Richard Rumelt)提出战略评价的四个标准:一致(consistency)、协调(consonance)、优越(advantage)和可行(feasibility)。这四个标准中,"协调"与"优越"是针对外部环境评价的,主要用于检查企业战略的基础是否正确;而"一致"与"可行"则用于内部评价,主要是检查战略实施过程中的问题。

(一)一致

一个战略方案中不应出现不一致的目标和政策。组织内部的冲突和部门间的争执往往是管理失序的表现,但它也可能是各战略不一致的征兆。在这一问题上,建议采用以下三条判断准则:

(1)尽管换了人员,管理问题仍然持续不断。如果这一问题是因事发生而不是因人发生的,那么便可能存在战略的不一致;

(2)如果一个组织部门的成功意味着或被理解为意味着另一个部门的失败,那么战略间可能存在不一致;

(3) 如果政策问题不断被上交到最高层领导层来解决,那么便可能存在战略上的不一致。

(二) 协调

协调指在评价战略时既要考察单个趋势,又要考察组合趋势。经营战略必须对外部环境和企业内发生的关键变化做出适应性反应。在战略制定中将企业内部因素与外部因素相匹配的困难之一在于,绝大多数变化趋势都是与其他多种趋势相互作用的结果。例如,幼儿园数量的迅速增长便是多种变化趋势共同作用的结果,这些趋势包括平均受教育水平的提高、通货膨胀的加剧及妇女就业的增多。因此,尽管单一的经济或人口趋势可能看上去多年保持不变,但各种趋势的相互作用也一直在使外部环境发生着巨大的变化。

(三) 可行

一个好的经营战略必须做到既不过度耗费可利用资源,也不造成无法解决的派生问题。对战略的、最终的和主要的检验标准是其可靠性,即依靠企业自身的物力、人力及财力资源能否实施这一战略。企业的财力资源是最容易定量考察的,通常也是确定采用何种战略的第一制约因素。但有时为人们所忘记的是,融资方法的创新往往是可能的。例如,内部财务公司、销售回租安排及将厂房抵押与长期合同挂钩等方式均曾被有效地用于协助在突然扩张的产业中获得关键优势。对于战略的选择在实际上更严格的,但定量性却差一些的制约因素是人员及组织能力。在评价战略时,很重要的一点是要考察企业在以往是否已经展示了实行既定战略所需的能力、技术及人才。

(四) 优越

经营战略必须能够在特定的业务领域使企业创造并保持竞争优势。竞争优势通常来自如下三方面的优越性:资源,技能,位置。对资源的合理配置可以提高整体效能,这一道理已为军事理论家、棋手和外交家所熟知。位置也可以在企业战略中发挥关键作用。好的位置是可防御的,即攻占这一位置需要付出巨大的代价,这会阻止竞争者向本公司发动全面的进攻。只要基础性的关键的内外部因素保持不变,位置优势便趋向于自我延续。因此,地位牢固的公司很难被打垮,尽管它们的技能可能只是平平。虽然并不是所有的位置优势都与企业规模相关,但大企业的确可以将其规模转化为竞争优势,而小企业则不得不寻求能够带来其他方面优势的产品或市场位置。良好位置的主要特征是,它使企业从某种经营策略中获得优势,而不处于该位置的企业则无法受益于同样的策略。因此,在评价某种战略时,企业应当考察与之相联系的位置优势特征。

三、战略评价的内容与方法

环境监测与业绩度量是战略评价的两大内容,而在当今多变的环境下,前者则显得更为重要。企业外部环境包括经济环境、政治法律环境、社会文化环境、技术环境以及企业的竞争环境,要在如此众多的环境变量中把握住关键要素,是一件不容易的事情。做好环境监测工作,一方面需要对行业运作的特征非常熟悉,经常训练对环境变化的敏感性,另一方面也需要提高理论水平,运用系统思维方式,提高对环境变化的分析与把握的能力。

环境监测的目的是了解企业战略方案赖以存在的基础是否发生了变化,那么环境分析的着眼点就应放在那些可能会使战略基础发生动摇的因素上。由此可知,只有找准企业战略方案的基础,才可能对环境变化进行有效的分析和应对。所有战略选择的背后都有一套完整的商业理论,而所谓的商业理论,其实是企业对环境和自身条件的判断的总和,简言之,是一系列的假设。商业理论决定了一个组织的运作方式,指导其经营策略的制定,定义该组织存在和发展的根本目的。

一般来说,商业理论包括三个方面的内容:对外部环境及其变化趋势的假设、对自身根本目的的假设、对自身竞争优势的假设。这些假设构成了企业制定战略的根本基础。

商业理论对企业的影响是深刻而全面的,商业理论的错误会给企业带来灾难性的结局。所以,战略评价的第一考虑,就是不断检验自己对上述三个问题的判断是否符合现实。

监测环境的变化是评价的第一步,真正的目的是判断这些变化是否使我们必须对原有的战略方案进行调整。做出这样的判断需要回到战略选择阶段,根据现有环境进行重新分析,检查战略选择与原有方案是否有出入。一般而言,当环境迫使战略发生转变时,企业应及时调整其战略部署。但如果战略对路径产生依赖时,情况就变得更为糟糕了。在这种情况下,企业变换战略已经不太可能,或者代价极为高昂。如果企业战略存在路径依赖的可能,除了制定战略时应十分谨慎外,当环境出现长期不利情况时,最好的选择就是迅速清算这一方面的业务,以免陷入不利环境的泥潭中。

环境监测是最主要的战略评价工作,但除此之外,战略执行情况的评价也是不可缺少的。在许多情况下,战略的执行往往比战略的制定还重要。

四、平衡计分法——卓有成效的战略评价工具

自20世纪90年代产生以来,平衡计分法就被广泛使用,从最初的业绩衡量系统迅速转变为一个战略管理系统,已经成为目前多指标战略评价工具中最为成熟也是应用最多的经典工具之一。平衡计分法体系主要包括四个部分:顾客方面、内部管理方面、创新与学习方面以及财务方面。

我们知道,企业的价值是通过与外部社会进行交换体现出来的,顾客角度这一类指标正是反映企业价值中最为根本的要求。企业要实现自身价值,首先要为顾客提供价值,所谓顾客价值,就是顾客关注的一系列需求的总和。一般而言,顾客

关心的事情有四类:成本、性能和服务、质量、时间。因此,顾客角度类的衡量指标就可以从这四个方面来进行设计,分别从新产品、供货、忠诚度等方面进行测评。

内部管理角度与企业价值之间虽然不是直接的一一对应关系,却是企业价值持续提升的必要条件,很难想象一家管理混乱的企业能维持长久的赢利和发展。考虑到顾客角度的基础地位,内部管理角度测量指标的确定应从对顾客满意影响最大的业务程序入手;从技术能力、制造水平、组织效率等角度入手。

创新与学习角度是通过持续不断地开发新产品,为顾客提供更多价值并提高经营效率,开发新的市场,增加收入和毛利,使企业不断发展壮大,从而增加股东的价值。创新与学习的评价指标集中在企业开发新产品的能力、新产品在企业业务中的比重和工作流程的改进等。

财务指标是企业价值最直接的反映,是衡量企业价值最重要的指标。有人认为,财务绩效是经营活动的结果,通过改善基础的经营性活动,自然会得到理想的财务数据,因此,应该停止使用财务评价指标。其实,经营性指标与财务指标之间并非一种确切的逻辑关系,完全忽略财务指标会走向另一个极端,使人忘记了企业的根本目的而过于关注过程性指标。

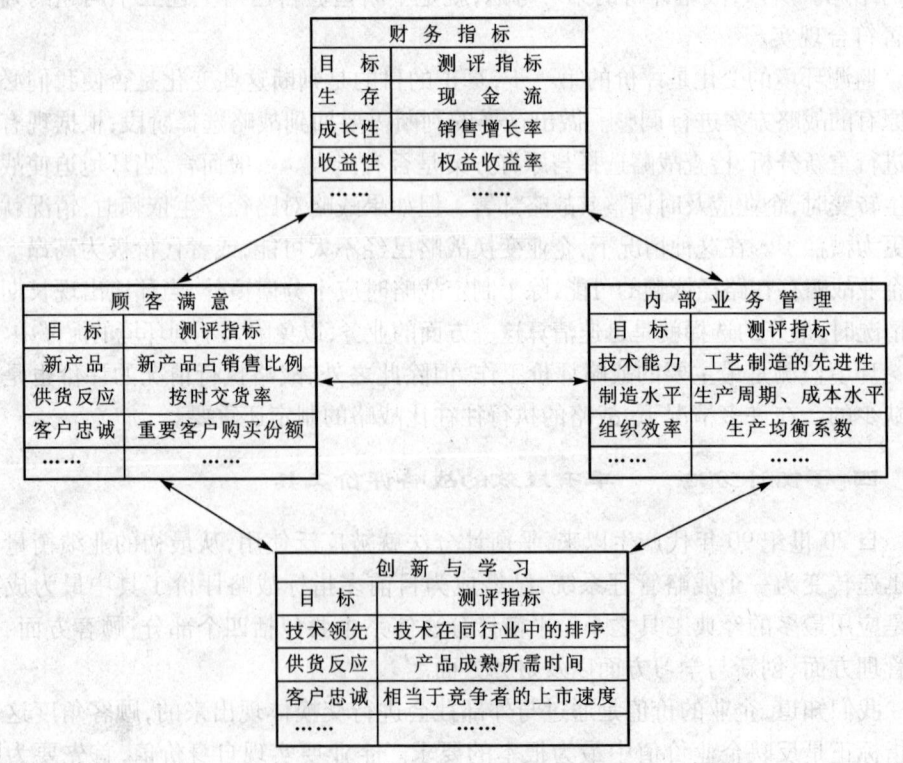

图10-1 平衡计分法逻辑框架图

最终,平衡计分法对上述四个方面的指标进行综合,得出对企业绩效或价值的总体性评价。

在平衡计分法的具体应用中,战略始终被置于中心地位。因此,平衡计分法除了可以克服财务指标的一些不足外,还可以将企业的战略分解到每一个具体的部门中,使企业的战略目标转化为实际的目标和行动,解决传统管理体系不能把公司的长期战略和短期行动联系起来的严重缺陷。有了这些具体的、与战略有直接关系的考评指标,战略控制就可以深入到企业经营活动的每一个环节。

平衡计分法的逻辑框架如图10-1所示。平衡计分法与企业战略的联系可以通过图10-2的模式来构造。

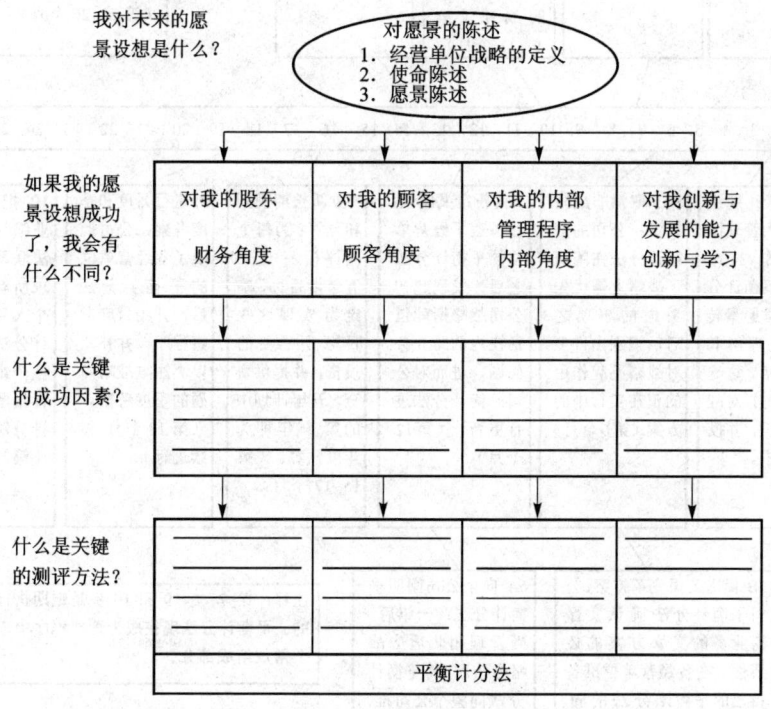

图10-2 平衡计分法与企业战略的联系模式

平衡计分法通过四个程序,将长期战略目标与短期行动联系起来,这四个程序既可单独作用,也可共同发挥作用。

第一个程序是说明愿景,它有助于经理们就组织的使命和战略达成共识。虽然最高管理层的本意很好,但"追求卓越"、"成为一流企业"、"成为行业领导者"等豪言壮语很难转化成具体业务的行动指南。尤其对于基层的员工而言,战略目标与其具体行动的联系路径是如此之长,如果一般员工对企业战略理解不够深刻的话,他们很难将这些口号与自己的工作紧密地联系起来。对负责制定企业愿景和战略表述用语的人员来说,这些术语应该成为一套完整的目标和测评指标,得到公司高层管理人士的认可,并能描述推动成功的长期因素。

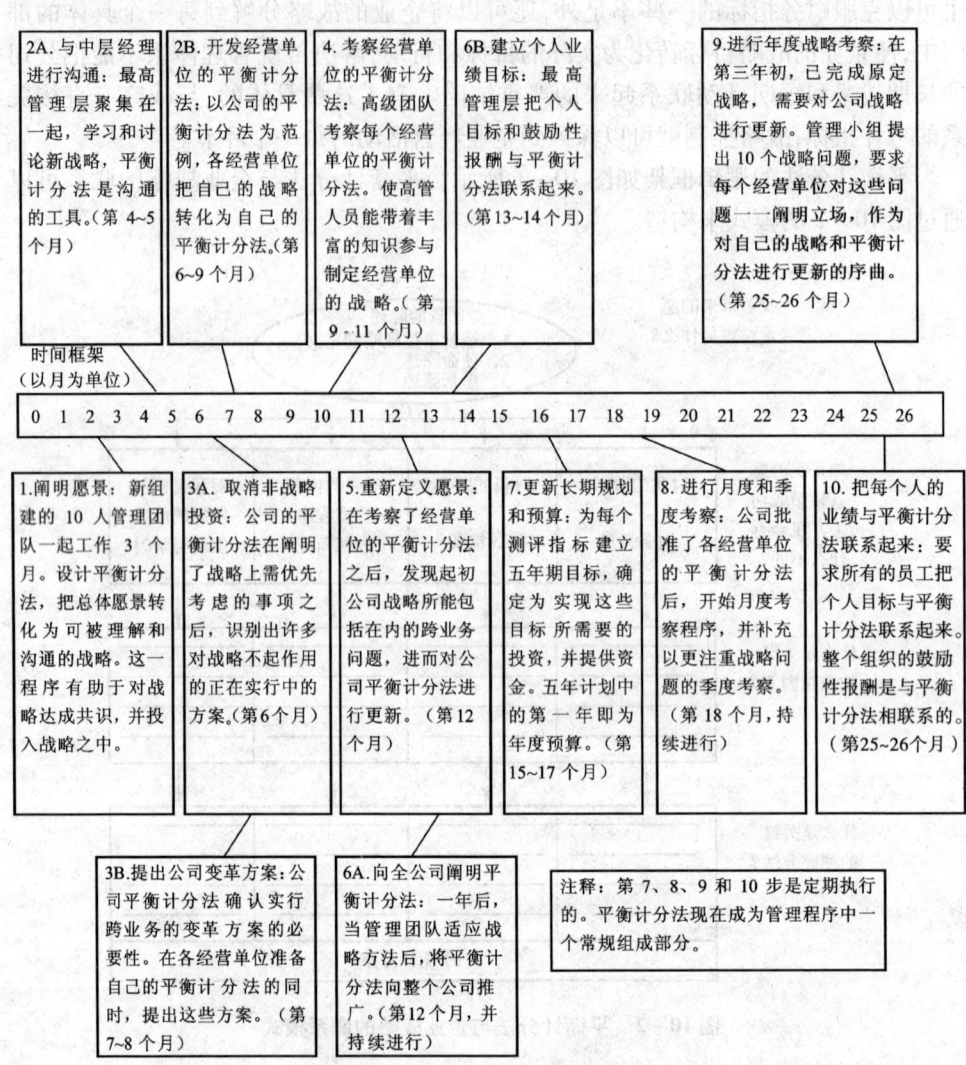

图 10-3 建立战略管理体系

第二个程序是沟通与联系,它使管理者能在组织中对战略上下沟通,并把它与各部门及个人的目标联系起来。在传统上,部门是根据各自的财务绩效进行测评的,个人激励因素也是与短期财务目标相联系的。平衡计分法使经理能够确保组织中的各个层次都能理解长期战略,而且使部门及个人目标与之保持一致。

第三个程序是业务规划,它使公司能实现业务计划与财务计划的一体化。今天,几乎所有的公司都在实施种种改革方案,每个方案都有自己的领袖、拥护者及顾问,都在争取高级经理的时间、精力和资源支持。经理们发现,很难把这些不同的新举措组织在一起,从而实现战略目标。这种状况常常导致对各个方案实施结果的失望。但是,当经理们利用为平衡计分法所制定的宏伟目标作为分配资源和确定优先顺序的依据时,他们就会只采取那些能推动自己实现长期战略目标的新措施,并注意加以协调。

第四个程序是反馈与学习,它赋予公司一项被称之为战略性学习的能力。现在的反馈和考察程序都在注重公司及其各部门、员工是否达到了预算中的财务目标。当管理体系以平衡计分法为核心时,公司就能从另外三个角度(顾客、内部流程以及学习与发展)来监督短期结果,并根据最近的业绩评价战略。因此,平衡计分法使公司能修改战略,以随时反映学习所得。

通过以上四个程序,企业可以建立起一个战略管理体系。图10-3是某公司战略管理体系的建立过程。

第二节　旅游企业战略控制的内容与模式

战略控制属于管理控制的范畴,它遵循管理控制的一般原则,但战略控制与其他管理控制在侧重面上有所不同,战略控制除了根据控制目标进行测评、反馈和调整控制外,更重要的是要对企业的外部环境进行监控,保证企业的战略不发生方向性的错误。

一、战略控制的内容

战略控制的内容主要是回答两个问题:在变化的环境中,企业的战略是否还适用?既定战略方案的执行效果如何?

(一)战略的正确性与适用性

由于战略涉及企业整体的以及长远的行动,对于战略控制而言,战略的正确性和适用性是最重要的考虑因素。这一类控制主要体现在两个方面:第一,企业战略在执行的过程中,不断检查制定战略时的假设是否出现重大失误。第二,在战略的实施过程中,是否因环境发生了重大的变化而导致战略的失效。这两方面的控制都是对环境进行检查。实际上,这两方面控制工作一般是依次进行的,首先求证当初战略制定时的一些因素假设,在确认战略制定无重大失误之后,仍需不断检测环境的变化,以及早发现不利于企业战略的变化因素,尽早制定应对措施。

既定战略的有效性建立在原有的内外部环境结构的基础之上,一旦这种基础被动摇,既定战略就需要调整,这是战略管理的基本逻辑。环境总是变化着的,实际上并非所有的变化都会导致战略的变更。对战略控制中环境因素的变化需要重新进行评价,检查其对战略方案评价的影响程度。根据具体情况,决定是否对战略进行调整以及如何进行调整。

(二)战略实施是否偏离既定方向

战略控制的另一项内容是检查企业在运作过程中,有无偏离战略方向,是否完成预期的战略目标。这一方面的内容是通过绩效考核体系来完成的。

例如,某些企业实施的是一种阶段性的滚动战略,当前战略目标的完成就是下一阶段战略的基础,战略执行效果的检查也就具有了战略基础评价的意义。因此,实施滚动战略的企业,必须在战略控制过程中关注各阶段战略间的关系,以动态调整企业战略的实施方案。

战略控制的内容及它们之间的关系如图10-4所示。

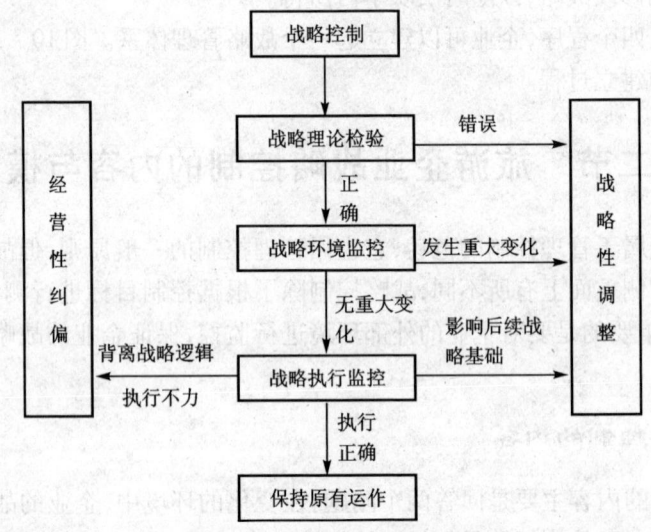

图10-4 战略控制内容及流程

战略制定并实施后,往往需要按图10-4的模式,不断地对战略理论、战略环境以及既定战略的执行情况进行监控,必须及时对战略方案或企业经营活动进行调整,保证战略的适用性和高效性。

二、战略控制的模式

(一)战略控制前提

战略控制建立在组织基础之上,控制模式是否得以运行良好,取决于相应的组织模式是否匹配,其中组织的硬件设施和软件设施两方面都要具备。一般情况下,良好的战略控制需要以下的基本条件。

1. 战略思想、战略意图、战略逻辑必须明确而且形成固化的检查工具

战略控制面对的是一个多维动态的环境,在实施控制中,很难确定控制指标。战略控制指标必须具有较大的弹性,同时又不能失去方向。因此,企业的战略思想、战略意图和战略逻辑必须明确,而且被作为一种程序来对企业运营的各个方面进行监控和检查。

2. 企业目标与战略原理的宣传和理解

战略的实施是全员性的,其控制也应是全员性的。尤其在动态多变的环境下,基层员工对环境变化的感受是最为直接也是最为迅速的,战略控制脱离了这一层面的员工,必然会使控制的效果大打折扣。要实现战略控制的全员性,将企业目标与战略原理进行广泛宣传,使之深入每位员工的头脑中就成为必要的条件。

3. 控制职能的有形化

尽管战略控制有全员性的要求,但战略是一项整体性的运作,同时,鉴于它的重要性,战略控制必须成为一项职能,由某一部门来组织和实施。

4. 战略评价体系及运作模式的建立

控制职能建立起来后,还需要确立其运作模式,建立战略评价体系,保证控制职能有序、正常地展开。

5. 企业文化的保障

对于全员性的战略控制而言,传统的考核与控制方法显然是不够的。全员战略控制一定是一种自我控制,实现自我控制一定是基于员工对企业价值观和战略目标的认同。没有文化做保障,战略控制往往会陷于孤立。

(二)战略控制的传统模式

传统的战略控制方式把关注的重点放在通过企业运营的反馈信息来判定企业战略成功的标志,并以此为依据识别战略实施中的问题,采取相应的补救行动或在下一轮战略管理过程中加以改进。这种观点将战略管理视为一系列相互独立的环节,即战略形成、战略实施、战略评价与反馈,各环节之间缺乏积极的沟通和互动,使得一些在战略管理过程中暴露出来的问题无法得到及时的改正。这是一种典型的"反馈控制",属于"事后纠偏",其控制过程如图 10-5 所示。

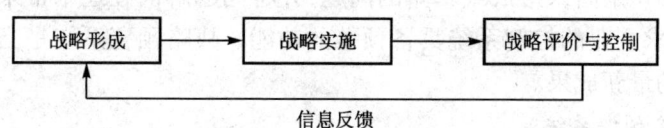

图 10-5 传统控制模式示意图

显然,反馈型控制模式属于亡羊补牢式的控制,其最大的作用是评价战略结果,总结经验教训,因而较多应用在竞争环境相对稳定的企业内。在竞争激烈的行业中,企业需要时时针对市场的反应和竞争对手的策略调整自己的战略,这时反馈型的战略控制模式就显得捉襟见肘了。

为了避免反馈型控制模式的弊端,战略管理专家们提出了许多新的改进方法,其中比较著名的有三种:前提控制、战略监视与实施控制。这三种方法的相同之处是强调在战略实施过程中加大信息收集处理的能力,及时发现和解决问题,对企业赖以经营的战略环境假设进行连续的监测,一旦外部环境发生重大变化则表明企业原有的经营战略不再适合新的形势,相应的战略就需要调整。战略监视则放弃了对经营前提的连续跟踪,改以进行企业内外部的关键事件分析。它强调将企业内外部视为一个有机整体,认为应该综合外部环境的机会、威胁以及内部环境的优势、劣势才能够确认当前战略实施中的问题存在,从而提出相应的对策。实施控制强调在战略实施过程中不断对照战略目标的进度设定、加强战略目标管理。它要求企业的战略应具有详细的中间过程目标以便在实施中能够实时参照设定好的目标来判断战略的控制水平。通过上述三种改进,整个战略管理过程形成一个有机的交互系统,能够根据新的变化进行快速的反应,其模式如图10-6所示。

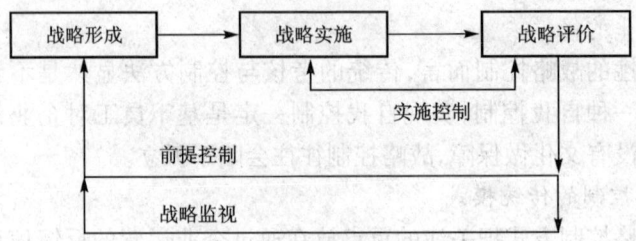

图10-6 改进后的控制模式示意图

改进后的控制模式虽然在很大程度上解决了反馈控制模式的后滞性弊端,从而逐渐成为战略控制模式的主流,但是它们也存在自己的不足。其中最大的问题就是它们都强调及时地发现存在的问题并解决之,但现代竞争的趋势要求控制完善的企业能够识别尚未形成或暴露的问题,并将问题解决在还未带来破坏性后果之前,这就要求企业的控制系统具备预警的功能。战略预警系统是当前战略控制研究领域内的最新成果。

(三)战略预警系统

对于任何一个控制系统来说,预警都是其重要的一个环节。及早发现问题并提出警告和应对方案,对于在一个剧烈变化的环境中生存的企业来说,是一项非常重要的核心能力。

控制系统需要有"早期预警系统",该系统可以告知管理者在战略实施中潜在的问题或偏差,使管理者能及早警觉起来,提早纠正。

战略预警主要是根据"警兆"来预示。在感知和正确解释这些"警兆"的情况下,允许管理者在"警兆"非连续性出现的早期阶段制订战略处理方案,而不必等到警情呈现出清晰的轮廓才做出反应。如能对警情认识得更清楚就意味着在其发展趋势上明确了战略处理范围。因此,应借助战略预警实施动态管理,把问题解决于萌芽状态。如果由于未能及时捕捉已出现的苗头,当"问题成堆"以后再去处理,出于惯性作用,付出的代价往往更大。

一般而言,人对预警信号的反应往往需要一个较长的过程,而对于组织来说,它的反应则更慢。造成这种现象有以下一些原因。

第一,等待领导的命令(或组织者、管理部门的命令)。

第二,看别人怎么做。

第三,组织规模越大,对变化的响应速度越慢,这就是通常所说的"大企业病"。然而规模并非是问题的本质,问题的根本在于组织内部运作的模式已不适合组织规模的扩张。

第四,在越重视规范化的企业中,人们习惯于按组织规范进行操作,对变化的反应往往就越慢。

第五,系统内部沟通不充分、缺少沟通人员、缺乏主要骨干和对资源配置的管理者等。

因此,要从根本上解决组织响应速度的问题,就必须建立起一种"智能型"的组织模式,通过事先建立的一系列应变规则,包括设置专职人员来管理、运作这些流程,从而在结构设计上保证组织的应变能力。然而更重要的是形成一种强调应变能力的企业文化,使之成为企业内在的核心能力。

战略预警系统是一个信息系统,在结构上以动态环境分析为基础,并且与企业的生产经营活动息息相关。战略预警系统的结构原理和作用方式可划分为五个阶段(见图10-7)。

1. 安全经营预警系统

安全经营预警系统主要由指标设计、监测、评价等构成。其中指标设计是指建立指标评价体系、确定预警临界值。设计指标应遵循敏感性、及时性、可测性等原则,并能反映企业的总体经营安全状况;监测是指根据指标体系,分析企业实际运行过程中反映出来的指标实际值;评价是指根据指标实际值和预警临界值,做出对企业安全经营状况的综合判断。

2. 风险预警系统

企业要想有较强的"免疫力",就必须加强风险防范。因为风险防范是一项系统工程,企业必须全面设置和启动风险预警系统以加强对风险的预防管理。首先,

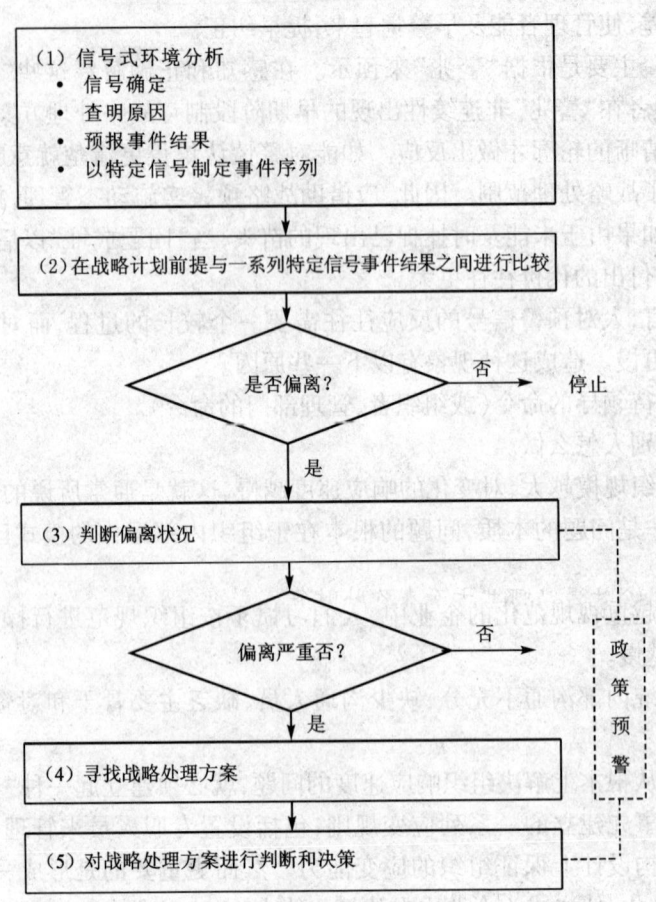

图 10-7　企业战略预警系统的原理结构示意

要对风险进行科学的预测分析,预计可能发生的风险状态。企业的经营管理者应密切注意本企业相关的各种因素,如环境因素、技术因素、目标因素和制度因素等的变化发展趋势,从因素变化的动态中分析预测企业存在的"阴暗面",即可能发生的风险。其次,应建立一个便于风险信息情报传递的风险管理信息系统。通过建立风险管理信息系统这样一个"绿色通道",使企业各部门、各员工在发生紧急情况时,都有途径将情况迅速上报给有关决策者,从而保证风险信息传递的真实、准确、快捷、高效。再次,要有针对风险的超前决策,尽可能把风险消除在潜伏期。"冰冻三尺,非一日之寒",企业发生风险损失前必然会显示出一些征兆。企业的经营管理者应给予充分重视,及时采取措施矫正和扭转这种风险苗头,避免小风险经过"蝴蝶效应"放大后对企业造成致命的打击,做到防微杜渐,使企业运行保持良性状态,保证企业的持续健康发展。

3. 竞争力预警系统

竞争力预警系统是对企业竞争力变动状况实施监测和预报的系统,具有提前报警、规避风险的特性。应在企业竞争力数据分析的基础上,从资源、能力、环境因素中选择具有代表性的超前或同步指标,由于这些指标变化与企业竞争力变动存在密切关系,因此可以通过这些具有指示器功能的指标来推断企业竞争力的变动方向及程度。确定指示器指标正常变动区域,如果超出正常区域的变动,就要高度重视,以便在需要的情况下,采取必要的挽救措施,因为其结果可能会导致企业竞争力的超常变动。如果指示器指标跌破下限,则必须采取紧急措施控制和改变这种局面,以阻止企业竞争力的大幅度下降。

思考与练习

1. 企业的最终追求是什么？它与战略控制的关系是怎样的？
2. 战略控制与一般管理控制的区别在哪里？
3. 如何评价战略行动的价值？
4. 平衡计分法是从哪些方面来弥补财务角度的不足的？
5. 战略预警系统的主要内容是什么？

教学参考建议

一、课程的性质与任务

《旅游企业战略管理》是旅游管理专业本科阶段的一门核心专业课程。通过本课程使学生掌握旅游企业战略管理的基本知识、基本原理,熟悉基本的旅游企业战略分析、制定、实施等方法和工具,具备良好的旅游企业战略管理实际应用能力,为今后成为合格的战略层的管理者奠定基础。

二、课程定位

本课程主要针对旅游管理专业学生,特别是本科生而设计。本课程的选修课程为管理学和旅游学。

三、课程目标

1. 掌握旅游企业战略制定、实施与执行的方法
2. 掌握旅游企业战略管理三维分析方法
3. 掌握旅游企业的发展战略、竞争与合作战略及职能战略
4. 掌握旅游企业战略实施与企业文化、组织结构的关系
5. 了解旅游企业战略控制与评估的内容与过程

四、教学内容设计建议

第一章　旅游企业战略概述

[教学目的及要求]

重点掌握旅游企业产品与服务的特性、旅游企业的行业特征、旅游企业战略管理的过程;掌握战略的概念与类型;了解旅游企业的类型与趋势。

[教学内容]

1. 旅游企业的类型与发展趋势
2. 旅游企业产品和服务的特性
3. 旅游企业的行业特性
4. 旅游企业战略的概念

5. 旅游企业战略的类型

6. 旅游企业的战略管理

第二章　旅游企业的使命与目标

[教学目的及要求]

重点掌握旅游企业愿景与使命的表述方法、战略目标的设定方法和技术；掌握企业使命的构成和战略目标体系的构成。

[教学内容]

1. 旅游企业愿景的制定和陈述

2. 旅游企业使命的制定与陈述

3. 旅游企业使命的作用

4. 旅游企业战略目标概述

5. 旅游企业战略目标的确定

6. 旅游企业战略目标体系的构成

第三章　旅游企业外部环境分析

[教学目的及要求]

重点掌握旅游企业外部环境的主要层面以及竞争环境的分析；掌握宏观环境分析与产业结构分析；了解 SWOT 分析方法、旅游企业外部环境分析的过程。

[教学内容]

1. 旅游企业外部环境分析的必要性和重要性

2. 旅游企业外部环境的构成

3. SWOT 分析方法

4. 旅游企业外部环境分析的过程

5. 旅游企业宏观环境分析

6. 旅游企业微观环境分析

第四章　旅游企业内部实力评估

[教学目的及要求]

重点掌握价值链分析以及企业战略能力分析的各种技术；掌握企业资源、能力与竞争优势的关系；了解旅游企业资源的分类与特点。

[教学内容]

1. 旅游企业的资源、能力、核心竞争力与竞争优势

2. 旅游企业价值链

3. 旅游企业内部分析的内容与方法

4. 资源分析与竞争优势：资源基础学派的观点

第五章　旅游企业战略管理三维关联分析

[教学目的及要求]

掌握三维关联的旅游企业战略危机预警与管理,了解三维关联的战略定位功能。

[教学内容]

1. 旅游企业三维关联分析
2. 三维关联的战略定位功能
3. 旅游危机与旅游企业战略危机
4. 三维关联的旅游企业战略危机预警与管理

第六章　旅游企业发展战略

[教学目的及要求]

重点掌握旅游企业国际化战略的动因与战略路径;掌握旅游企业一体化与多元化的形式;了解旅游企业虚拟经营的动因与形式。

[教学内容]

1. 旅游企业一体化战略
2. 旅游企业多元化战略
3. 旅游企业国际化战略
4. 旅游企业虚拟经营战略

第七章　旅游企业竞争与合作战略

[教学目的及要求]

重点掌握旅游企业的集聚战略与战略联盟;掌握差异化战略;了解低成本战略与并购战略。

[教学内容]

1. 旅游企业的低成本战略
2. 旅游企业的差异化战略
3. 旅游企业的集聚战略
4. 旅游企业的并购战略
5. 旅游企业间的战略联盟

第八章　旅游企业职能战略

[教学目的及要求]

重点掌握营销战略和品牌战略的制定与实施;掌握财务战略的类型与实施;了解人力资源战略的实施。

1. 旅游企业职能战略概述
2. 旅游企业营销战略
3. 旅游企业品牌战略
4. 旅游企业人力资源战略
5. 旅游企业财务战略

第九章 旅游企业战略实施

[教学目的及要求]

重点掌握组织结构和企业文化与旅游企业战略实施的关系;掌握典型的组织结构形式及其优缺点;了解旅游企业战略实施的内涵与主要因素。

[教学内容]

1. 旅游企业战略实施的内涵与主要因素
2. 组织结构与旅游企业战略实施
3. 旅游企业文化与旅游企业战略实施

第十章 旅游企业战略评价与控制

[教学目的及要求]

重点掌握旅游企业战略控制的模式;掌握旅游企业战略的内容与方法。

[教学内容]

1. 旅游企业战略评价的内容与方法
2. 旅游企业战略控制的内容与模式

五、学时分配

本课程共 36 课时,建议课时作如下分配:

学时分配

序 号	教学内容	学时数
第一章	旅游企业战略概述	2
第二章	旅游企业的使命与目标	2
第三章	旅游企业外部环境分析	6
第四章	旅游企业内部实力评估	4
第五章	旅游企业战略管理三维关联分析	2
第六章	旅游企业发展战略	6
第七章	旅游企业竞争与合作战略	3
第八章	旅游企业职能战略	6
第九章	旅游企业战略实施	3
第十章	旅游企业战略评价与控制	2

六、教学考核评估办法

本课程的考核分为形成性考核(20%)与终结性考核(80%)两部分。前者主要为平时作业与课堂案例讨论,后者为期终考试。

参考文献

1. 阿拉斯塔·莫里森.旅游服务营销.朱虹译.北京:电子工业出版社,2004
2. 阿诺尔多·C.哈克斯,尼古拉斯·S.迈勒夫.战略实践.庞博,王德忠译.北京:机械工业出版社,2003
3. 彼得·F.德鲁克,等.公司绩效测评.北京:中国人民大学出版社,1999
4. Charles,W. L. Hill,等.策略管理.华泰文化事业公司,1998
5. 陈继祥,黄丹,范徵.战略管理.上海:上海人民出版社,2003
6. 杜江,戴斌.旅行社管理比较研究.北京:旅游教育出版社,2000
7. 菲利普·科特勒,约翰·布朗,詹姆斯·马肯斯.旅游市场营销.谢彦君译.北京:旅游教育出版社,培生教育出版集团,2002
8. 弗雷德·R.戴维.战略管理(第6版).北京:经济科学出版社,1999
9. 甘华鸣,许志峰,高照娟.战略管理操作规范.北京:企业管理出版社,2004
10. 格里·约翰逊,等.公司战略教程.金占明等译.北京:华夏出版社,1998
11. 谷慧敏,秦宇.世界著名饭店集团管理精要.沈阳:辽宁科技出版社,2001
12. 郭成.企业战略管理.郑州:郑州大学出版社,2004
13. 韩光军.打造名牌:卓越品牌的培育与提升.北京:首都经济贸易大学出版社,2001
14. F.赫塞尔本,等.未来的组织.成都:四川人民出版社,2000
15. 卡尔·W.斯特恩,等.公司战略透视.上海:上海远东出版社,2000
16. 克雷格·弗莱舍,巴贝特·本苏珊.战略与竞争分析.王俊杰,沈峰,杨斌等译.北京:清华大学出版社,2004
17. 理查德·L.达夫特.组织理论与设计精要.北京:机械工业出版社,1999
18. 黎洁.旅游企业经营战略管理.北京:中国旅游出版社,2000
19. 厉新建,张辉.旅游经济学——理论与发展.大连:东北财经大学出版社,2002
20. 刘庆元,刘宝宏.战略管理:分析、制定与实施.大连:东北财经大学出版社,2001
21. 罗伯特·D.巴泽尔,等.战略与绩效——PINS原则.北京:华夏出版社,2000
22. 罗杰·A.凯琳,等.战略营销:教程与案例.大连:东北财经大学出版

社,2000

23. 迈克尔·波特. 竞争战略. 陈小悦译. 北京:华夏出版社,1997

24. 迈克尔·科特,等. 未来的战略. 成都:四川人民出版社,2000

25. 迈克尔·A. 希特. 战略管理:竞争与全球化. 吕巍等译. 北京:机械工业出版社,2004

26. 孟卫东,张卫国,龙勇. 战略管理创建持续竞争优势. 北京:科学出版社,2004

27. 耐杰尔·埃文斯,等. 旅游战略管理. 马桂顺译. 沈阳:辽宁科学技术出版社,2005

28. Nigel, F. Piercy. 市场导向的战略转变. 吴晓明等译. 北京:清华大学出版社,2005

29. 王方华,陈继祥. 战略管理. 上海:上海交通大学出版社,2003

30. P. 德鲁克,等. 未来的管理. 成都:四川人民出版社,2000

31. 秦远建,胡继灵,林根祥. 企业战略管理. 武汉:武汉理工大学出版社,2002

32. 许晓明. 企业战略管理教学案例精选. 上海:复旦大学出版社,2001

33. 亚瑟·A. 汤姆森等,著. 战略管理(第10版). 北京:北京大学出版社,2000

34. 杨永平. 旅游企业文化研究. 北京:经济科学出版社,2004

35. 约瑟夫·派恩,詹姆斯·H. 吉尔摩. 体验经济. 北京:机械工业出版社,2002

36. 周朝琦,侯龙文. 品牌经营. 北京:经济管理出版社,2002

37. 邹昭晞. 企业战略分析. 北京:经济管理出版社,2001

38. Bull, A (1995), "The Economics of Travel and Tourism", 2nd edu. Melbourne:Longman

39. E. H. Schein, "The Role of the Founder in Creating Organizational Culture", Organizational Dynamics(Summer 1983)

40. Moutinho(2000), "Strategic Management in Tourism", CABI Publishing Press

41. Robert Christie Mill, Alastair M. Morrison. The Tourism System:an Introductory Text(Second Edition). Prentice – Hall Inc. ,1992

第3版后记

《旅游企业战略管理》一书旨在将战略管理理论与旅游企业实践相结合,探索适合旅游企业发展的战略管理模式。希望通过对本书的阅读与学习,能够使读者掌握企业战略管理的基本知识、基本原理,熟悉旅游企业战略管理流程,掌握战略分析、战略选择与战略实施的基本方法与工具,并通过案例学习与讨论,培育战略管理实践能力,为日后成为合格的战略管理者奠定基础。

在本书面世的七年多的时间里,旅游企业运行的宏观经济发生了重大变化,动态性、不稳定性及不确定性成为主要特征,战略管理对于企业经营管理的决定性作用日益凸显。因此,对于书稿的不断修订与补充完善就显得势在必行。在广大读者与同人们的支持、鼓励与见证下,历经2006年第1版、2010年第2版,本书迎来了第3版。本次修订主要做了如下几个方面的工作:一是对一些数据资料的更新工作,如个别网址发生变化,个别企业名称及旗下的品牌发生变化,并增加了关于旅游企业的最新资料;二是对部分内容进行了完善,本次修订主要涉及竞争战略部分。以上修订内容涉及本书的第一、二、三、七章。

本书的特色在于引入战略管理的三维结构,试图从三分法的视角对旅游企业战略管理进行诠释,如战略流程的三部曲:分析、选择与实施;战略分析的使命确定、内部分析与外部分析;战略选择的发展战略、竞争战略、合作战略;战略实施的实施、评价与控制。基于以上思路,本书共四篇十章。第一篇是旅游企业战略概述,系统地研究与分析旅游企业的发展现状与行业特征,引入旅游企业战略管理的概念与体系;第二篇是战略分析篇,全面介绍旅游企业战略分析的内容与基本流程;第三篇是战略选择篇,重点介绍旅游企业的发展战略、竞争战略、合作战略以及职能战略;第四篇是战略实施篇,介绍企业文化、组织结构对战略实施的影响以及战略控制的内容与模式。

鉴于编者水平有限,本书尚存在大量的不足之处,难免存在诸多不当与管中窥豹之处,希望能够得到广大读者与各位同人一贯的支持与批评指正,我们将不胜感激并做进一步的完善。

编者
2013年6月